Sarah Leanna **Academics**

# This Book Belongs To

| | |
|---|---|
| **Child's Name** | |
| **Phone Number:** | |

# Table of Contents          Page

# Goals:

# Notes:

# Day 1.

## Behavioral Form

Name: _____  Date: _____

| Before Behavior | Child's Negative Response/Behavior | | What Adult Did After Behavior |
|---|---|---|---|
| | Times Happened: ____ | Average Time: ____ | |
| | Times Happened: ____ | Average Time: ____ | |
| | Times Happened: ____ | Average Time: ____ | |
| | Times Happened: ____ | Average Time: ____ | |
| | Times Happened: ____ | Average Time: ____ | |
| | Times Happened: ____ | Average Time: ____ | |
| | Times Happened: ____ | Average Time: ____ | |
| | Times Happened: ____ | Average Time: ____ | |

# POTTY TIME CHART

\* BM = bowel movement

| DATE | TIME | CHECK PANTS | | | TIME AT TOLIET | SUCCESS? | | | NEEDED HELP? | |
|------|------|------|------|------|------|------|------|------|------|------|
| | | ☐ Wet | ☐ BM | ☐ Dry | | ☐ Yes | ☐ BM<br>☐ Pee | ☐ No | ☐ Yes | ☐ No |
| | | ☐ Wet | ☐ BM | ☐ Dry | | ☐ Yes | ☐ BM<br>☐ Pee | ☐ No | ☐ Yes | ☐ No |
| | | ☐ Wet | ☐ BM | ☐ Dry | | ☐ Yes | ☐ BM<br>☐ Pee | ☐ No | ☐ Yes | ☐ No |
| | | ☐ Wet | ☐ BM | ☐ Dry | | ☐ Yes | ☐ BM<br>☐ Pee | ☐ No | ☐ Yes | ☐ No |
| | | ☐ Wet | ☐ BM | ☐ Dry | | ☐ Yes | ☐ BM<br>☐ Pee | ☐ No | ☐ Yes | ☐ No |
| | | ☐ Wet | ☐ BM | ☐ Dry | | ☐ Yes | ☐ BM<br>☐ Pee | ☐ No | ☐ Yes | ☐ No |
| | | ☐ Wet | ☐ BM | ☐ Dry | | ☐ Yes | ☐ BM<br>☐ Pee | ☐ No | ☐ Yes | ☐ No |
| | | ☐ Wet | ☐ BM | ☐ Dry | | ☐ Yes | ☐ BM<br>☐ Pee | ☐ No | ☐ Yes | ☐ No |
| | | ☐ Wet | ☐ BM | ☐ Dry | | ☐ Yes | ☐ BM<br>☐ Pee | ☐ No | ☐ Yes | ☐ No |
| | | ☐ Wet | ☐ BM | ☐ Dry | | ☐ Yes | ☐ BM<br>☐ Pee | ☐ No | ☐ Yes | ☐ No |
| | | ☐ Wet | ☐ BM | ☐ Dry | | ☐ Yes | ☐ BM<br>☐ Pee | ☐ No | ☐ Yes | ☐ No |
| | | ☐ Wet | ☐ BM | ☐ Dry | | ☐ Yes | ☐ BM<br>☐ Pee | ☐ No | ☐ Yes | ☐ No |
| | | ☐ Wet | ☐ BM | ☐ Dry | | ☐ Yes | ☐ BM<br>☐ Pee | ☐ No | ☐ Yes | ☐ No |
| | | ☐ Wet | ☐ BM | ☐ Dry | | ☐ Yes | ☐ BM<br>☐ Pee | ☐ No | ☐ Yes | ☐ No |
| | | ☐ Wet | ☐ BM | ☐ Dry | | ☐ Yes | ☐ BM<br>☐ Pee | ☐ No | ☐ Yes | ☐ No |
| | | ☐ Wet | ☐ BM | ☐ Dry | | ☐ Yes | ☐ BM<br>☐ Pee | ☐ No | ☐ Yes | ☐ No |
| | | ☐ Wet | ☐ BM | ☐ Dry | | ☐ Yes | ☐ BM<br>☐ Pee | ☐ No | ☐ Yes | ☐ No |
| | | ☐ Wet | ☐ BM | ☐ Dry | | ☐ Yes | ☐ BM<br>☐ Pee | ☐ No | ☐ Yes | ☐ No |
| | | ☐ Wet | ☐ BM | ☐ Dry | | ☐ Yes | ☐ BM<br>☐ Pee | ☐ No | ☐ Yes | ☐ No |
| | | ☐ Wet | ☐ BM | ☐ Dry | | ☐ Yes | ☐ BM<br>☐ Pee | ☐ No | ☐ Yes | ☐ No |
| | | ☐ Wet | ☐ BM | ☐ Dry | | ☐ Yes | ☐ BM<br>☐ Pee | ☐ No | ☐ Yes | ☐ No |

# Speech-Language Record Form

**Name:**                                         **Date:**

| New Word or Phrase | Tally | New Word or Phrase | Tally | New Word or Phrase | Tally |
|---|---|---|---|---|---|
|  |  |  |  |  |  |
|  |  |  |  |  |  |
|  |  |  |  |  |  |
|  |  |  |  |  |  |
|  |  |  |  |  |  |
|  |  |  |  |  |  |
|  |  |  |  |  |  |

## Behavioral Form

Name:                                    Date:

| Before Behavior | Child's Negative Response/Behavior | | What Adult Did After Behavior |
|---|---|---|---|
| | Times Happened: | Average Time: | |
| | Times Happened: | Average Time: | |
| | Times Happened: | Average Time: | |
| | Times Happened: | Average Time: | |
| | Times Happened: | Average Time: | |
| | Times Happened: | Average Time: | |
| | Times Happened: | Average Time: | |
| | Times Happened: | Average Time: | |
| | Times Happened: | Average Time: | |

# POTTY TIME CHART

* BM = bowel movement

| DATE | TIME | CHECK PANTS | | | TIME AT TOLIET | SUCCESS? | | | NEEDED HELP? | |
|---|---|---|---|---|---|---|---|---|---|---|
| | | ☐ Wet | ☐ BM | ☐ Dry | | ☐ Yes | ☐ BM ☐ Pee | ☐ No | ☐ Yes | ☐ No |
| | | ☐ Wet | ☐ BM | ☐ Dry | | ☐ Yes | ☐ BM ☐ Pee | ☐ No | ☐ Yes | ☐ No |
| | | ☐ Wet | ☐ BM | ☐ Dry | | ☐ Yes | ☐ BM ☐ Pee | ☐ No | ☐ Yes | ☐ No |
| | | ☐ Wet | ☐ BM | ☐ Dry | | ☐ Yes | ☐ BM ☐ Pee | ☐ No | ☐ Yes | ☐ No |
| | | ☐ Wet | ☐ BM | ☐ Dry | | ☐ Yes | ☐ BM ☐ Pee | ☐ No | ☐ Yes | ☐ No |
| | | ☐ Wet | ☐ BM | ☐ Dry | | ☐ Yes | ☐ BM ☐ Pee | ☐ No | ☐ Yes | ☐ No |
| | | ☐ Wet | ☐ BM | ☐ Dry | | ☐ Yes | ☐ BM ☐ Pee | ☐ No | ☐ Yes | ☐ No |
| | | ☐ Wet | ☐ BM | ☐ Dry | | ☐ Yes | ☐ BM ☐ Pee | ☐ No | ☐ Yes | ☐ No |
| | | ☐ Wet | ☐ BM | ☐ Dry | | ☐ Yes | ☐ BM ☐ Pee | ☐ No | ☐ Yes | ☐ No |
| | | ☐ Wet | ☐ BM | ☐ Dry | | ☐ Yes | ☐ BM ☐ Pee | ☐ No | ☐ Yes | ☐ No |
| | | ☐ Wet | ☐ BM | ☐ Dry | | ☐ Yes | ☐ BM ☐ Pee | ☐ No | ☐ Yes | ☐ No |
| | | ☐ Wet | ☐ BM | ☐ Dry | | ☐ Yes | ☐ BM ☐ Pee | ☐ No | ☐ Yes | ☐ No |
| | | ☐ Wet | ☐ BM | ☐ Dry | | ☐ Yes | ☐ BM ☐ Pee | ☐ No | ☐ Yes | ☐ No |
| | | ☐ Wet | ☐ BM | ☐ Dry | | ☐ Yes | ☐ BM ☐ Pee | ☐ No | ☐ Yes | ☐ No |
| | | ☐ Wet | ☐ BM | ☐ Dry | | ☐ Yes | ☐ BM ☐ Pee | ☐ No | ☐ Yes | ☐ No |
| | | ☐ Wet | ☐ BM | ☐ Dry | | ☐ Yes | ☐ BM ☐ Pee | ☐ No | ☐ Yes | ☐ No |
| | | ☐ Wet | ☐ BM | ☐ Dry | | ☐ Yes | ☐ BM ☐ Pee | ☐ No | ☐ Yes | ☐ No |
| | | ☐ Wet | ☐ BM | ☐ Dry | | ☐ Yes | ☐ BM ☐ Pee | ☐ No | ☐ Yes | ☐ No |
| | | ☐ Wet | ☐ BM | ☐ Dry | | ☐ Yes | ☐ BM ☐ Pee | ☐ No | ☐ Yes | ☐ No |
| | | ☐ Wet | ☐ BM | ☐ Dry | | ☐ Yes | ☐ BM ☐ Pee | ☐ No | ☐ Yes | ☐ No |
| | | ☐ Wet | ☐ BM | ☐ Dry | | ☐ Yes | ☐ BM ☐ Pee | ☐ No | ☐ Yes | ☐ No |

# Speech-Language Record Form

**Name:**                                           **Date:**

| New Word or Phrase | Tally | New Word or Phrase | Tally | New Word or Phrase | Tally |
|---|---|---|---|---|---|
|  |  |  |  |  |  |
|  |  |  |  |  |  |
|  |  |  |  |  |  |
|  |  |  |  |  |  |
|  |  |  |  |  |  |
|  |  |  |  |  |  |
|  |  |  |  |  |  |

## Behavioral Form

Name:                                             Date:

| Before Behavior | Child's Negative Response/Behavior | What Adult Did After Behavior |
|---|---|---|
| | Times Happened:     Average Time: | |
| | Times Happened:     Average Time: | |
| | Times Happened:     Average Time: | |
| | Times Happened:     Average Time: | |
| | Times Happened:     Average Time: | |
| | Times Happened:     Average Time: | |
| | Times Happened:     Average Time: | |
| | Times Happened:     Average Time: | |
| | Times Happened:     Average Time: | |

# POTTY TIME CHART

\* BM = bowel movement

| DATE | TIME | CHECK PANTS | | | TIME AT TOLIET | SUCCESS? | | | NEEDED HELP? | |
|---|---|---|---|---|---|---|---|---|---|---|
| | | ☐ Wet | ☐ BM | ☐ Dry | | ☐ Yes | ☐ BM ☐ Pee | ☐ No | ☐ Yes | ☐ No |
| | | ☐ Wet | ☐ BM | ☐ Dry | | ☐ Yes | ☐ BM ☐ Pee | ☐ No | ☐ Yes | ☐ No |
| | | ☐ Wet | ☐ BM | ☐ Dry | | ☐ Yes | ☐ BM ☐ Pee | ☐ No | ☐ Yes | ☐ No |
| | | ☐ Wet | ☐ BM | ☐ Dry | | ☐ Yes | ☐ BM ☐ Pee | ☐ No | ☐ Yes | ☐ No |
| | | ☐ Wet | ☐ BM | ☐ Dry | | ☐ Yes | ☐ BM ☐ Pee | ☐ No | ☐ Yes | ☐ No |
| | | ☐ Wet | ☐ BM | ☐ Dry | | ☐ Yes | ☐ BM ☐ Pee | ☐ No | ☐ Yes | ☐ No |
| | | ☐ Wet | ☐ BM | ☐ Dry | | ☐ Yes | ☐ BM ☐ Pee | ☐ No | ☐ Yes | ☐ No |
| | | ☐ Wet | ☐ BM | ☐ Dry | | ☐ Yes | ☐ BM ☐ Pee | ☐ No | ☐ Yes | ☐ No |
| | | ☐ Wet | ☐ BM | ☐ Dry | | ☐ Yes | ☐ BM ☐ Pee | ☐ No | ☐ Yes | ☐ No |
| | | ☐ Wet | ☐ BM | ☐ Dry | | ☐ Yes | ☐ BM ☐ Pee | ☐ No | ☐ Yes | ☐ No |
| | | ☐ Wet | ☐ BM | ☐ Dry | | ☐ Yes | ☐ BM ☐ Pee | ☐ No | ☐ Yes | ☐ No |
| | | ☐ Wet | ☐ BM | ☐ Dry | | ☐ Yes | ☐ BM ☐ Pee | ☐ No | ☐ Yes | ☐ No |
| | | ☐ Wet | ☐ BM | ☐ Dry | | ☐ Yes | ☐ BM ☐ Pee | ☐ No | ☐ Yes | ☐ No |
| | | ☐ Wet | ☐ BM | ☐ Dry | | ☐ Yes | ☐ BM ☐ Pee | ☐ No | ☐ Yes | ☐ No |
| | | ☐ Wet | ☐ BM | ☐ Dry | | ☐ Yes | ☐ BM ☐ Pee | ☐ No | ☐ Yes | ☐ No |
| | | ☐ Wet | ☐ BM | ☐ Dry | | ☐ Yes | ☐ BM ☐ Pee | ☐ No | ☐ Yes | ☐ No |
| | | ☐ Wet | ☐ BM | ☐ Dry | | ☐ Yes | ☐ BM ☐ Pee | ☐ No | ☐ Yes | ☐ No |
| | | ☐ Wet | ☐ BM | ☐ Dry | | ☐ Yes | ☐ BM ☐ Pee | ☐ No | ☐ Yes | ☐ No |
| | | ☐ Wet | ☐ BM | ☐ Dry | | ☐ Yes | ☐ BM ☐ Pee | ☐ No | ☐ Yes | ☐ No |
| | | ☐ Wet | ☐ BM | ☐ Dry | | ☐ Yes | ☐ BM ☐ Pee | ☐ No | ☐ Yes | ☐ No |
| | | ☐ Wet | ☐ BM | ☐ Dry | | ☐ Yes | ☐ BM ☐ Pee | ☐ No | ☐ Yes | ☐ No |

## Speech-Language Record Form

**Name:**                                        **Date:**

| New Word or Phrase | Tally | New Word or Phrase | Tally | New Word or Phrase | Tally |
|---|---|---|---|---|---|
|  |  |  |  |  |  |
|  |  |  |  |  |  |
|  |  |  |  |  |  |
|  |  |  |  |  |  |
|  |  |  |  |  |  |
|  |  |  |  |  |  |
|  |  |  |  |  |  |

## Behavioral Form

Name:                            Date:

| Before Behavior | Child's Negative Response/Behavior | | What Adult Did After Behavior |
|---|---|---|---|
| | Times Happened: | Average Time: | |
| | Times Happened: | Average Time: | |
| | Times Happened: | Average Time: | |
| | Times Happened: | Average Time: | |
| | Times Happened: | Average Time: | |
| | Times Happened: | Average Time: | |
| | Times Happened: | Average Time: | |
| | Times Happened: | Average Time: | |

# POTTY TIME CHART

\* BM = bowel movement

| DATE | TIME | CHECK PANTS | | | TIME AT TOLIET | SUCCESS? | | | NEEDED HELP? | |
|------|------|------|------|------|------|------|------|------|------|------|
| | | ☐ Wet | ☐ BM | ☐ Dry | | ☐ Yes | ☐ BM ☐ Pee | ☐ No | ☐ Yes | ☐ No |
| | | ☐ Wet | ☐ BM | ☐ Dry | | ☐ Yes | ☐ BM ☐ Pee | ☐ No | ☐ Yes | ☐ No |
| | | ☐ Wet | ☐ BM | ☐ Dry | | ☐ Yes | ☐ BM ☐ Pee | ☐ No | ☐ Yes | ☐ No |
| | | ☐ Wet | ☐ BM | ☐ Dry | | ☐ Yes | ☐ BM ☐ Pee | ☐ No | ☐ Yes | ☐ No |
| | | ☐ Wet | ☐ BM | ☐ Dry | | ☐ Yes | ☐ BM ☐ Pee | ☐ No | ☐ Yes | ☐ No |
| | | ☐ Wet | ☐ BM | ☐ Dry | | ☐ Yes | ☐ BM ☐ Pee | ☐ No | ☐ Yes | ☐ No |
| | | ☐ Wet | ☐ BM | ☐ Dry | | ☐ Yes | ☐ BM ☐ Pee | ☐ No | ☐ Yes | ☐ No |
| | | ☐ Wet | ☐ BM | ☐ Dry | | ☐ Yes | ☐ BM ☐ Pee | ☐ No | ☐ Yes | ☐ No |
| | | ☐ Wet | ☐ BM | ☐ Dry | | ☐ Yes | ☐ BM ☐ Pee | ☐ No | ☐ Yes | ☐ No |
| | | ☐ Wet | ☐ BM | ☐ Dry | | ☐ Yes | ☐ BM ☐ Pee | ☐ No | ☐ Yes | ☐ No |
| | | ☐ Wet | ☐ BM | ☐ Dry | | ☐ Yes | ☐ BM ☐ Pee | ☐ No | ☐ Yes | ☐ No |
| | | ☐ Wet | ☐ BM | ☐ Dry | | ☐ Yes | ☐ BM ☐ Pee | ☐ No | ☐ Yes | ☐ No |
| | | ☐ Wet | ☐ BM | ☐ Dry | | ☐ Yes | ☐ BM ☐ Pee | ☐ No | ☐ Yes | ☐ No |
| | | ☐ Wet | ☐ BM | ☐ Dry | | ☐ Yes | ☐ BM ☐ Pee | ☐ No | ☐ Yes | ☐ No |
| | | ☐ Wet | ☐ BM | ☐ Dry | | ☐ Yes | ☐ BM ☐ Pee | ☐ No | ☐ Yes | ☐ No |
| | | ☐ Wet | ☐ BM | ☐ Dry | | ☐ Yes | ☐ BM ☐ Pee | ☐ No | ☐ Yes | ☐ No |
| | | ☐ Wet | ☐ BM | ☐ Dry | | ☐ Yes | ☐ BM ☐ Pee | ☐ No | ☐ Yes | ☐ No |
| | | ☐ Wet | ☐ BM | ☐ Dry | | ☐ Yes | ☐ BM ☐ Pee | ☐ No | ☐ Yes | ☐ No |
| | | ☐ Wet | ☐ BM | ☐ Dry | | ☐ Yes | ☐ BM ☐ Pee | ☐ No | ☐ Yes | ☐ No |
| | | ☐ Wet | ☐ BM | ☐ Dry | | ☐ Yes | ☐ BM ☐ Pee | ☐ No | ☐ Yes | ☐ No |
| | | ☐ Wet | ☐ BM | ☐ Dry | | ☐ Yes | ☐ BM ☐ Pee | ☐ No | ☐ Yes | ☐ No |

# Speech-Language Record Form

**Name:**                                          **Date:**

| New Word or Phrase | Tally | New Word or Phrase | Tally | New Word or Phrase | Tally |
|---|---|---|---|---|---|
|  |  |  |  |  |  |
|  |  |  |  |  |  |
|  |  |  |  |  |  |
|  |  |  |  |  |  |
|  |  |  |  |  |  |
|  |  |  |  |  |  |
|  |  |  |  |  |  |

### Behavioral Form

Name:                                  Date:

| Before Behavior | Child's Negative Response/Behavior | | What Adult Did After Behavior |
|---|---|---|---|
| | Times Happened: | Average Time: | |
| | Times Happened: | Average Time: | |
| | Times Happened: | Average Time: | |
| | Times Happened: | Average Time: | |
| | Times Happened: | Average Time: | |
| | Times Happened: | Average Time: | |
| | Times Happened: | Average Time: | |
| | Times Happened: | Average Time: | |
| | Times Happened: | Average Time: | |

# POTTY TIME CHART

* BM = bowel movement

| DATE | TIME | CHECK PANTS | | | TIME AT TOLIET | SUCCESS? | | | NEEDED HELP? | |
|------|------|------|------|------|------|------|------|------|------|------|
| | | ☐ Wet | ☐ BM | ☐ Dry | | ☐ Yes | ☐ BM ☐ Pee | ☐ No | ☐ Yes | ☐ No |
| | | ☐ Wet | ☐ BM | ☐ Dry | | ☐ Yes | ☐ BM ☐ Pee | ☐ No | ☐ Yes | ☐ No |
| | | ☐ Wet | ☐ BM | ☐ Dry | | ☐ Yes | ☐ BM ☐ Pee | ☐ No | ☐ Yes | ☐ No |
| | | ☐ Wet | ☐ BM | ☐ Dry | | ☐ Yes | ☐ BM ☐ Pee | ☐ No | ☐ Yes | ☐ No |
| | | ☐ Wet | ☐ BM | ☐ Dry | | ☐ Yes | ☐ BM ☐ Pee | ☐ No | ☐ Yes | ☐ No |
| | | ☐ Wet | ☐ BM | ☐ Dry | | ☐ Yes | ☐ BM ☐ Pee | ☐ No | ☐ Yes | ☐ No |
| | | ☐ Wet | ☐ BM | ☐ Dry | | ☐ Yes | ☐ BM ☐ Pee | ☐ No | ☐ Yes | ☐ No |
| | | ☐ Wet | ☐ BM | ☐ Dry | | ☐ Yes | ☐ BM ☐ Pee | ☐ No | ☐ Yes | ☐ No |
| | | ☐ Wet | ☐ BM | ☐ Dry | | ☐ Yes | ☐ BM ☐ Pee | ☐ No | ☐ Yes | ☐ No |
| | | ☐ Wet | ☐ BM | ☐ Dry | | ☐ Yes | ☐ BM ☐ Pee | ☐ No | ☐ Yes | ☐ No |
| | | ☐ Wet | ☐ BM | ☐ Dry | | ☐ Yes | ☐ BM ☐ Pee | ☐ No | ☐ Yes | ☐ No |
| | | ☐ Wet | ☐ BM | ☐ Dry | | ☐ Yes | ☐ BM ☐ Pee | ☐ No | ☐ Yes | ☐ No |
| | | ☐ Wet | ☐ BM | ☐ Dry | | ☐ Yes | ☐ BM ☐ Pee | ☐ No | ☐ Yes | ☐ No |
| | | ☐ Wet | ☐ BM | ☐ Dry | | ☐ Yes | ☐ BM ☐ Pee | ☐ No | ☐ Yes | ☐ No |
| | | ☐ Wet | ☐ BM | ☐ Dry | | ☐ Yes | ☐ BM ☐ Pee | ☐ No | ☐ Yes | ☐ No |
| | | ☐ Wet | ☐ BM | ☐ Dry | | ☐ Yes | ☐ BM ☐ Pee | ☐ No | ☐ Yes | ☐ No |
| | | ☐ Wet | ☐ BM | ☐ Dry | | ☐ Yes | ☐ BM ☐ Pee | ☐ No | ☐ Yes | ☐ No |
| | | ☐ Wet | ☐ BM | ☐ Dry | | ☐ Yes | ☐ BM ☐ Pee | ☐ No | ☐ Yes | ☐ No |
| | | ☐ Wet | ☐ BM | ☐ Dry | | ☐ Yes | ☐ BM ☐ Pee | ☐ No | ☐ Yes | ☐ No |
| | | ☐ Wet | ☐ BM | ☐ Dry | | ☐ Yes | ☐ BM ☐ Pee | ☐ No | ☐ Yes | ☐ No |
| | | ☐ Wet | ☐ BM | ☐ Dry | | ☐ Yes | ☐ BM ☐ Pee | ☐ No | ☐ Yes | ☐ No |

# Speech-Language Record Form

**Name:**                                           **Date:**

| New Word or Phrase | Tally | New Word or Phrase | Tally | New Word or Phrase | Tally |
|---|---|---|---|---|---|
|  |  |  |  |  |  |
|  |  |  |  |  |  |
|  |  |  |  |  |  |
|  |  |  |  |  |  |
|  |  |  |  |  |  |
|  |  |  |  |  |  |
|  |  |  |  |  |  |

## Behavioral Form

Name: _____     Date: _____

| Before Behavior | Child's Negative Response/Behavior | | What Adult Did After Behavior |
|---|---|---|---|
| | Times Happened: _____ | Average Time: _____ | |
| | Times Happened: _____ | Average Time: _____ | |
| | Times Happened: _____ | Average Time: _____ | |
| | Times Happened: _____ | Average Time: _____ | |
| | Times Happened: _____ | Average Time: _____ | |
| | Times Happened: _____ | Average Time: _____ | |
| | Times Happened: _____ | Average Time: _____ | |
| | Times Happened: _____ | Average Time: _____ | |

# POTTY TIME CHART

*\* BM = bowel movement*

| DATE | TIME | CHECK PANTS | TIME AT TOLIET | SUCCESS? | | | NEEDED HELP? | |
|------|------|-------------|----------------|----------|--|--|--------------|--|
| | | ☐ Wet  ☐ BM  ☐ Dry | | ☐ Yes | ☐ BM<br>☐ Pee | ☐ No | ☐ Yes | ☐ No |
| | | ☐ Wet  ☐ BM  ☐ Dry | | ☐ Yes | ☐ BM<br>☐ Pee | ☐ No | ☐ Yes | ☐ No |
| | | ☐ Wet  ☐ BM  ☐ Dry | | ☐ Yes | ☐ BM<br>☐ Pee | ☐ No | ☐ Yes | ☐ No |
| | | ☐ Wet  ☐ BM  ☐ Dry | | ☐ Yes | ☐ BM<br>☐ Pee | ☐ No | ☐ Yes | ☐ No |
| | | ☐ Wet  ☐ BM  ☐ Dry | | ☐ Yes | ☐ BM<br>☐ Pee | ☐ No | ☐ Yes | ☐ No |
| | | ☐ Wet  ☐ BM  ☐ Dry | | ☐ Yes | ☐ BM<br>☐ Pee | ☐ No | ☐ Yes | ☐ No |
| | | ☐ Wet  ☐ BM  ☐ Dry | | ☐ Yes | ☐ BM<br>☐ Pee | ☐ No | ☐ Yes | ☐ No |
| | | ☐ Wet  ☐ BM  ☐ Dry | | ☐ Yes | ☐ BM<br>☐ Pee | ☐ No | ☐ Yes | ☐ No |
| | | ☐ Wet  ☐ BM  ☐ Dry | | ☐ Yes | ☐ BM<br>☐ Pee | ☐ No | ☐ Yes | ☐ No |
| | | ☐ Wet  ☐ BM  ☐ Dry | | ☐ Yes | ☐ BM<br>☐ Pee | ☐ No | ☐ Yes | ☐ No |
| | | ☐ Wet  ☐ BM  ☐ Dry | | ☐ Yes | ☐ BM<br>☐ Pee | ☐ No | ☐ Yes | ☐ No |
| | | ☐ Wet  ☐ BM  ☐ Dry | | ☐ Yes | ☐ BM<br>☐ Pee | ☐ No | ☐ Yes | ☐ No |
| | | ☐ Wet  ☐ BM  ☐ Dry | | ☐ Yes | ☐ BM<br>☐ Pee | ☐ No | ☐ Yes | ☐ No |
| | | ☐ Wet  ☐ BM  ☐ Dry | | ☐ Yes | ☐ BM<br>☐ Pee | ☐ No | ☐ Yes | ☐ No |
| | | ☐ Wet  ☐ BM  ☐ Dry | | ☐ Yes | ☐ BM<br>☐ Pee | ☐ No | ☐ Yes | ☐ No |
| | | ☐ Wet  ☐ BM  ☐ Dry | | ☐ Yes | ☐ BM<br>☐ Pee | ☐ No | ☐ Yes | ☐ No |
| | | ☐ Wet  ☐ BM  ☐ Dry | | ☐ Yes | ☐ BM<br>☐ Pee | ☐ No | ☐ Yes | ☐ No |
| | | ☐ Wet  ☐ BM  ☐ Dry | | ☐ Yes | ☐ BM<br>☐ Pee | ☐ No | ☐ Yes | ☐ No |
| | | ☐ Wet  ☐ BM  ☐ Dry | | ☐ Yes | ☐ BM<br>☐ Pee | ☐ No | ☐ Yes | ☐ No |
| | | ☐ Wet  ☐ BM  ☐ Dry | | ☐ Yes | ☐ BM<br>☐ Pee | ☐ No | ☐ Yes | ☐ No |

# Speech-Language Record Form

Name:                                                    Date:

| New Word or Phrase | Tally | New Word or Phrase | Tally | New Word or Phrase | Tally |
|---|---|---|---|---|---|
|  |  |  |  |  |  |
|  |  |  |  |  |  |
|  |  |  |  |  |  |
|  |  |  |  |  |  |
|  |  |  |  |  |  |
|  |  |  |  |  |  |
|  |  |  |  |  |  |

## Behavioral Form

Name:                                      Date:

| Before Behavior | Child's Negative Response/Behavior | What Adult Did After Behavior |
|---|---|---|
| | Times Happened:     Average Time: | |
| | Times Happened:     Average Time: | |
| | Times Happened:     Average Time: | |
| | Times Happened:     Average Time: | |
| | Times Happened:     Average Time: | |
| | Times Happened:     Average Time: | |
| | Times Happened:     Average Time: | |
| | Times Happened:     Average Time: | |

# POTTY TIME CHART

* BM = bowel movement

| DATE | TIME | CHECK PANTS | | | TIME AT TOLIET | SUCCESS? | | | NEEDED HELP? | |
|---|---|---|---|---|---|---|---|---|---|---|
| | | ☐ Wet | ☐ BM | ☐ Dry | | ☐ Yes | ☐ BM ☐ Pee | ☐ No | ☐ Yes | ☐ No |
| | | ☐ Wet | ☐ BM | ☐ Dry | | ☐ Yes | ☐ BM ☐ Pee | ☐ No | ☐ Yes | ☐ No |
| | | ☐ Wet | ☐ BM | ☐ Dry | | ☐ Yes | ☐ BM ☐ Pee | ☐ No | ☐ Yes | ☐ No |
| | | ☐ Wet | ☐ BM | ☐ Dry | | ☐ Yes | ☐ BM ☐ Pee | ☐ No | ☐ Yes | ☐ No |
| | | ☐ Wet | ☐ BM | ☐ Dry | | ☐ Yes | ☐ BM ☐ Pee | ☐ No | ☐ Yes | ☐ No |
| | | ☐ Wet | ☐ BM | ☐ Dry | | ☐ Yes | ☐ BM ☐ Pee | ☐ No | ☐ Yes | ☐ No |
| | | ☐ Wet | ☐ BM | ☐ Dry | | ☐ Yes | ☐ BM ☐ Pee | ☐ No | ☐ Yes | ☐ No |
| | | ☐ Wet | ☐ BM | ☐ Dry | | ☐ Yes | ☐ BM ☐ Pee | ☐ No | ☐ Yes | ☐ No |
| | | ☐ Wet | ☐ BM | ☐ Dry | | ☐ Yes | ☐ BM ☐ Pee | ☐ No | ☐ Yes | ☐ No |
| | | ☐ Wet | ☐ BM | ☐ Dry | | ☐ Yes | ☐ BM ☐ Pee | ☐ No | ☐ Yes | ☐ No |
| | | ☐ Wet | ☐ BM | ☐ Dry | | ☐ Yes | ☐ BM ☐ Pee | ☐ No | ☐ Yes | ☐ No |
| | | ☐ Wet | ☐ BM | ☐ Dry | | ☐ Yes | ☐ BM ☐ Pee | ☐ No | ☐ Yes | ☐ No |
| | | ☐ Wet | ☐ BM | ☐ Dry | | ☐ Yes | ☐ BM ☐ Pee | ☐ No | ☐ Yes | ☐ No |
| | | ☐ Wet | ☐ BM | ☐ Dry | | ☐ Yes | ☐ BM ☐ Pee | ☐ No | ☐ Yes | ☐ No |
| | | ☐ Wet | ☐ BM | ☐ Dry | | ☐ Yes | ☐ BM ☐ Pee | ☐ No | ☐ Yes | ☐ No |
| | | ☐ Wet | ☐ BM | ☐ Dry | | ☐ Yes | ☐ BM ☐ Pee | ☐ No | ☐ Yes | ☐ No |
| | | ☐ Wet | ☐ BM | ☐ Dry | | ☐ Yes | ☐ BM ☐ Pee | ☐ No | ☐ Yes | ☐ No |
| | | ☐ Wet | ☐ BM | ☐ Dry | | ☐ Yes | ☐ BM ☐ Pee | ☐ No | ☐ Yes | ☐ No |
| | | ☐ Wet | ☐ BM | ☐ Dry | | ☐ Yes | ☐ BM ☐ Pee | ☐ No | ☐ Yes | ☐ No |
| | | ☐ Wet | ☐ BM | ☐ Dry | | ☐ Yes | ☐ BM ☐ Pee | ☐ No | ☐ Yes | ☐ No |
| | | ☐ Wet | ☐ BM | ☐ Dry | | ☐ Yes | ☐ BM ☐ Pee | ☐ No | ☐ Yes | ☐ No |

# Speech-Language Record Form

**Name:**                               **Date:**

| New Word or Phrase | Tally | New Word or Phrase | Tally | New Word or Phrase | Tally |
|---|---|---|---|---|---|
|  |  |  |  |  |  |
|  |  |  |  |  |  |
|  |  |  |  |  |  |
|  |  |  |  |  |  |
|  |  |  |  |  |  |
|  |  |  |  |  |  |
|  |  |  |  |  |  |

## Behavioral Form

Name:                            Date:

| Before Behavior | Child's Negative Response/Behavior | | What Adult Did After Behavior |
|---|---|---|---|
| | Times Happened: | Average Time: | |
| | Times Happened: | Average Time: | |
| | Times Happened: | Average Time: | |
| | Times Happened: | Average Time: | |
| | Times Happened: | Average Time: | |
| | Times Happened: | Average Time: | |
| | Times Happened: | Average Time: | |
| | Times Happened: | Average Time: | |

# POTTY TIME CHART

* BM = bowel movement

| DATE | TIME | CHECK PANTS | | | TIME AT TOLIET | SUCCESS? | | | NEEDED HELP? | |
|---|---|---|---|---|---|---|---|---|---|---|
| | | ☐ Wet | ☐ BM | ☐ Dry | | ☐ Yes | ☐ BM ☐ Pee | ☐ No | ☐ Yes | ☐ No |
| | | ☐ Wet | ☐ BM | ☐ Dry | | ☐ Yes | ☐ BM ☐ Pee | ☐ No | ☐ Yes | ☐ No |
| | | ☐ Wet | ☐ BM | ☐ Dry | | ☐ Yes | ☐ BM ☐ Pee | ☐ No | ☐ Yes | ☐ No |
| | | ☐ Wet | ☐ BM | ☐ Dry | | ☐ Yes | ☐ BM ☐ Pee | ☐ No | ☐ Yes | ☐ No |
| | | ☐ Wet | ☐ BM | ☐ Dry | | ☐ Yes | ☐ BM ☐ Pee | ☐ No | ☐ Yes | ☐ No |
| | | ☐ Wet | ☐ BM | ☐ Dry | | ☐ Yes | ☐ BM ☐ Pee | ☐ No | ☐ Yes | ☐ No |
| | | ☐ Wet | ☐ BM | ☐ Dry | | ☐ Yes | ☐ BM ☐ Pee | ☐ No | ☐ Yes | ☐ No |
| | | ☐ Wet | ☐ BM | ☐ Dry | | ☐ Yes | ☐ BM ☐ Pee | ☐ No | ☐ Yes | ☐ No |
| | | ☐ Wet | ☐ BM | ☐ Dry | | ☐ Yes | ☐ BM ☐ Pee | ☐ No | ☐ Yes | ☐ No |
| | | ☐ Wet | ☐ BM | ☐ Dry | | ☐ Yes | ☐ BM ☐ Pee | ☐ No | ☐ Yes | ☐ No |
| | | ☐ Wet | ☐ BM | ☐ Dry | | ☐ Yes | ☐ BM ☐ Pee | ☐ No | ☐ Yes | ☐ No |
| | | ☐ Wet | ☐ BM | ☐ Dry | | ☐ Yes | ☐ BM ☐ Pee | ☐ No | ☐ Yes | ☐ No |
| | | ☐ Wet | ☐ BM | ☐ Dry | | ☐ Yes | ☐ BM ☐ Pee | ☐ No | ☐ Yes | ☐ No |
| | | ☐ Wet | ☐ BM | ☐ Dry | | ☐ Yes | ☐ BM ☐ Pee | ☐ No | ☐ Yes | ☐ No |
| | | ☐ Wet | ☐ BM | ☐ Dry | | ☐ Yes | ☐ BM ☐ Pee | ☐ No | ☐ Yes | ☐ No |
| | | ☐ Wet | ☐ BM | ☐ Dry | | ☐ Yes | ☐ BM ☐ Pee | ☐ No | ☐ Yes | ☐ No |
| | | ☐ Wet | ☐ BM | ☐ Dry | | ☐ Yes | ☐ BM ☐ Pee | ☐ No | ☐ Yes | ☐ No |
| | | ☐ Wet | ☐ BM | ☐ Dry | | ☐ Yes | ☐ BM ☐ Pee | ☐ No | ☐ Yes | ☐ No |
| | | ☐ Wet | ☐ BM | ☐ Dry | | ☐ Yes | ☐ BM ☐ Pee | ☐ No | ☐ Yes | ☐ No |
| | | ☐ Wet | ☐ BM | ☐ Dry | | ☐ Yes | ☐ BM ☐ Pee | ☐ No | ☐ Yes | ☐ No |
| | | ☐ Wet | ☐ BM | ☐ Dry | | ☐ Yes | ☐ BM ☐ Pee | ☐ No | ☐ Yes | ☐ No |

# Speech-Language Record Form

Name:                                                           Date:

| New Word or Phrase | Tally | New Word or Phrase | Tally | New Word or Phrase | Tally |
|---|---|---|---|---|---|
|  |  |  |  |  |  |
|  |  |  |  |  |  |
|  |  |  |  |  |  |
|  |  |  |  |  |  |
|  |  |  |  |  |  |
|  |  |  |  |  |  |
|  |  |  |  |  |  |

## Behavioral Form

Name:                          Date:

| Before Behavior | Child's Negative Response/Behavior | | What Adult Did After Behavior |
|---|---|---|---|
| | Times Happened: | Average Time: | |
| | Times Happened: | Average Time: | |
| | Times Happened: | Average Time: | |
| | Times Happened: | Average Time: | |
| | Times Happened: | Average Time: | |
| | Times Happened: | Average Time: | |
| | Times Happened: | Average Time: | |
| | Times Happened: | Average Time: | |
| | Times Happened: | Average Time: | |

# POTTY TIME CHART

* BM = bowel movement

| DATE | TIME | CHECK PANTS | | | TIME AT TOLIET | SUCCESS? | | | NEEDED HELP? | |
|------|------|------|------|------|------|------|------|------|------|------|
| | | ☐ Wet | ☐ BM | ☐ Dry | | ☐ Yes | ☐ BM ☐ Pee | ☐ No | ☐ Yes | ☐ No |
| | | ☐ Wet | ☐ BM | ☐ Dry | | ☐ Yes | ☐ BM ☐ Pee | ☐ No | ☐ Yes | ☐ No |
| | | ☐ Wet | ☐ BM | ☐ Dry | | ☐ Yes | ☐ BM ☐ Pee | ☐ No | ☐ Yes | ☐ No |
| | | ☐ Wet | ☐ BM | ☐ Dry | | ☐ Yes | ☐ BM ☐ Pee | ☐ No | ☐ Yes | ☐ No |
| | | ☐ Wet | ☐ BM | ☐ Dry | | ☐ Yes | ☐ BM ☐ Pee | ☐ No | ☐ Yes | ☐ No |
| | | ☐ Wet | ☐ BM | ☐ Dry | | ☐ Yes | ☐ BM ☐ Pee | ☐ No | ☐ Yes | ☐ No |
| | | ☐ Wet | ☐ BM | ☐ Dry | | ☐ Yes | ☐ BM ☐ Pee | ☐ No | ☐ Yes | ☐ No |
| | | ☐ Wet | ☐ BM | ☐ Dry | | ☐ Yes | ☐ BM ☐ Pee | ☐ No | ☐ Yes | ☐ No |
| | | ☐ Wet | ☐ BM | ☐ Dry | | ☐ Yes | ☐ BM ☐ Pee | ☐ No | ☐ Yes | ☐ No |
| | | ☐ Wet | ☐ BM | ☐ Dry | | ☐ Yes | ☐ BM ☐ Pee | ☐ No | ☐ Yes | ☐ No |
| | | ☐ Wet | ☐ BM | ☐ Dry | | ☐ Yes | ☐ BM ☐ Pee | ☐ No | ☐ Yes | ☐ No |
| | | ☐ Wet | ☐ BM | ☐ Dry | | ☐ Yes | ☐ BM ☐ Pee | ☐ No | ☐ Yes | ☐ No |
| | | ☐ Wet | ☐ BM | ☐ Dry | | ☐ Yes | ☐ BM ☐ Pee | ☐ No | ☐ Yes | ☐ No |
| | | ☐ Wet | ☐ BM | ☐ Dry | | ☐ Yes | ☐ BM ☐ Pee | ☐ No | ☐ Yes | ☐ No |
| | | ☐ Wet | ☐ BM | ☐ Dry | | ☐ Yes | ☐ BM ☐ Pee | ☐ No | ☐ Yes | ☐ No |
| | | ☐ Wet | ☐ BM | ☐ Dry | | ☐ Yes | ☐ BM ☐ Pee | ☐ No | ☐ Yes | ☐ No |
| | | ☐ Wet | ☐ BM | ☐ Dry | | ☐ Yes | ☐ BM ☐ Pee | ☐ No | ☐ Yes | ☐ No |
| | | ☐ Wet | ☐ BM | ☐ Dry | | ☐ Yes | ☐ BM ☐ Pee | ☐ No | ☐ Yes | ☐ No |
| | | ☐ Wet | ☐ BM | ☐ Dry | | ☐ Yes | ☐ BM ☐ Pee | ☐ No | ☐ Yes | ☐ No |
| | | ☐ Wet | ☐ BM | ☐ Dry | | ☐ Yes | ☐ BM ☐ Pee | ☐ No | ☐ Yes | ☐ No |
| | | ☐ Wet | ☐ BM | ☐ Dry | | ☐ Yes | ☐ BM ☐ Pee | ☐ No | ☐ Yes | ☐ No |

# Speech-Language Record Form

**Name:**                                                        **Date:**

| New Word or Phrase | Tally | New Word or Phrase | Tally | New Word or Phrase | Tally |
|---|---|---|---|---|---|
| | | | | | |
| | | | | | |
| | | | | | |
| | | | | | |
| | | | | | |
| | | | | | |
| | | | | | |

# Day 10.

## Behavioral Form

Name:  Date:

| Before Behavior | Child's Negative Response/Behavior | What Adult Did After Behavior |
|---|---|---|
| | Times Happened: ____  Average Time: ____ | |
| | Times Happened: ____  Average Time: ____ | |
| | Times Happened: ____  Average Time: ____ | |
| | Times Happened: ____  Average Time: ____ | |
| | Times Happened: ____  Average Time: ____ | |
| | Times Happened: ____  Average Time: ____ | |
| | Times Happened: ____  Average Time: ____ | |
| | Times Happened: ____  Average Time: ____ | |

# POTTY TIME CHART

* BM = bowel movement

| DATE | TIME | CHECK PANTS | TIME AT TOLIET | SUCCESS? | | | NEEDED HELP? | |
|------|------|-------------|----------------|----------|---|---|--------------|---|
| | | ☐ Wet ☐ BM ☐ Dry | | ☐ Yes | ☐ BM ☐ Pee | ☐ No | ☐ Yes | ☐ No |
| | | ☐ Wet ☐ BM ☐ Dry | | ☐ Yes | ☐ BM ☐ Pee | ☐ No | ☐ Yes | ☐ No |
| | | ☐ Wet ☐ BM ☐ Dry | | ☐ Yes | ☐ BM ☐ Pee | ☐ No | ☐ Yes | ☐ No |
| | | ☐ Wet ☐ BM ☐ Dry | | ☐ Yes | ☐ BM ☐ Pee | ☐ No | ☐ Yes | ☐ No |
| | | ☐ Wet ☐ BM ☐ Dry | | ☐ Yes | ☐ BM ☐ Pee | ☐ No | ☐ Yes | ☐ No |
| | | ☐ Wet ☐ BM ☐ Dry | | ☐ Yes | ☐ BM ☐ Pee | ☐ No | ☐ Yes | ☐ No |
| | | ☐ Wet ☐ BM ☐ Dry | | ☐ Yes | ☐ BM ☐ Pee | ☐ No | ☐ Yes | ☐ No |
| | | ☐ Wet ☐ BM ☐ Dry | | ☐ Yes | ☐ BM ☐ Pee | ☐ No | ☐ Yes | ☐ No |
| | | ☐ Wet ☐ BM ☐ Dry | | ☐ Yes | ☐ BM ☐ Pee | ☐ No | ☐ Yes | ☐ No |
| | | ☐ Wet ☐ BM ☐ Dry | | ☐ Yes | ☐ BM ☐ Pee | ☐ No | ☐ Yes | ☐ No |
| | | ☐ Wet ☐ BM ☐ Dry | | ☐ Yes | ☐ BM ☐ Pee | ☐ No | ☐ Yes | ☐ No |
| | | ☐ Wet ☐ BM ☐ Dry | | ☐ Yes | ☐ BM ☐ Pee | ☐ No | ☐ Yes | ☐ No |
| | | ☐ Wet ☐ BM ☐ Dry | | ☐ Yes | ☐ BM ☐ Pee | ☐ No | ☐ Yes | ☐ No |
| | | ☐ Wet ☐ BM ☐ Dry | | ☐ Yes | ☐ BM ☐ Pee | ☐ No | ☐ Yes | ☐ No |
| | | ☐ Wet ☐ BM ☐ Dry | | ☐ Yes | ☐ BM ☐ Pee | ☐ No | ☐ Yes | ☐ No |
| | | ☐ Wet ☐ BM ☐ Dry | | ☐ Yes | ☐ BM ☐ Pee | ☐ No | ☐ Yes | ☐ No |
| | | ☐ Wet ☐ BM ☐ Dry | | ☐ Yes | ☐ BM ☐ Pee | ☐ No | ☐ Yes | ☐ No |
| | | ☐ Wet ☐ BM ☐ Dry | | ☐ Yes | ☐ BM ☐ Pee | ☐ No | ☐ Yes | ☐ No |
| | | ☐ Wet ☐ BM ☐ Dry | | ☐ Yes | ☐ BM ☐ Pee | ☐ No | ☐ Yes | ☐ No |
| | | ☐ Wet ☐ BM ☐ Dry | | ☐ Yes | ☐ BM ☐ Pee | ☐ No | ☐ Yes | ☐ No |
| | | ☐ Wet ☐ BM ☐ Dry | | ☐ Yes | ☐ BM ☐ Pee | ☐ No | ☐ Yes | ☐ No |

# Speech-Language Record Form

Name:                                             Date:

| New Word or Phrase | Tally | New Word or Phrase | Tally | New Word or Phrase | Tally |
|---|---|---|---|---|---|
|  |  |  |  |  |  |
|  |  |  |  |  |  |
|  |  |  |  |  |  |
|  |  |  |  |  |  |
|  |  |  |  |  |  |
|  |  |  |  |  |  |
|  |  |  |  |  |  |

# Day 11.
## Behavioral Form

Name:                                                    Date:

| Before Behavior | Child's Negative Response/Behavior | What Adult Did After Behavior |
|---|---|---|
| | Times Happened: ____  Average Time: ____ | |
| | Times Happened: ____  Average Time: ____ | |
| | Times Happened: ____  Average Time: ____ | |
| | Times Happened: ____  Average Time: ____ | |
| | Times Happened: ____  Average Time: ____ | |
| | Times Happened: ____  Average Time: ____ | |
| | Times Happened: ____  Average Time: ____ | |
| | Times Happened: ____  Average Time: ____ | |

# POTTY TIME CHART

* BM = bowel movement

| DATE | TIME | CHECK PANTS | | | TIME AT TOLIET | SUCCESS? | | | NEEDED HELP? | |
|------|------|------|------|------|------|------|------|------|------|------|
| | | ☐ Wet | ☐ BM | ☐ Dry | | ☐ Yes | ☐ BM ☐ Pee | ☐ No | ☐ Yes | ☐ No |
| | | ☐ Wet | ☐ BM | ☐ Dry | | ☐ Yes | ☐ BM ☐ Pee | ☐ No | ☐ Yes | ☐ No |
| | | ☐ Wet | ☐ BM | ☐ Dry | | ☐ Yes | ☐ BM ☐ Pee | ☐ No | ☐ Yes | ☐ No |
| | | ☐ Wet | ☐ BM | ☐ Dry | | ☐ Yes | ☐ BM ☐ Pee | ☐ No | ☐ Yes | ☐ No |
| | | ☐ Wet | ☐ BM | ☐ Dry | | ☐ Yes | ☐ BM ☐ Pee | ☐ No | ☐ Yes | ☐ No |
| | | ☐ Wet | ☐ BM | ☐ Dry | | ☐ Yes | ☐ BM ☐ Pee | ☐ No | ☐ Yes | ☐ No |
| | | ☐ Wet | ☐ BM | ☐ Dry | | ☐ Yes | ☐ BM ☐ Pee | ☐ No | ☐ Yes | ☐ No |
| | | ☐ Wet | ☐ BM | ☐ Dry | | ☐ Yes | ☐ BM ☐ Pee | ☐ No | ☐ Yes | ☐ No |
| | | ☐ Wet | ☐ BM | ☐ Dry | | ☐ Yes | ☐ BM ☐ Pee | ☐ No | ☐ Yes | ☐ No |
| | | ☐ Wet | ☐ BM | ☐ Dry | | ☐ Yes | ☐ BM ☐ Pee | ☐ No | ☐ Yes | ☐ No |
| | | ☐ Wet | ☐ BM | ☐ Dry | | ☐ Yes | ☐ BM ☐ Pee | ☐ No | ☐ Yes | ☐ No |
| | | ☐ Wet | ☐ BM | ☐ Dry | | ☐ Yes | ☐ BM ☐ Pee | ☐ No | ☐ Yes | ☐ No |
| | | ☐ Wet | ☐ BM | ☐ Dry | | ☐ Yes | ☐ BM ☐ Pee | ☐ No | ☐ Yes | ☐ No |
| | | ☐ Wet | ☐ BM | ☐ Dry | | ☐ Yes | ☐ BM ☐ Pee | ☐ No | ☐ Yes | ☐ No |
| | | ☐ Wet | ☐ BM | ☐ Dry | | ☐ Yes | ☐ BM ☐ Pee | ☐ No | ☐ Yes | ☐ No |
| | | ☐ Wet | ☐ BM | ☐ Dry | | ☐ Yes | ☐ BM ☐ Pee | ☐ No | ☐ Yes | ☐ No |
| | | ☐ Wet | ☐ BM | ☐ Dry | | ☐ Yes | ☐ BM ☐ Pee | ☐ No | ☐ Yes | ☐ No |
| | | ☐ Wet | ☐ BM | ☐ Dry | | ☐ Yes | ☐ BM ☐ Pee | ☐ No | ☐ Yes | ☐ No |
| | | ☐ Wet | ☐ BM | ☐ Dry | | ☐ Yes | ☐ BM ☐ Pee | ☐ No | ☐ Yes | ☐ No |
| | | ☐ Wet | ☐ BM | ☐ Dry | | ☐ Yes | ☐ BM ☐ Pee | ☐ No | ☐ Yes | ☐ No |
| | | ☐ Wet | ☐ BM | ☐ Dry | | ☐ Yes | ☐ BM ☐ Pee | ☐ No | ☐ Yes | ☐ No |

# Speech-Language Record Form

**Name:**                                       **Date:**

| New Word or Phrase | Tally | New Word or Phrase | Tally | New Word or Phrase | Tally |
|---|---|---|---|---|---|
|  |  |  |  |  |  |
|  |  |  |  |  |  |
|  |  |  |  |  |  |
|  |  |  |  |  |  |
|  |  |  |  |  |  |
|  |  |  |  |  |  |
|  |  |  |  |  |  |

## Day 12.
### Behavioral Form

Name:                                           Date:

| Before Behavior | Child's Negative Response/Behavior | | What Adult Did After Behavior |
|---|---|---|---|
| | Times Happened: | Average Time: | |
| | Times Happened: | Average Time: | |
| | Times Happened: | Average Time: | |
| | Times Happened: | Average Time: | |
| | Times Happened: | Average Time: | |
| | Times Happened: | Average Time: | |
| | Times Happened: | Average Time: | |
| | Times Happened: | Average Time: | |
| | Times Happened: | Average Time: | |

# POTTY TIME CHART

*BM = bowel movement

| DATE | TIME | CHECK PANTS | | | TIME AT TOLIET | SUCCESS? | | | NEEDED HELP? | |
|---|---|---|---|---|---|---|---|---|---|---|
| | | ☐ Wet | ☐ BM | ☐ Dry | | ☐ Yes | ☐ BM ☐ Pee | ☐ No | ☐ Yes | ☐ No |
| | | ☐ Wet | ☐ BM | ☐ Dry | | ☐ Yes | ☐ BM ☐ Pee | ☐ No | ☐ Yes | ☐ No |
| | | ☐ Wet | ☐ BM | ☐ Dry | | ☐ Yes | ☐ BM ☐ Pee | ☐ No | ☐ Yes | ☐ No |
| | | ☐ Wet | ☐ BM | ☐ Dry | | ☐ Yes | ☐ BM ☐ Pee | ☐ No | ☐ Yes | ☐ No |
| | | ☐ Wet | ☐ BM | ☐ Dry | | ☐ Yes | ☐ BM ☐ Pee | ☐ No | ☐ Yes | ☐ No |
| | | ☐ Wet | ☐ BM | ☐ Dry | | ☐ Yes | ☐ BM ☐ Pee | ☐ No | ☐ Yes | ☐ No |
| | | ☐ Wet | ☐ BM | ☐ Dry | | ☐ Yes | ☐ BM ☐ Pee | ☐ No | ☐ Yes | ☐ No |
| | | ☐ Wet | ☐ BM | ☐ Dry | | ☐ Yes | ☐ BM ☐ Pee | ☐ No | ☐ Yes | ☐ No |
| | | ☐ Wet | ☐ BM | ☐ Dry | | ☐ Yes | ☐ BM ☐ Pee | ☐ No | ☐ Yes | ☐ No |
| | | ☐ Wet | ☐ BM | ☐ Dry | | ☐ Yes | ☐ BM ☐ Pee | ☐ No | ☐ Yes | ☐ No |
| | | ☐ Wet | ☐ BM | ☐ Dry | | ☐ Yes | ☐ BM ☐ Pee | ☐ No | ☐ Yes | ☐ No |
| | | ☐ Wet | ☐ BM | ☐ Dry | | ☐ Yes | ☐ BM ☐ Pee | ☐ No | ☐ Yes | ☐ No |
| | | ☐ Wet | ☐ BM | ☐ Dry | | ☐ Yes | ☐ BM ☐ Pee | ☐ No | ☐ Yes | ☐ No |
| | | ☐ Wet | ☐ BM | ☐ Dry | | ☐ Yes | ☐ BM ☐ Pee | ☐ No | ☐ Yes | ☐ No |
| | | ☐ Wet | ☐ BM | ☐ Dry | | ☐ Yes | ☐ BM ☐ Pee | ☐ No | ☐ Yes | ☐ No |
| | | ☐ Wet | ☐ BM | ☐ Dry | | ☐ Yes | ☐ BM ☐ Pee | ☐ No | ☐ Yes | ☐ No |
| | | ☐ Wet | ☐ BM | ☐ Dry | | ☐ Yes | ☐ BM ☐ Pee | ☐ No | ☐ Yes | ☐ No |
| | | ☐ Wet | ☐ BM | ☐ Dry | | ☐ Yes | ☐ BM ☐ Pee | ☐ No | ☐ Yes | ☐ No |
| | | ☐ Wet | ☐ BM | ☐ Dry | | ☐ Yes | ☐ BM ☐ Pee | ☐ No | ☐ Yes | ☐ No |
| | | ☐ Wet | ☐ BM | ☐ Dry | | ☐ Yes | ☐ BM ☐ Pee | ☐ No | ☐ Yes | ☐ No |

# Speech-Language Record Form

Name:                                                    Date:

| New Word or Phrase | Tally | New Word or Phrase | Tally | New Word or Phrase | Tally |
|---|---|---|---|---|---|
| | | | | | |
| | | | | | |
| | | | | | |
| | | | | | |
| | | | | | |
| | | | | | |
| | | | | | |

## Behavioral Form

Name:                                          Date:

| Before Behavior | Child's Negative Response/Behavior | | What Adult Did After Behavior |
|---|---|---|---|
| | Times Happened: | Average Time: | |
| | Times Happened: | Average Time: | |
| | Times Happened: | Average Time: | |
| | Times Happened: | Average Time: | |
| | Times Happened: | Average Time: | |
| | Times Happened: | Average Time: | |
| | Times Happened: | Average Time: | |
| | Times Happened: | Average Time: | |

# POTTY TIME CHART

*BM = bowel movement

| DATE | TIME | CHECK PANTS | TIME AT TOLIET | SUCCESS? | | | NEEDED HELP? | |
|------|------|-------------|----------------|----------|----|----|-------------|----|
| | | ☐ Wet ☐ BM ☐ Dry | | ☐ Yes | ☐ BM ☐ Pee | ☐ No | ☐ Yes | ☐ No |
| | | ☐ Wet ☐ BM ☐ Dry | | ☐ Yes | ☐ BM ☐ Pee | ☐ No | ☐ Yes | ☐ No |
| | | ☐ Wet ☐ BM ☐ Dry | | ☐ Yes | ☐ BM ☐ Pee | ☐ No | ☐ Yes | ☐ No |
| | | ☐ Wet ☐ BM ☐ Dry | | ☐ Yes | ☐ BM ☐ Pee | ☐ No | ☐ Yes | ☐ No |
| | | ☐ Wet ☐ BM ☐ Dry | | ☐ Yes | ☐ BM ☐ Pee | ☐ No | ☐ Yes | ☐ No |
| | | ☐ Wet ☐ BM ☐ Dry | | ☐ Yes | ☐ BM ☐ Pee | ☐ No | ☐ Yes | ☐ No |
| | | ☐ Wet ☐ BM ☐ Dry | | ☐ Yes | ☐ BM ☐ Pee | ☐ No | ☐ Yes | ☐ No |
| | | ☐ Wet ☐ BM ☐ Dry | | ☐ Yes | ☐ BM ☐ Pee | ☐ No | ☐ Yes | ☐ No |
| | | ☐ Wet ☐ BM ☐ Dry | | ☐ Yes | ☐ BM ☐ Pee | ☐ No | ☐ Yes | ☐ No |
| | | ☐ Wet ☐ BM ☐ Dry | | ☐ Yes | ☐ BM ☐ Pee | ☐ No | ☐ Yes | ☐ No |
| | | ☐ Wet ☐ BM ☐ Dry | | ☐ Yes | ☐ BM ☐ Pee | ☐ No | ☐ Yes | ☐ No |
| | | ☐ Wet ☐ BM ☐ Dry | | ☐ Yes | ☐ BM ☐ Pee | ☐ No | ☐ Yes | ☐ No |
| | | ☐ Wet ☐ BM ☐ Dry | | ☐ Yes | ☐ BM ☐ Pee | ☐ No | ☐ Yes | ☐ No |
| | | ☐ Wet ☐ BM ☐ Dry | | ☐ Yes | ☐ BM ☐ Pee | ☐ No | ☐ Yes | ☐ No |
| | | ☐ Wet ☐ BM ☐ Dry | | ☐ Yes | ☐ BM ☐ Pee | ☐ No | ☐ Yes | ☐ No |
| | | ☐ Wet ☐ BM ☐ Dry | | ☐ Yes | ☐ BM ☐ Pee | ☐ No | ☐ Yes | ☐ No |
| | | ☐ Wet ☐ BM ☐ Dry | | ☐ Yes | ☐ BM ☐ Pee | ☐ No | ☐ Yes | ☐ No |
| | | ☐ Wet ☐ BM ☐ Dry | | ☐ Yes | ☐ BM ☐ Pee | ☐ No | ☐ Yes | ☐ No |
| | | ☐ Wet ☐ BM ☐ Dry | | ☐ Yes | ☐ BM ☐ Pee | ☐ No | ☐ Yes | ☐ No |
| | | ☐ Wet ☐ BM ☐ Dry | | ☐ Yes | ☐ BM ☐ Pee | ☐ No | ☐ Yes | ☐ No |
| | | ☐ Wet ☐ BM ☐ Dry | | ☐ Yes | ☐ BM ☐ Pee | ☐ No | ☐ Yes | ☐ No |
| | | ☐ Wet ☐ BM ☐ Dry | | ☐ Yes | ☐ BM ☐ Pee | ☐ No | ☐ Yes | ☐ No |

# Speech-Language Record Form

**Name:**                                     **Date:**

| New Word or Phrase | Tally | New Word or Phrase | Tally | New Word or Phrase | Tally |
|---|---|---|---|---|---|
| | | | | | |
| | | | | | |
| | | | | | |
| | | | | | |
| | | | | | |
| | | | | | |
| | | | | | |

## Behavioral Form

Name:                         Date:

| Before Behavior | Child's Negative Response/Behavior | | What Adult Did After Behavior |
|---|---|---|---|
| | Times Happened: | Average Time: | |
| | Times Happened: | Average Time: | |
| | Times Happened: | Average Time: | |
| | Times Happened: | Average Time: | |
| | Times Happened: | Average Time: | |
| | Times Happened: | Average Time: | |
| | Times Happened: | Average Time: | |
| | Times Happened: | Average Time: | |
| | Times Happened: | Average Time: | |

# POTTY TIME CHART

* BM = bowel movement

| DATE | TIME | CHECK PANTS | TIME AT TOLIET | SUCCESS? | | | NEEDED HELP? | |
|------|------|-------------|----------------|----------|---|---|--------------|---|
| | | ☐ Wet  ☐ BM  ☐ Dry | | ☐ Yes | ☐ BM<br>☐ Pee | ☐ No | ☐ Yes | ☐ No |
| | | ☐ Wet  ☐ BM  ☐ Dry | | ☐ Yes | ☐ BM<br>☐ Pee | ☐ No | ☐ Yes | ☐ No |
| | | ☐ Wet  ☐ BM  ☐ Dry | | ☐ Yes | ☐ BM<br>☐ Pee | ☐ No | ☐ Yes | ☐ No |
| | | ☐ Wet  ☐ BM  ☐ Dry | | ☐ Yes | ☐ BM<br>☐ Pee | ☐ No | ☐ Yes | ☐ No |
| | | ☐ Wet  ☐ BM  ☐ Dry | | ☐ Yes | ☐ BM<br>☐ Pee | ☐ No | ☐ Yes | ☐ No |
| | | ☐ Wet  ☐ BM  ☐ Dry | | ☐ Yes | ☐ BM<br>☐ Pee | ☐ No | ☐ Yes | ☐ No |
| | | ☐ Wet  ☐ BM  ☐ Dry | | ☐ Yes | ☐ BM<br>☐ Pee | ☐ No | ☐ Yes | ☐ No |
| | | ☐ Wet  ☐ BM  ☐ Dry | | ☐ Yes | ☐ BM<br>☐ Pee | ☐ No | ☐ Yes | ☐ No |
| | | ☐ Wet  ☐ BM  ☐ Dry | | ☐ Yes | ☐ BM<br>☐ Pee | ☐ No | ☐ Yes | ☐ No |
| | | ☐ Wet  ☐ BM  ☐ Dry | | ☐ Yes | ☐ BM<br>☐ Pee | ☐ No | ☐ Yes | ☐ No |
| | | ☐ Wet  ☐ BM  ☐ Dry | | ☐ Yes | ☐ BM<br>☐ Pee | ☐ No | ☐ Yes | ☐ No |
| | | ☐ Wet  ☐ BM  ☐ Dry | | ☐ Yes | ☐ BM<br>☐ Pee | ☐ No | ☐ Yes | ☐ No |
| | | ☐ Wet  ☐ BM  ☐ Dry | | ☐ Yes | ☐ BM<br>☐ Pee | ☐ No | ☐ Yes | ☐ No |
| | | ☐ Wet  ☐ BM  ☐ Dry | | ☐ Yes | ☐ BM<br>☐ Pee | ☐ No | ☐ Yes | ☐ No |
| | | ☐ Wet  ☐ BM  ☐ Dry | | ☐ Yes | ☐ BM<br>☐ Pee | ☐ No | ☐ Yes | ☐ No |
| | | ☐ Wet  ☐ BM  ☐ Dry | | ☐ Yes | ☐ BM<br>☐ Pee | ☐ No | ☐ Yes | ☐ No |
| | | ☐ Wet  ☐ BM  ☐ Dry | | ☐ Yes | ☐ BM<br>☐ Pee | ☐ No | ☐ Yes | ☐ No |
| | | ☐ Wet  ☐ BM  ☐ Dry | | ☐ Yes | ☐ BM<br>☐ Pee | ☐ No | ☐ Yes | ☐ No |
| | | ☐ Wet  ☐ BM  ☐ Dry | | ☐ Yes | ☐ BM<br>☐ Pee | ☐ No | ☐ Yes | ☐ No |
| | | ☐ Wet  ☐ BM  ☐ Dry | | ☐ Yes | ☐ BM<br>☐ Pee | ☐ No | ☐ Yes | ☐ No |
| | | ☐ Wet  ☐ BM  ☐ Dry | | ☐ Yes | ☐ BM<br>☐ Pee | ☐ No | ☐ Yes | ☐ No |

# Speech-Language Record Form

**Name:**                                  **Date:**

| New Word or Phrase | Tally | New Word or Phrase | Tally | New Word or Phrase | Tally |
|---|---|---|---|---|---|
|  |  |  |  |  |  |
|  |  |  |  |  |  |
|  |  |  |  |  |  |
|  |  |  |  |  |  |
|  |  |  |  |  |  |
|  |  |  |  |  |  |
|  |  |  |  |  |  |

## Behavioral Form

Name:                                    Date:

| Before Behavior | Child's Negative Response/Behavior | | What Adult Did After Behavior |
|---|---|---|---|
| | Times Happened: | Average Time: | |
| | Times Happened: | Average Time: | |
| | Times Happened: | Average Time: | |
| | Times Happened: | Average Time: | |
| | Times Happened: | Average Time: | |
| | Times Happened: | Average Time: | |
| | Times Happened: | Average Time: | |
| | Times Happened: | Average Time: | |
| | Times Happened: | Average Time: | |

# POTTY TIME CHART

\* BM = bowel movement

| DATE | TIME | CHECK PANTS | | | TIME AT TOLIET | SUCCESS? | | | NEEDED HELP? | |
|---|---|---|---|---|---|---|---|---|---|---|
| | | ☐ Wet | ☐ BM | ☐ Dry | | ☐ Yes | ☐ BM ☐ Pee | ☐ No | ☐ Yes | ☐ No |
| | | ☐ Wet | ☐ BM | ☐ Dry | | ☐ Yes | ☐ BM ☐ Pee | ☐ No | ☐ Yes | ☐ No |
| | | ☐ Wet | ☐ BM | ☐ Dry | | ☐ Yes | ☐ BM ☐ Pee | ☐ No | ☐ Yes | ☐ No |
| | | ☐ Wet | ☐ BM | ☐ Dry | | ☐ Yes | ☐ BM ☐ Pee | ☐ No | ☐ Yes | ☐ No |
| | | ☐ Wet | ☐ BM | ☐ Dry | | ☐ Yes | ☐ BM ☐ Pee | ☐ No | ☐ Yes | ☐ No |
| | | ☐ Wet | ☐ BM | ☐ Dry | | ☐ Yes | ☐ BM ☐ Pee | ☐ No | ☐ Yes | ☐ No |
| | | ☐ Wet | ☐ BM | ☐ Dry | | ☐ Yes | ☐ BM ☐ Pee | ☐ No | ☐ Yes | ☐ No |
| | | ☐ Wet | ☐ BM | ☐ Dry | | ☐ Yes | ☐ BM ☐ Pee | ☐ No | ☐ Yes | ☐ No |
| | | ☐ Wet | ☐ BM | ☐ Dry | | ☐ Yes | ☐ BM ☐ Pee | ☐ No | ☐ Yes | ☐ No |
| | | ☐ Wet | ☐ BM | ☐ Dry | | ☐ Yes | ☐ BM ☐ Pee | ☐ No | ☐ Yes | ☐ No |
| | | ☐ Wet | ☐ BM | ☐ Dry | | ☐ Yes | ☐ BM ☐ Pee | ☐ No | ☐ Yes | ☐ No |
| | | ☐ Wet | ☐ BM | ☐ Dry | | ☐ Yes | ☐ BM ☐ Pee | ☐ No | ☐ Yes | ☐ No |
| | | ☐ Wet | ☐ BM | ☐ Dry | | ☐ Yes | ☐ BM ☐ Pee | ☐ No | ☐ Yes | ☐ No |
| | | ☐ Wet | ☐ BM | ☐ Dry | | ☐ Yes | ☐ BM ☐ Pee | ☐ No | ☐ Yes | ☐ No |
| | | ☐ Wet | ☐ BM | ☐ Dry | | ☐ Yes | ☐ BM ☐ Pee | ☐ No | ☐ Yes | ☐ No |
| | | ☐ Wet | ☐ BM | ☐ Dry | | ☐ Yes | ☐ BM ☐ Pee | ☐ No | ☐ Yes | ☐ No |
| | | ☐ Wet | ☐ BM | ☐ Dry | | ☐ Yes | ☐ BM ☐ Pee | ☐ No | ☐ Yes | ☐ No |
| | | ☐ Wet | ☐ BM | ☐ Dry | | ☐ Yes | ☐ BM ☐ Pee | ☐ No | ☐ Yes | ☐ No |
| | | ☐ Wet | ☐ BM | ☐ Dry | | ☐ Yes | ☐ BM ☐ Pee | ☐ No | ☐ Yes | ☐ No |
| | | ☐ Wet | ☐ BM | ☐ Dry | | ☐ Yes | ☐ BM ☐ Pee | ☐ No | ☐ Yes | ☐ No |
| | | ☐ Wet | ☐ BM | ☐ Dry | | ☐ Yes | ☐ BM ☐ Pee | ☐ No | ☐ Yes | ☐ No |

# Speech-Language Record Form

**Name:**                    **Date:**

| New Word or Phrase | Tally | New Word or Phrase | Tally | New Word or Phrase | Tally |
|---|---|---|---|---|---|
|  |  |  |  |  |  |
|  |  |  |  |  |  |
|  |  |  |  |  |  |
|  |  |  |  |  |  |
|  |  |  |  |  |  |
|  |  |  |  |  |  |
|  |  |  |  |  |  |

## Behavioral Form

Name:                                           Date:

| Before Behavior | Child's Negative Response/Behavior | | What Adult Did After Behavior |
|---|---|---|---|
| | Times Happened: | Average Time: | |
| | Times Happened: | Average Time: | |
| | Times Happened: | Average Time: | |
| | Times Happened: | Average Time: | |
| | Times Happened: | Average Time: | |
| | Times Happened: | Average Time: | |
| | Times Happened: | Average Time: | |
| | Times Happened: | Average Time: | |

# POTTY TIME CHART

*BM = bowel movement

| DATE | TIME | CHECK PANTS | TIME AT TOLIET | SUCCESS? | | | NEEDED HELP? | |
|------|------|-------------|----------------|----------|---|---|--------------|---|
| | | ☐ Wet  ☐ BM  ☐ Dry | | ☐ Yes | ☐ BM<br>☐ Pee | ☐ No | ☐ Yes | ☐ No |
| | | ☐ Wet  ☐ BM  ☐ Dry | | ☐ Yes | ☐ BM<br>☐ Pee | ☐ No | ☐ Yes | ☐ No |
| | | ☐ Wet  ☐ BM  ☐ Dry | | ☐ Yes | ☐ BM<br>☐ Pee | ☐ No | ☐ Yes | ☐ No |
| | | ☐ Wet  ☐ BM  ☐ Dry | | ☐ Yes | ☐ BM<br>☐ Pee | ☐ No | ☐ Yes | ☐ No |
| | | ☐ Wet  ☐ BM  ☐ Dry | | ☐ Yes | ☐ BM<br>☐ Pee | ☐ No | ☐ Yes | ☐ No |
| | | ☐ Wet  ☐ BM  ☐ Dry | | ☐ Yes | ☐ BM<br>☐ Pee | ☐ No | ☐ Yes | ☐ No |
| | | ☐ Wet  ☐ BM  ☐ Dry | | ☐ Yes | ☐ BM<br>☐ Pee | ☐ No | ☐ Yes | ☐ No |
| | | ☐ Wet  ☐ BM  ☐ Dry | | ☐ Yes | ☐ BM<br>☐ Pee | ☐ No | ☐ Yes | ☐ No |
| | | ☐ Wet  ☐ BM  ☐ Dry | | ☐ Yes | ☐ BM<br>☐ Pee | ☐ No | ☐ Yes | ☐ No |
| | | ☐ Wet  ☐ BM  ☐ Dry | | ☐ Yes | ☐ BM<br>☐ Pee | ☐ No | ☐ Yes | ☐ No |
| | | ☐ Wet  ☐ BM  ☐ Dry | | ☐ Yes | ☐ BM<br>☐ Pee | ☐ No | ☐ Yes | ☐ No |
| | | ☐ Wet  ☐ BM  ☐ Dry | | ☐ Yes | ☐ BM<br>☐ Pee | ☐ No | ☐ Yes | ☐ No |
| | | ☐ Wet  ☐ BM  ☐ Dry | | ☐ Yes | ☐ BM<br>☐ Pee | ☐ No | ☐ Yes | ☐ No |
| | | ☐ Wet  ☐ BM  ☐ Dry | | ☐ Yes | ☐ BM<br>☐ Pee | ☐ No | ☐ Yes | ☐ No |
| | | ☐ Wet  ☐ BM  ☐ Dry | | ☐ Yes | ☐ BM<br>☐ Pee | ☐ No | ☐ Yes | ☐ No |
| | | ☐ Wet  ☐ BM  ☐ Dry | | ☐ Yes | ☐ BM<br>☐ Pee | ☐ No | ☐ Yes | ☐ No |
| | | ☐ Wet  ☐ BM  ☐ Dry | | ☐ Yes | ☐ BM<br>☐ Pee | ☐ No | ☐ Yes | ☐ No |
| | | ☐ Wet  ☐ BM  ☐ Dry | | ☐ Yes | ☐ BM<br>☐ Pee | ☐ No | ☐ Yes | ☐ No |
| | | ☐ Wet  ☐ BM  ☐ Dry | | ☐ Yes | ☐ BM<br>☐ Pee | ☐ No | ☐ Yes | ☐ No |
| | | ☐ Wet  ☐ BM  ☐ Dry | | ☐ Yes | ☐ BM<br>☐ Pee | ☐ No | ☐ Yes | ☐ No |
| | | ☐ Wet  ☐ BM  ☐ Dry | | ☐ Yes | ☐ BM<br>☐ Pee | ☐ No | ☐ Yes | ☐ No |
| | | ☐ Wet  ☐ BM  ☐ Dry | | ☐ Yes | ☐ BM<br>☐ Pee | ☐ No | ☐ Yes | ☐ No |

# Speech-Language Record Form

**Name:**                                        **Date:**

| New Word or Phrase | Tally | New Word or Phrase | Tally | New Word or Phrase | Tally |
|---|---|---|---|---|---|
|  |  |  |  |  |  |
|  |  |  |  |  |  |
|  |  |  |  |  |  |
|  |  |  |  |  |  |
|  |  |  |  |  |  |
|  |  |  |  |  |  |
|  |  |  |  |  |  |

# Day 17.
## Behavioral Form

Name: Date:

| Before Behavior | Child's Negative Response/Behavior | | What Adult Did After Behavior |
|---|---|---|---|
| | Times Happened: | Average Time: | |
| | Times Happened: | Average Time: | |
| | Times Happened: | Average Time: | |
| | Times Happened: | Average Time: | |
| | Times Happened: | Average Time: | |
| | Times Happened: | Average Time: | |
| | Times Happened: | Average Time: | |
| | Times Happened: | Average Time: | |

# POTTY TIME CHART

* BM = bowel movement

| DATE | TIME | CHECK PANTS | | | TIME AT TOLIET | SUCCESS? | | | NEEDED HELP? | |
|---|---|---|---|---|---|---|---|---|---|---|
| | | ☐ Wet | ☐ BM | ☐ Dry | | ☐ Yes | ☐ BM<br>☐ Pee | ☐ No | ☐ Yes | ☐ No |
| | | ☐ Wet | ☐ BM | ☐ Dry | | ☐ Yes | ☐ BM<br>☐ Pee | ☐ No | ☐ Yes | ☐ No |
| | | ☐ Wet | ☐ BM | ☐ Dry | | ☐ Yes | ☐ BM<br>☐ Pee | ☐ No | ☐ Yes | ☐ No |
| | | ☐ Wet | ☐ BM | ☐ Dry | | ☐ Yes | ☐ BM<br>☐ Pee | ☐ No | ☐ Yes | ☐ No |
| | | ☐ Wet | ☐ BM | ☐ Dry | | ☐ Yes | ☐ BM<br>☐ Pee | ☐ No | ☐ Yes | ☐ No |
| | | ☐ Wet | ☐ BM | ☐ Dry | | ☐ Yes | ☐ BM<br>☐ Pee | ☐ No | ☐ Yes | ☐ No |
| | | ☐ Wet | ☐ BM | ☐ Dry | | ☐ Yes | ☐ BM<br>☐ Pee | ☐ No | ☐ Yes | ☐ No |
| | | ☐ Wet | ☐ BM | ☐ Dry | | ☐ Yes | ☐ BM<br>☐ Pee | ☐ No | ☐ Yes | ☐ No |
| | | ☐ Wet | ☐ BM | ☐ Dry | | ☐ Yes | ☐ BM<br>☐ Pee | ☐ No | ☐ Yes | ☐ No |
| | | ☐ Wet | ☐ BM | ☐ Dry | | ☐ Yes | ☐ BM<br>☐ Pee | ☐ No | ☐ Yes | ☐ No |
| | | ☐ Wet | ☐ BM | ☐ Dry | | ☐ Yes | ☐ BM<br>☐ Pee | ☐ No | ☐ Yes | ☐ No |
| | | ☐ Wet | ☐ BM | ☐ Dry | | ☐ Yes | ☐ BM<br>☐ Pee | ☐ No | ☐ Yes | ☐ No |
| | | ☐ Wet | ☐ BM | ☐ Dry | | ☐ Yes | ☐ BM<br>☐ Pee | ☐ No | ☐ Yes | ☐ No |
| | | ☐ Wet | ☐ BM | ☐ Dry | | ☐ Yes | ☐ BM<br>☐ Pee | ☐ No | ☐ Yes | ☐ No |
| | | ☐ Wet | ☐ BM | ☐ Dry | | ☐ Yes | ☐ BM<br>☐ Pee | ☐ No | ☐ Yes | ☐ No |
| | | ☐ Wet | ☐ BM | ☐ Dry | | ☐ Yes | ☐ BM<br>☐ Pee | ☐ No | ☐ Yes | ☐ No |
| | | ☐ Wet | ☐ BM | ☐ Dry | | ☐ Yes | ☐ BM<br>☐ Pee | ☐ No | ☐ Yes | ☐ No |
| | | ☐ Wet | ☐ BM | ☐ Dry | | ☐ Yes | ☐ BM<br>☐ Pee | ☐ No | ☐ Yes | ☐ No |
| | | ☐ Wet | ☐ BM | ☐ Dry | | ☐ Yes | ☐ BM<br>☐ Pee | ☐ No | ☐ Yes | ☐ No |
| | | ☐ Wet | ☐ BM | ☐ Dry | | ☐ Yes | ☐ BM<br>☐ Pee | ☐ No | ☐ Yes | ☐ No |
| | | ☐ Wet | ☐ BM | ☐ Dry | | ☐ Yes | ☐ BM<br>☐ Pee | ☐ No | ☐ Yes | ☐ No |
| | | ☐ Wet | ☐ BM | ☐ Dry | | ☐ Yes | ☐ BM<br>☐ Pee | ☐ No | ☐ Yes | ☐ No |

# Speech-Language Record Form

**Name:**                                                      **Date:**

| New Word or Phrase | Tally | New Word or Phrase | Tally | New Word or Phrase | Tally |
|---|---|---|---|---|---|
|  |  |  |  |  |  |
|  |  |  |  |  |  |
|  |  |  |  |  |  |
|  |  |  |  |  |  |
|  |  |  |  |  |  |
|  |  |  |  |  |  |
|  |  |  |  |  |  |

# Day 18.

## Behavioral Form

Name:                                              Date:

| Before Behavior | Child's Negative Response/Behavior | | What Adult Did After Behavior |
|---|---|---|---|
| | Times Happened: | Average Time: | |
| | Times Happened: | Average Time: | |
| | Times Happened: | Average Time: | |
| | Times Happened: | Average Time: | |
| | Times Happened: | Average Time: | |
| | Times Happened: | Average Time: | |
| | Times Happened: | Average Time: | |
| | Times Happened: | Average Time: | |
| | Times Happened: | Average Time: | |

# POTTY TIME CHART

* BM = bowel movement

| DATE | TIME | CHECK PANTS | | | TIME AT TOLIET | SUCCESS? | | | NEEDED HELP? | |
|---|---|---|---|---|---|---|---|---|---|---|
| | | ☐ Wet | ☐ BM | ☐ Dry | | ☐ Yes | ☐ BM ☐ Pee | ☐ No | ☐ Yes | ☐ No |
| | | ☐ Wet | ☐ BM | ☐ Dry | | ☐ Yes | ☐ BM ☐ Pee | ☐ No | ☐ Yes | ☐ No |
| | | ☐ Wet | ☐ BM | ☐ Dry | | ☐ Yes | ☐ BM ☐ Pee | ☐ No | ☐ Yes | ☐ No |
| | | ☐ Wet | ☐ BM | ☐ Dry | | ☐ Yes | ☐ BM ☐ Pee | ☐ No | ☐ Yes | ☐ No |
| | | ☐ Wet | ☐ BM | ☐ Dry | | ☐ Yes | ☐ BM ☐ Pee | ☐ No | ☐ Yes | ☐ No |
| | | ☐ Wet | ☐ BM | ☐ Dry | | ☐ Yes | ☐ BM ☐ Pee | ☐ No | ☐ Yes | ☐ No |
| | | ☐ Wet | ☐ BM | ☐ Dry | | ☐ Yes | ☐ BM ☐ Pee | ☐ No | ☐ Yes | ☐ No |
| | | ☐ Wet | ☐ BM | ☐ Dry | | ☐ Yes | ☐ BM ☐ Pee | ☐ No | ☐ Yes | ☐ No |
| | | ☐ Wet | ☐ BM | ☐ Dry | | ☐ Yes | ☐ BM ☐ Pee | ☐ No | ☐ Yes | ☐ No |
| | | ☐ Wet | ☐ BM | ☐ Dry | | ☐ Yes | ☐ BM ☐ Pee | ☐ No | ☐ Yes | ☐ No |
| | | ☐ Wet | ☐ BM | ☐ Dry | | ☐ Yes | ☐ BM ☐ Pee | ☐ No | ☐ Yes | ☐ No |
| | | ☐ Wet | ☐ BM | ☐ Dry | | ☐ Yes | ☐ BM ☐ Pee | ☐ No | ☐ Yes | ☐ No |
| | | ☐ Wet | ☐ BM | ☐ Dry | | ☐ Yes | ☐ BM ☐ Pee | ☐ No | ☐ Yes | ☐ No |
| | | ☐ Wet | ☐ BM | ☐ Dry | | ☐ Yes | ☐ BM ☐ Pee | ☐ No | ☐ Yes | ☐ No |
| | | ☐ Wet | ☐ BM | ☐ Dry | | ☐ Yes | ☐ BM ☐ Pee | ☐ No | ☐ Yes | ☐ No |
| | | ☐ Wet | ☐ BM | ☐ Dry | | ☐ Yes | ☐ BM ☐ Pee | ☐ No | ☐ Yes | ☐ No |
| | | ☐ Wet | ☐ BM | ☐ Dry | | ☐ Yes | ☐ BM ☐ Pee | ☐ No | ☐ Yes | ☐ No |
| | | ☐ Wet | ☐ BM | ☐ Dry | | ☐ Yes | ☐ BM ☐ Pee | ☐ No | ☐ Yes | ☐ No |
| | | ☐ Wet | ☐ BM | ☐ Dry | | ☐ Yes | ☐ BM ☐ Pee | ☐ No | ☐ Yes | ☐ No |
| | | ☐ Wet | ☐ BM | ☐ Dry | | ☐ Yes | ☐ BM ☐ Pee | ☐ No | ☐ Yes | ☐ No |
| | | ☐ Wet | ☐ BM | ☐ Dry | | ☐ Yes | ☐ BM ☐ Pee | ☐ No | ☐ Yes | ☐ No |

# Speech-Language Record Form

Name:                                                          Date:

| New Word or Phrase | Tally | New Word or Phrase | Tally | New Word or Phrase | Tally |
|---|---|---|---|---|---|
|  |  |  |  |  |  |
|  |  |  |  |  |  |
|  |  |  |  |  |  |
|  |  |  |  |  |  |
|  |  |  |  |  |  |
|  |  |  |  |  |  |
|  |  |  |  |  |  |

### Behavioral Form

Name: _____          Date: _____

| Before Behavior | Child's Negative Response/Behavior | | What Adult Did After Behavior |
|---|---|---|---|
| | Times Happened: ☐ | Average Time: ☐ | |
| | Times Happened: ☐ | Average Time: ☐ | |
| | Times Happened: ☐ | Average Time: ☐ | |
| | Times Happened: ☐ | Average Time: ☐ | |
| | Times Happened: ☐ | Average Time: ☐ | |
| | Times Happened: ☐ | Average Time: ☐ | |
| | Times Happened: ☐ | Average Time: ☐ | |
| | Times Happened: ☐ | Average Time: ☐ | |
| | Times Happened: ☐ | Average Time: ☐ | |

# POTTY TIME CHART

* BM = bowel movement

| DATE | TIME | CHECK PANTS | TIME AT TOLIET | SUCCESS? | | | NEEDED HELP? | |
|---|---|---|---|---|---|---|---|---|
| | | □ Wet  □ BM  □ Dry | | □ Yes | □ BM □ Pee | □ No | □ Yes | □ No |
| | | □ Wet  □ BM  □ Dry | | □ Yes | □ BM □ Pee | □ No | □ Yes | □ No |
| | | □ Wet  □ BM  □ Dry | | □ Yes | □ BM □ Pee | □ No | □ Yes | □ No |
| | | □ Wet  □ BM  □ Dry | | □ Yes | □ BM □ Pee | □ No | □ Yes | □ No |
| | | □ Wet  □ BM  □ Dry | | □ Yes | □ BM □ Pee | □ No | □ Yes | □ No |
| | | □ Wet  □ BM  □ Dry | | □ Yes | □ BM □ Pee | □ No | □ Yes | □ No |
| | | □ Wet  □ BM  □ Dry | | □ Yes | □ BM □ Pee | □ No | □ Yes | □ No |
| | | □ Wet  □ BM  □ Dry | | □ Yes | □ BM □ Pee | □ No | □ Yes | □ No |
| | | □ Wet  □ BM  □ Dry | | □ Yes | □ BM □ Pee | □ No | □ Yes | □ No |
| | | □ Wet  □ BM  □ Dry | | □ Yes | □ BM □ Pee | □ No | □ Yes | □ No |
| | | □ Wet  □ BM  □ Dry | | □ Yes | □ BM □ Pee | □ No | □ Yes | □ No |
| | | □ Wet  □ BM  □ Dry | | □ Yes | □ BM □ Pee | □ No | □ Yes | □ No |
| | | □ Wet  □ BM  □ Dry | | □ Yes | □ BM □ Pee | □ No | □ Yes | □ No |
| | | □ Wet  □ BM  □ Dry | | □ Yes | □ BM □ Pee | □ No | □ Yes | □ No |
| | | □ Wet  □ BM  □ Dry | | □ Yes | □ BM □ Pee | □ No | □ Yes | □ No |
| | | □ Wet  □ BM  □ Dry | | □ Yes | □ BM □ Pee | □ No | □ Yes | □ No |
| | | □ Wet  □ BM  □ Dry | | □ Yes | □ BM □ Pee | □ No | □ Yes | □ No |
| | | □ Wet  □ BM  □ Dry | | □ Yes | □ BM □ Pee | □ No | □ Yes | □ No |
| | | □ Wet  □ BM  □ Dry | | □ Yes | □ BM □ Pee | □ No | □ Yes | □ No |
| | | □ Wet  □ BM  □ Dry | | □ Yes | □ BM □ Pee | □ No | □ Yes | □ No |
| | | □ Wet  □ BM  □ Dry | | □ Yes | □ BM □ Pee | □ No | □ Yes | □ No |

# Speech-Language Record Form

**Name:**                  **Date:**

| New Word or Phrase | Tally | New Word or Phrase | Tally | New Word or Phrase | Tally |
|---|---|---|---|---|---|
| | | | | | |
| | | | | | |
| | | | | | |
| | | | | | |
| | | | | | |
| | | | | | |
| | | | | | |

# Day 20.
## Behavioral Form

Name: _____ Date: _____

| Before Behavior | Child's Negative Response/Behavior | | What Adult Did After Behavior |
|---|---|---|---|
| | Times Happened: ☐ | Average Time: ☐ | |
| | Times Happened: ☐ | Average Time: ☐ | |
| | Times Happened: ☐ | Average Time: ☐ | |
| | Times Happened: ☐ | Average Time: ☐ | |
| | Times Happened: ☐ | Average Time: ☐ | |
| | Times Happened: ☐ | Average Time: ☐ | |
| | Times Happened: ☐ | Average Time: ☐ | |
| | Times Happened: ☐ | Average Time: ☐ | |
| | Times Happened: ☐ | Average Time: ☐ | |

# POTTY TIME CHART

\* BM = bowel movement

| DATE | TIME | CHECK PANTS | | | TIME AT TOLIET | SUCCESS? | | | NEEDED HELP? | |
|---|---|---|---|---|---|---|---|---|---|---|
| | | ☐ Wet | ☐ BM | ☐ Dry | | ☐ Yes | ☐ BM ☐ Pee | ☐ No | ☐ Yes | ☐ No |
| | | ☐ Wet | ☐ BM | ☐ Dry | | ☐ Yes | ☐ BM ☐ Pee | ☐ No | ☐ Yes | ☐ No |
| | | ☐ Wet | ☐ BM | ☐ Dry | | ☐ Yes | ☐ BM ☐ Pee | ☐ No | ☐ Yes | ☐ No |
| | | ☐ Wet | ☐ BM | ☐ Dry | | ☐ Yes | ☐ BM ☐ Pee | ☐ No | ☐ Yes | ☐ No |
| | | ☐ Wet | ☐ BM | ☐ Dry | | ☐ Yes | ☐ BM ☐ Pee | ☐ No | ☐ Yes | ☐ No |
| | | ☐ Wet | ☐ BM | ☐ Dry | | ☐ Yes | ☐ BM ☐ Pee | ☐ No | ☐ Yes | ☐ No |
| | | ☐ Wet | ☐ BM | ☐ Dry | | ☐ Yes | ☐ BM ☐ Pee | ☐ No | ☐ Yes | ☐ No |
| | | ☐ Wet | ☐ BM | ☐ Dry | | ☐ Yes | ☐ BM ☐ Pee | ☐ No | ☐ Yes | ☐ No |
| | | ☐ Wet | ☐ BM | ☐ Dry | | ☐ Yes | ☐ BM ☐ Pee | ☐ No | ☐ Yes | ☐ No |
| | | ☐ Wet | ☐ BM | ☐ Dry | | ☐ Yes | ☐ BM ☐ Pee | ☐ No | ☐ Yes | ☐ No |
| | | ☐ Wet | ☐ BM | ☐ Dry | | ☐ Yes | ☐ BM ☐ Pee | ☐ No | ☐ Yes | ☐ No |
| | | ☐ Wet | ☐ BM | ☐ Dry | | ☐ Yes | ☐ BM ☐ Pee | ☐ No | ☐ Yes | ☐ No |
| | | ☐ Wet | ☐ BM | ☐ Dry | | ☐ Yes | ☐ BM ☐ Pee | ☐ No | ☐ Yes | ☐ No |
| | | ☐ Wet | ☐ BM | ☐ Dry | | ☐ Yes | ☐ BM ☐ Pee | ☐ No | ☐ Yes | ☐ No |
| | | ☐ Wet | ☐ BM | ☐ Dry | | ☐ Yes | ☐ BM ☐ Pee | ☐ No | ☐ Yes | ☐ No |
| | | ☐ Wet | ☐ BM | ☐ Dry | | ☐ Yes | ☐ BM ☐ Pee | ☐ No | ☐ Yes | ☐ No |
| | | ☐ Wet | ☐ BM | ☐ Dry | | ☐ Yes | ☐ BM ☐ Pee | ☐ No | ☐ Yes | ☐ No |
| | | ☐ Wet | ☐ BM | ☐ Dry | | ☐ Yes | ☐ BM ☐ Pee | ☐ No | ☐ Yes | ☐ No |
| | | ☐ Wet | ☐ BM | ☐ Dry | | ☐ Yes | ☐ BM ☐ Pee | ☐ No | ☐ Yes | ☐ No |
| | | ☐ Wet | ☐ BM | ☐ Dry | | ☐ Yes | ☐ BM ☐ Pee | ☐ No | ☐ Yes | ☐ No |

# Speech-Language Record Form

**Name:**                                    **Date:**

| New Word or Phrase | Tally | New Word or Phrase | Tally | New Word or Phrase | Tally |
|---|---|---|---|---|---|
|  |  |  |  |  |  |
|  |  |  |  |  |  |
|  |  |  |  |  |  |
|  |  |  |  |  |  |
|  |  |  |  |  |  |
|  |  |  |  |  |  |
|  |  |  |  |  |  |

## Behavioral Form

Name:                                                    Date:

| Before Behavior | Child's Negative Response/Behavior | | What Adult Did After Behavior |
|---|---|---|---|
| | Times Happened: | Average Time: | |
| | Times Happened: | Average Time: | |
| | Times Happened: | Average Time: | |
| | Times Happened: | Average Time: | |
| | Times Happened: | Average Time: | |
| | Times Happened: | Average Time: | |
| | Times Happened: | Average Time: | |
| | Times Happened: | Average Time: | |
| | Times Happened: | Average Time: | |

# POTTY TIME CHART

\* BM = bowel movement

| DATE | TIME | CHECK PANTS | | | TIME AT TOLIET | SUCCESS? | | | NEEDED HELP? | |
|---|---|---|---|---|---|---|---|---|---|---|
| | | ☐ Wet | ☐ BM | ☐ Dry | | ☐ Yes | ☐ BM ☐ Pee | ☐ No | ☐ Yes | ☐ No |
| | | ☐ Wet | ☐ BM | ☐ Dry | | ☐ Yes | ☐ BM ☐ Pee | ☐ No | ☐ Yes | ☐ No |
| | | ☐ Wet | ☐ BM | ☐ Dry | | ☐ Yes | ☐ BM ☐ Pee | ☐ No | ☐ Yes | ☐ No |
| | | ☐ Wet | ☐ BM | ☐ Dry | | ☐ Yes | ☐ BM ☐ Pee | ☐ No | ☐ Yes | ☐ No |
| | | ☐ Wet | ☐ BM | ☐ Dry | | ☐ Yes | ☐ BM ☐ Pee | ☐ No | ☐ Yes | ☐ No |
| | | ☐ Wet | ☐ BM | ☐ Dry | | ☐ Yes | ☐ BM ☐ Pee | ☐ No | ☐ Yes | ☐ No |
| | | ☐ Wet | ☐ BM | ☐ Dry | | ☐ Yes | ☐ BM ☐ Pee | ☐ No | ☐ Yes | ☐ No |
| | | ☐ Wet | ☐ BM | ☐ Dry | | ☐ Yes | ☐ BM ☐ Pee | ☐ No | ☐ Yes | ☐ No |
| | | ☐ Wet | ☐ BM | ☐ Dry | | ☐ Yes | ☐ BM ☐ Pee | ☐ No | ☐ Yes | ☐ No |
| | | ☐ Wet | ☐ BM | ☐ Dry | | ☐ Yes | ☐ BM ☐ Pee | ☐ No | ☐ Yes | ☐ No |
| | | ☐ Wet | ☐ BM | ☐ Dry | | ☐ Yes | ☐ BM ☐ Pee | ☐ No | ☐ Yes | ☐ No |
| | | ☐ Wet | ☐ BM | ☐ Dry | | ☐ Yes | ☐ BM ☐ Pee | ☐ No | ☐ Yes | ☐ No |
| | | ☐ Wet | ☐ BM | ☐ Dry | | ☐ Yes | ☐ BM ☐ Pee | ☐ No | ☐ Yes | ☐ No |
| | | ☐ Wet | ☐ BM | ☐ Dry | | ☐ Yes | ☐ BM ☐ Pee | ☐ No | ☐ Yes | ☐ No |
| | | ☐ Wet | ☐ BM | ☐ Dry | | ☐ Yes | ☐ BM ☐ Pee | ☐ No | ☐ Yes | ☐ No |
| | | ☐ Wet | ☐ BM | ☐ Dry | | ☐ Yes | ☐ BM ☐ Pee | ☐ No | ☐ Yes | ☐ No |
| | | ☐ Wet | ☐ BM | ☐ Dry | | ☐ Yes | ☐ BM ☐ Pee | ☐ No | ☐ Yes | ☐ No |
| | | ☐ Wet | ☐ BM | ☐ Dry | | ☐ Yes | ☐ BM ☐ Pee | ☐ No | ☐ Yes | ☐ No |
| | | ☐ Wet | ☐ BM | ☐ Dry | | ☐ Yes | ☐ BM ☐ Pee | ☐ No | ☐ Yes | ☐ No |
| | | ☐ Wet | ☐ BM | ☐ Dry | | ☐ Yes | ☐ BM ☐ Pee | ☐ No | ☐ Yes | ☐ No |
| | | ☐ Wet | ☐ BM | ☐ Dry | | ☐ Yes | ☐ BM ☐ Pee | ☐ No | ☐ Yes | ☐ No |

# Speech-Language Record Form

**Name:**          **Date:**

| New Word or Phrase | Tally | New Word or Phrase | Tally | New Word or Phrase | Tally |
|---|---|---|---|---|---|
|  |  |  |  |  |  |
|  |  |  |  |  |  |
|  |  |  |  |  |  |
|  |  |  |  |  |  |
|  |  |  |  |  |  |
|  |  |  |  |  |  |
|  |  |  |  |  |  |

# Day 22.

## Behavioral Form

Name:                                          Date:

| Before Behavior | Child's Negative Response/Behavior | | What Adult Did After Behavior |
|---|---|---|---|
| | Times Happened: | Average Time: | |
| | Times Happened: | Average Time: | |
| | Times Happened: | Average Time: | |
| | Times Happened: | Average Time: | |
| | Times Happened: | Average Time: | |
| | Times Happened: | Average Time: | |
| | Times Happened: | Average Time: | |
| | Times Happened: | Average Time: | |

# POTTY TIME CHART

* BM = bowel movement

| DATE | TIME | CHECK PANTS | | | TIME AT TOLIET | SUCCESS? | | | NEEDED HELP? | |
|------|------|------|------|------|------|------|------|------|------|------|
| | | ☐ Wet | ☐ BM | ☐ Dry | | ☐ Yes | ☐ BM<br>☐ Pee | ☐ No | ☐ Yes | ☐ No |
| | | ☐ Wet | ☐ BM | ☐ Dry | | ☐ Yes | ☐ BM<br>☐ Pee | ☐ No | ☐ Yes | ☐ No |
| | | ☐ Wet | ☐ BM | ☐ Dry | | ☐ Yes | ☐ BM<br>☐ Pee | ☐ No | ☐ Yes | ☐ No |
| | | ☐ Wet | ☐ BM | ☐ Dry | | ☐ Yes | ☐ BM<br>☐ Pee | ☐ No | ☐ Yes | ☐ No |
| | | ☐ Wet | ☐ BM | ☐ Dry | | ☐ Yes | ☐ BM<br>☐ Pee | ☐ No | ☐ Yes | ☐ No |
| | | ☐ Wet | ☐ BM | ☐ Dry | | ☐ Yes | ☐ BM<br>☐ Pee | ☐ No | ☐ Yes | ☐ No |
| | | ☐ Wet | ☐ BM | ☐ Dry | | ☐ Yes | ☐ BM<br>☐ Pee | ☐ No | ☐ Yes | ☐ No |
| | | ☐ Wet | ☐ BM | ☐ Dry | | ☐ Yes | ☐ BM<br>☐ Pee | ☐ No | ☐ Yes | ☐ No |
| | | ☐ Wet | ☐ BM | ☐ Dry | | ☐ Yes | ☐ BM<br>☐ Pee | ☐ No | ☐ Yes | ☐ No |
| | | ☐ Wet | ☐ BM | ☐ Dry | | ☐ Yes | ☐ BM<br>☐ Pee | ☐ No | ☐ Yes | ☐ No |
| | | ☐ Wet | ☐ BM | ☐ Dry | | ☐ Yes | ☐ BM<br>☐ Pee | ☐ No | ☐ Yes | ☐ No |
| | | ☐ Wet | ☐ BM | ☐ Dry | | ☐ Yes | ☐ BM<br>☐ Pee | ☐ No | ☐ Yes | ☐ No |
| | | ☐ Wet | ☐ BM | ☐ Dry | | ☐ Yes | ☐ BM<br>☐ Pee | ☐ No | ☐ Yes | ☐ No |
| | | ☐ Wet | ☐ BM | ☐ Dry | | ☐ Yes | ☐ BM<br>☐ Pee | ☐ No | ☐ Yes | ☐ No |
| | | ☐ Wet | ☐ BM | ☐ Dry | | ☐ Yes | ☐ BM<br>☐ Pee | ☐ No | ☐ Yes | ☐ No |
| | | ☐ Wet | ☐ BM | ☐ Dry | | ☐ Yes | ☐ BM<br>☐ Pee | ☐ No | ☐ Yes | ☐ No |
| | | ☐ Wet | ☐ BM | ☐ Dry | | ☐ Yes | ☐ BM<br>☐ Pee | ☐ No | ☐ Yes | ☐ No |
| | | ☐ Wet | ☐ BM | ☐ Dry | | ☐ Yes | ☐ BM<br>☐ Pee | ☐ No | ☐ Yes | ☐ No |
| | | ☐ Wet | ☐ BM | ☐ Dry | | ☐ Yes | ☐ BM<br>☐ Pee | ☐ No | ☐ Yes | ☐ No |
| | | ☐ Wet | ☐ BM | ☐ Dry | | ☐ Yes | ☐ BM<br>☐ Pee | ☐ No | ☐ Yes | ☐ No |
| | | ☐ Wet | ☐ BM | ☐ Dry | | ☐ Yes | ☐ BM<br>☐ Pee | ☐ No | ☐ Yes | ☐ No |

# Speech-Language Record Form

Name:                                                    Date:

| New Word or Phrase | Tally | New Word or Phrase | Tally | New Word or Phrase | Tally |
|---|---|---|---|---|---|
|  |  |  |  |  |  |
|  |  |  |  |  |  |
|  |  |  |  |  |  |
|  |  |  |  |  |  |
|  |  |  |  |  |  |
|  |  |  |  |  |  |
|  |  |  |  |  |  |

## Behavioral Form

Name:                                              Date:

| Before Behavior | Child's Negative Response/Behavior | | What Adult Did After Behavior |
|---|---|---|---|
| | Times Happened: | Average Time: | |
| | Times Happened: | Average Time: | |
| | Times Happened: | Average Time: | |
| | Times Happened: | Average Time: | |
| | Times Happened: | Average Time: | |
| | Times Happened: | Average Time: | |
| | Times Happened: | Average Time: | |
| | Times Happened: | Average Time: | |
| | Times Happened: | Average Time: | |

# POTTY TIME CHART

* BM = bowel movement

| DATE | TIME | CHECK PANTS | | | TIME AT TOLIET | SUCCESS? | | | NEEDED HELP? | |
|------|------|------|------|------|------|------|------|------|------|------|
| | | □ Wet | □ BM | □ Dry | | □ Yes | □ BM □ Pee | □ No | □ Yes | □ No |
| | | □ Wet | □ BM | □ Dry | | □ Yes | □ BM □ Pee | □ No | □ Yes | □ No |
| | | □ Wet | □ BM | □ Dry | | □ Yes | □ BM □ Pee | □ No | □ Yes | □ No |
| | | □ Wet | □ BM | □ Dry | | □ Yes | □ BM □ Pee | □ No | □ Yes | □ No |
| | | □ Wet | □ BM | □ Dry | | □ Yes | □ BM □ Pee | □ No | □ Yes | □ No |
| | | □ Wet | □ BM | □ Dry | | □ Yes | □ BM □ Pee | □ No | □ Yes | □ No |
| | | □ Wet | □ BM | □ Dry | | □ Yes | □ BM □ Pee | □ No | □ Yes | □ No |
| | | □ Wet | □ BM | □ Dry | | □ Yes | □ BM □ Pee | □ No | □ Yes | □ No |
| | | □ Wet | □ BM | □ Dry | | □ Yes | □ BM □ Pee | □ No | □ Yes | □ No |
| | | □ Wet | □ BM | □ Dry | | □ Yes | □ BM □ Pee | □ No | □ Yes | □ No |
| | | □ Wet | □ BM | □ Dry | | □ Yes | □ BM □ Pee | □ No | □ Yes | □ No |
| | | □ Wet | □ BM | □ Dry | | □ Yes | □ BM □ Pee | □ No | □ Yes | □ No |
| | | □ Wet | □ BM | □ Dry | | □ Yes | □ BM □ Pee | □ No | □ Yes | □ No |
| | | □ Wet | □ BM | □ Dry | | □ Yes | □ BM □ Pee | □ No | □ Yes | □ No |
| | | □ Wet | □ BM | □ Dry | | □ Yes | □ BM □ Pee | □ No | □ Yes | □ No |
| | | □ Wet | □ BM | □ Dry | | □ Yes | □ BM □ Pee | □ No | □ Yes | □ No |
| | | □ Wet | □ BM | □ Dry | | □ Yes | □ BM □ Pee | □ No | □ Yes | □ No |
| | | □ Wet | □ BM | □ Dry | | □ Yes | □ BM □ Pee | □ No | □ Yes | □ No |
| | | □ Wet | □ BM | □ Dry | | □ Yes | □ BM □ Pee | □ No | □ Yes | □ No |
| | | □ Wet | □ BM | □ Dry | | □ Yes | □ BM □ Pee | □ No | □ Yes | □ No |
| | | □ Wet | □ BM | □ Dry | | □ Yes | □ BM □ Pee | □ No | □ Yes | □ No |
| | | □ Wet | □ BM | □ Dry | | □ Yes | □ BM □ Pee | □ No | □ Yes | □ No |

# Speech-Language Record Form

Name:                                           Date:

| New Word or Phrase | Tally | New Word or Phrase | Tally | New Word or Phrase | Tally |
|---|---|---|---|---|---|
|  |  |  |  |  |  |
|  |  |  |  |  |  |
|  |  |  |  |  |  |
|  |  |  |  |  |  |
|  |  |  |  |  |  |
|  |  |  |  |  |  |
|  |  |  |  |  |  |

## Behavioral Form

Name: _____                 Date: _____

| Before Behavior | Child's Negative Response/Behavior | | What Adult Did After Behavior |
|---|---|---|---|
| | Times Happened: ____ | Average Time: ____ | |
| | Times Happened: ____ | Average Time: ____ | |
| | Times Happened: ____ | Average Time: ____ | |
| | Times Happened: ____ | Average Time: ____ | |
| | Times Happened: ____ | Average Time: ____ | |
| | Times Happened: ____ | Average Time: ____ | |
| | Times Happened: ____ | Average Time: ____ | |
| | Times Happened: ____ | Average Time: ____ | |

# POTTY TIME CHART

\* BM = bowel movement

| DATE | TIME | CHECK PANTS | | | TIME AT TOLIET | SUCCESS? | | | NEEDED HELP? | |
|------|------|------|------|------|------|------|------|------|------|------|
| | | ☐ Wet | ☐ BM | ☐ Dry | | ☐ Yes | ☐ BM ☐ Pee | ☐ No | ☐ Yes | ☐ No |
| | | ☐ Wet | ☐ BM | ☐ Dry | | ☐ Yes | ☐ BM ☐ Pee | ☐ No | ☐ Yes | ☐ No |
| | | ☐ Wet | ☐ BM | ☐ Dry | | ☐ Yes | ☐ BM ☐ Pee | ☐ No | ☐ Yes | ☐ No |
| | | ☐ Wet | ☐ BM | ☐ Dry | | ☐ Yes | ☐ BM ☐ Pee | ☐ No | ☐ Yes | ☐ No |
| | | ☐ Wet | ☐ BM | ☐ Dry | | ☐ Yes | ☐ BM ☐ Pee | ☐ No | ☐ Yes | ☐ No |
| | | ☐ Wet | ☐ BM | ☐ Dry | | ☐ Yes | ☐ BM ☐ Pee | ☐ No | ☐ Yes | ☐ No |
| | | ☐ Wet | ☐ BM | ☐ Dry | | ☐ Yes | ☐ BM ☐ Pee | ☐ No | ☐ Yes | ☐ No |
| | | ☐ Wet | ☐ BM | ☐ Dry | | ☐ Yes | ☐ BM ☐ Pee | ☐ No | ☐ Yes | ☐ No |
| | | ☐ Wet | ☐ BM | ☐ Dry | | ☐ Yes | ☐ BM ☐ Pee | ☐ No | ☐ Yes | ☐ No |
| | | ☐ Wet | ☐ BM | ☐ Dry | | ☐ Yes | ☐ BM ☐ Pee | ☐ No | ☐ Yes | ☐ No |
| | | ☐ Wet | ☐ BM | ☐ Dry | | ☐ Yes | ☐ BM ☐ Pee | ☐ No | ☐ Yes | ☐ No |
| | | ☐ Wet | ☐ BM | ☐ Dry | | ☐ Yes | ☐ BM ☐ Pee | ☐ No | ☐ Yes | ☐ No |
| | | ☐ Wet | ☐ BM | ☐ Dry | | ☐ Yes | ☐ BM ☐ Pee | ☐ No | ☐ Yes | ☐ No |
| | | ☐ Wet | ☐ BM | ☐ Dry | | ☐ Yes | ☐ BM ☐ Pee | ☐ No | ☐ Yes | ☐ No |
| | | ☐ Wet | ☐ BM | ☐ Dry | | ☐ Yes | ☐ BM ☐ Pee | ☐ No | ☐ Yes | ☐ No |
| | | ☐ Wet | ☐ BM | ☐ Dry | | ☐ Yes | ☐ BM ☐ Pee | ☐ No | ☐ Yes | ☐ No |
| | | ☐ Wet | ☐ BM | ☐ Dry | | ☐ Yes | ☐ BM ☐ Pee | ☐ No | ☐ Yes | ☐ No |
| | | ☐ Wet | ☐ BM | ☐ Dry | | ☐ Yes | ☐ BM ☐ Pee | ☐ No | ☐ Yes | ☐ No |
| | | ☐ Wet | ☐ BM | ☐ Dry | | ☐ Yes | ☐ BM ☐ Pee | ☐ No | ☐ Yes | ☐ No |
| | | ☐ Wet | ☐ BM | ☐ Dry | | ☐ Yes | ☐ BM ☐ Pee | ☐ No | ☐ Yes | ☐ No |

# Speech-Language Record Form

**Name:**                           **Date:**

| New Word or Phrase | Tally | New Word or Phrase | Tally | New Word or Phrase | Tally |
|---|---|---|---|---|---|
|  |  |  |  |  |  |
|  |  |  |  |  |  |
|  |  |  |  |  |  |
|  |  |  |  |  |  |
|  |  |  |  |  |  |
|  |  |  |  |  |  |
|  |  |  |  |  |  |

## Behavioral Form

Name:                                                      Date:

| Before Behavior | Child's Negative Response/Behavior | | What Adult Did After Behavior |
|---|---|---|---|
| | Times Happened: | Average Time: | |
| | Times Happened: | Average Time: | |
| | Times Happened: | Average Time: | |
| | Times Happened: | Average Time: | |
| | Times Happened: | Average Time: | |
| | Times Happened: | Average Time: | |
| | Times Happened: | Average Time: | |
| | Times Happened: | Average Time: | |

# POTTY TIME CHART

* BM = bowel movement

| DATE | TIME | CHECK PANTS | | | TIME AT TOLIET | SUCCESS? | | | NEEDED HELP? | |
|------|------|------|------|------|------|------|------|------|------|------|
| | | ☐ Wet | ☐ BM | ☐ Dry | | ☐ Yes | ☐ BM ☐ Pee | ☐ No | ☐ Yes | ☐ No |
| | | ☐ Wet | ☐ BM | ☐ Dry | | ☐ Yes | ☐ BM ☐ Pee | ☐ No | ☐ Yes | ☐ No |
| | | ☐ Wet | ☐ BM | ☐ Dry | | ☐ Yes | ☐ BM ☐ Pee | ☐ No | ☐ Yes | ☐ No |
| | | ☐ Wet | ☐ BM | ☐ Dry | | ☐ Yes | ☐ BM ☐ Pee | ☐ No | ☐ Yes | ☐ No |
| | | ☐ Wet | ☐ BM | ☐ Dry | | ☐ Yes | ☐ BM ☐ Pee | ☐ No | ☐ Yes | ☐ No |
| | | ☐ Wet | ☐ BM | ☐ Dry | | ☐ Yes | ☐ BM ☐ Pee | ☐ No | ☐ Yes | ☐ No |
| | | ☐ Wet | ☐ BM | ☐ Dry | | ☐ Yes | ☐ BM ☐ Pee | ☐ No | ☐ Yes | ☐ No |
| | | ☐ Wet | ☐ BM | ☐ Dry | | ☐ Yes | ☐ BM ☐ Pee | ☐ No | ☐ Yes | ☐ No |
| | | ☐ Wet | ☐ BM | ☐ Dry | | ☐ Yes | ☐ BM ☐ Pee | ☐ No | ☐ Yes | ☐ No |
| | | ☐ Wet | ☐ BM | ☐ Dry | | ☐ Yes | ☐ BM ☐ Pee | ☐ No | ☐ Yes | ☐ No |
| | | ☐ Wet | ☐ BM | ☐ Dry | | ☐ Yes | ☐ BM ☐ Pee | ☐ No | ☐ Yes | ☐ No |
| | | ☐ Wet | ☐ BM | ☐ Dry | | ☐ Yes | ☐ BM ☐ Pee | ☐ No | ☐ Yes | ☐ No |
| | | ☐ Wet | ☐ BM | ☐ Dry | | ☐ Yes | ☐ BM ☐ Pee | ☐ No | ☐ Yes | ☐ No |
| | | ☐ Wet | ☐ BM | ☐ Dry | | ☐ Yes | ☐ BM ☐ Pee | ☐ No | ☐ Yes | ☐ No |
| | | ☐ Wet | ☐ BM | ☐ Dry | | ☐ Yes | ☐ BM ☐ Pee | ☐ No | ☐ Yes | ☐ No |
| | | ☐ Wet | ☐ BM | ☐ Dry | | ☐ Yes | ☐ BM ☐ Pee | ☐ No | ☐ Yes | ☐ No |
| | | ☐ Wet | ☐ BM | ☐ Dry | | ☐ Yes | ☐ BM ☐ Pee | ☐ No | ☐ Yes | ☐ No |
| | | ☐ Wet | ☐ BM | ☐ Dry | | ☐ Yes | ☐ BM ☐ Pee | ☐ No | ☐ Yes | ☐ No |
| | | ☐ Wet | ☐ BM | ☐ Dry | | ☐ Yes | ☐ BM ☐ Pee | ☐ No | ☐ Yes | ☐ No |
| | | ☐ Wet | ☐ BM | ☐ Dry | | ☐ Yes | ☐ BM ☐ Pee | ☐ No | ☐ Yes | ☐ No |
| | | ☐ Wet | ☐ BM | ☐ Dry | | ☐ Yes | ☐ BM ☐ Pee | ☐ No | ☐ Yes | ☐ No |

# Speech-Language Record Form

**Name:**                                    **Date:**

| New Word or Phrase | Tally | New Word or Phrase | Tally | New Word or Phrase | Tally |
|---|---|---|---|---|---|
|  |  |  |  |  |  |
|  |  |  |  |  |  |
|  |  |  |  |  |  |
|  |  |  |  |  |  |
|  |  |  |  |  |  |
|  |  |  |  |  |  |
|  |  |  |  |  |  |

### Behavioral Form

Name:                                                              Date:

| Before Behavior | Child's Negative Response/Behavior | | What Adult Did After Behavior |
|---|---|---|---|
| | Times Happened: | Average Time: | |
| | Times Happened: | Average Time: | |
| | Times Happened: | Average Time: | |
| | Times Happened: | Average Time: | |
| | Times Happened: | Average Time: | |
| | Times Happened: | Average Time: | |
| | Times Happened: | Average Time: | |
| | Times Happened: | Average Time: | |

# POTTY TIME CHART

* BM = bowel movement

| DATE | TIME | CHECK PANTS | | | TIME AT TOLIET | SUCCESS? | | | NEEDED HELP? | |
|---|---|---|---|---|---|---|---|---|---|---|
| | | ☐ Wet | ☐ BM | ☐ Dry | | ☐ Yes | ☐ BM<br>☐ Pee | ☐ No | ☐ Yes | ☐ No |
| | | ☐ Wet | ☐ BM | ☐ Dry | | ☐ Yes | ☐ BM<br>☐ Pee | ☐ No | ☐ Yes | ☐ No |
| | | ☐ Wet | ☐ BM | ☐ Dry | | ☐ Yes | ☐ BM<br>☐ Pee | ☐ No | ☐ Yes | ☐ No |
| | | ☐ Wet | ☐ BM | ☐ Dry | | ☐ Yes | ☐ BM<br>☐ Pee | ☐ No | ☐ Yes | ☐ No |
| | | ☐ Wet | ☐ BM | ☐ Dry | | ☐ Yes | ☐ BM<br>☐ Pee | ☐ No | ☐ Yes | ☐ No |
| | | ☐ Wet | ☐ BM | ☐ Dry | | ☐ Yes | ☐ BM<br>☐ Pee | ☐ No | ☐ Yes | ☐ No |
| | | ☐ Wet | ☐ BM | ☐ Dry | | ☐ Yes | ☐ BM<br>☐ Pee | ☐ No | ☐ Yes | ☐ No |
| | | ☐ Wet | ☐ BM | ☐ Dry | | ☐ Yes | ☐ BM<br>☐ Pee | ☐ No | ☐ Yes | ☐ No |
| | | ☐ Wet | ☐ BM | ☐ Dry | | ☐ Yes | ☐ BM<br>☐ Pee | ☐ No | ☐ Yes | ☐ No |
| | | ☐ Wet | ☐ BM | ☐ Dry | | ☐ Yes | ☐ BM<br>☐ Pee | ☐ No | ☐ Yes | ☐ No |
| | | ☐ Wet | ☐ BM | ☐ Dry | | ☐ Yes | ☐ BM<br>☐ Pee | ☐ No | ☐ Yes | ☐ No |
| | | ☐ Wet | ☐ BM | ☐ Dry | | ☐ Yes | ☐ BM<br>☐ Pee | ☐ No | ☐ Yes | ☐ No |
| | | ☐ Wet | ☐ BM | ☐ Dry | | ☐ Yes | ☐ BM<br>☐ Pee | ☐ No | ☐ Yes | ☐ No |
| | | ☐ Wet | ☐ BM | ☐ Dry | | ☐ Yes | ☐ BM<br>☐ Pee | ☐ No | ☐ Yes | ☐ No |
| | | ☐ Wet | ☐ BM | ☐ Dry | | ☐ Yes | ☐ BM<br>☐ Pee | ☐ No | ☐ Yes | ☐ No |
| | | ☐ Wet | ☐ BM | ☐ Dry | | ☐ Yes | ☐ BM<br>☐ Pee | ☐ No | ☐ Yes | ☐ No |
| | | ☐ Wet | ☐ BM | ☐ Dry | | ☐ Yes | ☐ BM<br>☐ Pee | ☐ No | ☐ Yes | ☐ No |
| | | ☐ Wet | ☐ BM | ☐ Dry | | ☐ Yes | ☐ BM<br>☐ Pee | ☐ No | ☐ Yes | ☐ No |
| | | ☐ Wet | ☐ BM | ☐ Dry | | ☐ Yes | ☐ BM<br>☐ Pee | ☐ No | ☐ Yes | ☐ No |
| | | ☐ Wet | ☐ BM | ☐ Dry | | ☐ Yes | ☐ BM<br>☐ Pee | ☐ No | ☐ Yes | ☐ No |

# Speech-Language Record Form

**Name:**                                              **Date:**

| New Word or Phrase | Tally | New Word or Phrase | Tally | New Word or Phrase | Tally |
|---|---|---|---|---|---|
| | | | | | |
| | | | | | |
| | | | | | |
| | | | | | |
| | | | | | |
| | | | | | |
| | | | | | |

## Behavioral Form

Name:                                                    Date:

| Before Behavior | Child's Negative Response/Behavior | | What Adult Did After Behavior |
|---|---|---|---|
| | Times Happened: | Average Time: | |
| | Times Happened: | Average Time: | |
| | Times Happened: | Average Time: | |
| | Times Happened: | Average Time: | |
| | Times Happened: | Average Time: | |
| | Times Happened: | Average Time: | |
| | Times Happened: | Average Time: | |
| | Times Happened: | Average Time: | |
| | Times Happened: | Average Time: | |

# POTTY TIME CHART

*\* BM = bowel movement*

| DATE | TIME | CHECK PANTS | TIME AT TOLIET | SUCCESS? | | | NEEDED HELP? | |
|------|------|-------------|----------------|----------|---|---|--------------|---|
| | | ☐ Wet   ☐ BM   ☐ Dry | | ☐ Yes | ☐ BM<br>☐ Pee | ☐ No | ☐ Yes | ☐ No |
| | | ☐ Wet   ☐ BM   ☐ Dry | | ☐ Yes | ☐ BM<br>☐ Pee | ☐ No | ☐ Yes | ☐ No |
| | | ☐ Wet   ☐ BM   ☐ Dry | | ☐ Yes | ☐ BM<br>☐ Pee | ☐ No | ☐ Yes | ☐ No |
| | | ☐ Wet   ☐ BM   ☐ Dry | | ☐ Yes | ☐ BM<br>☐ Pee | ☐ No | ☐ Yes | ☐ No |
| | | ☐ Wet   ☐ BM   ☐ Dry | | ☐ Yes | ☐ BM<br>☐ Pee | ☐ No | ☐ Yes | ☐ No |
| | | ☐ Wet   ☐ BM   ☐ Dry | | ☐ Yes | ☐ BM<br>☐ Pee | ☐ No | ☐ Yes | ☐ No |
| | | ☐ Wet   ☐ BM   ☐ Dry | | ☐ Yes | ☐ BM<br>☐ Pee | ☐ No | ☐ Yes | ☐ No |
| | | ☐ Wet   ☐ BM   ☐ Dry | | ☐ Yes | ☐ BM<br>☐ Pee | ☐ No | ☐ Yes | ☐ No |
| | | ☐ Wet   ☐ BM   ☐ Dry | | ☐ Yes | ☐ BM<br>☐ Pee | ☐ No | ☐ Yes | ☐ No |
| | | ☐ Wet   ☐ BM   ☐ Dry | | ☐ Yes | ☐ BM<br>☐ Pee | ☐ No | ☐ Yes | ☐ No |
| | | ☐ Wet   ☐ BM   ☐ Dry | | ☐ Yes | ☐ BM<br>☐ Pee | ☐ No | ☐ Yes | ☐ No |
| | | ☐ Wet   ☐ BM   ☐ Dry | | ☐ Yes | ☐ BM<br>☐ Pee | ☐ No | ☐ Yes | ☐ No |
| | | ☐ Wet   ☐ BM   ☐ Dry | | ☐ Yes | ☐ BM<br>☐ Pee | ☐ No | ☐ Yes | ☐ No |
| | | ☐ Wet   ☐ BM   ☐ Dry | | ☐ Yes | ☐ BM<br>☐ Pee | ☐ No | ☐ Yes | ☐ No |
| | | ☐ Wet   ☐ BM   ☐ Dry | | ☐ Yes | ☐ BM<br>☐ Pee | ☐ No | ☐ Yes | ☐ No |
| | | ☐ Wet   ☐ BM   ☐ Dry | | ☐ Yes | ☐ BM<br>☐ Pee | ☐ No | ☐ Yes | ☐ No |
| | | ☐ Wet   ☐ BM   ☐ Dry | | ☐ Yes | ☐ BM<br>☐ Pee | ☐ No | ☐ Yes | ☐ No |
| | | ☐ Wet   ☐ BM   ☐ Dry | | ☐ Yes | ☐ BM<br>☐ Pee | ☐ No | ☐ Yes | ☐ No |
| | | ☐ Wet   ☐ BM   ☐ Dry | | ☐ Yes | ☐ BM<br>☐ Pee | ☐ No | ☐ Yes | ☐ No |
| | | ☐ Wet   ☐ BM   ☐ Dry | | ☐ Yes | ☐ BM<br>☐ Pee | ☐ No | ☐ Yes | ☐ No |
| | | ☐ Wet   ☐ BM   ☐ Dry | | ☐ Yes | ☐ BM<br>☐ Pee | ☐ No | ☐ Yes | ☐ No |

# Speech-Language Record Form

**Name:**                                              **Date:**

| New Word or Phrase | Tally | New Word or Phrase | Tally | New Word or Phrase | Tally |
|---|---|---|---|---|---|
|  |  |  |  |  |  |
|  |  |  |  |  |  |
|  |  |  |  |  |  |
|  |  |  |  |  |  |
|  |  |  |  |  |  |
|  |  |  |  |  |  |
|  |  |  |  |  |  |

## Behavioral Form

Name:                                 Date:

| Before Behavior | Child's Negative Response/Behavior | | What Adult Did After Behavior |
|---|---|---|---|
| | Times Happened: | Average Time: | |
| | Times Happened: | Average Time: | |
| | Times Happened: | Average Time: | |
| | Times Happened: | Average Time: | |
| | Times Happened: | Average Time: | |
| | Times Happened: | Average Time: | |
| | Times Happened: | Average Time: | |
| | Times Happened: | Average Time: | |

# POTTY TIME CHART

* BM = bowel movement

| DATE | TIME | CHECK PANTS | | | TIME AT TOLIET | SUCCESS? | | | NEEDED HELP? | |
|------|------|------|------|------|------|------|------|------|------|------|
| | | ☐ Wet | ☐ BM | ☐ Dry | | ☐ Yes | ☐ BM ☐ Pee | ☐ No | ☐ Yes | ☐ No |
| | | ☐ Wet | ☐ BM | ☐ Dry | | ☐ Yes | ☐ BM ☐ Pee | ☐ No | ☐ Yes | ☐ No |
| | | ☐ Wet | ☐ BM | ☐ Dry | | ☐ Yes | ☐ BM ☐ Pee | ☐ No | ☐ Yes | ☐ No |
| | | ☐ Wet | ☐ BM | ☐ Dry | | ☐ Yes | ☐ BM ☐ Pee | ☐ No | ☐ Yes | ☐ No |
| | | ☐ Wet | ☐ BM | ☐ Dry | | ☐ Yes | ☐ BM ☐ Pee | ☐ No | ☐ Yes | ☐ No |
| | | ☐ Wet | ☐ BM | ☐ Dry | | ☐ Yes | ☐ BM ☐ Pee | ☐ No | ☐ Yes | ☐ No |
| | | ☐ Wet | ☐ BM | ☐ Dry | | ☐ Yes | ☐ BM ☐ Pee | ☐ No | ☐ Yes | ☐ No |
| | | ☐ Wet | ☐ BM | ☐ Dry | | ☐ Yes | ☐ BM ☐ Pee | ☐ No | ☐ Yes | ☐ No |
| | | ☐ Wet | ☐ BM | ☐ Dry | | ☐ Yes | ☐ BM ☐ Pee | ☐ No | ☐ Yes | ☐ No |
| | | ☐ Wet | ☐ BM | ☐ Dry | | ☐ Yes | ☐ BM ☐ Pee | ☐ No | ☐ Yes | ☐ No |
| | | ☐ Wet | ☐ BM | ☐ Dry | | ☐ Yes | ☐ BM ☐ Pee | ☐ No | ☐ Yes | ☐ No |
| | | ☐ Wet | ☐ BM | ☐ Dry | | ☐ Yes | ☐ BM ☐ Pee | ☐ No | ☐ Yes | ☐ No |
| | | ☐ Wet | ☐ BM | ☐ Dry | | ☐ Yes | ☐ BM ☐ Pee | ☐ No | ☐ Yes | ☐ No |
| | | ☐ Wet | ☐ BM | ☐ Dry | | ☐ Yes | ☐ BM ☐ Pee | ☐ No | ☐ Yes | ☐ No |
| | | ☐ Wet | ☐ BM | ☐ Dry | | ☐ Yes | ☐ BM ☐ Pee | ☐ No | ☐ Yes | ☐ No |
| | | ☐ Wet | ☐ BM | ☐ Dry | | ☐ Yes | ☐ BM ☐ Pee | ☐ No | ☐ Yes | ☐ No |
| | | ☐ Wet | ☐ BM | ☐ Dry | | ☐ Yes | ☐ BM ☐ Pee | ☐ No | ☐ Yes | ☐ No |
| | | ☐ Wet | ☐ BM | ☐ Dry | | ☐ Yes | ☐ BM ☐ Pee | ☐ No | ☐ Yes | ☐ No |
| | | ☐ Wet | ☐ BM | ☐ Dry | | ☐ Yes | ☐ BM ☐ Pee | ☐ No | ☐ Yes | ☐ No |
| | | ☐ Wet | ☐ BM | ☐ Dry | | ☐ Yes | ☐ BM ☐ Pee | ☐ No | ☐ Yes | ☐ No |
| | | ☐ Wet | ☐ BM | ☐ Dry | | ☐ Yes | ☐ BM ☐ Pee | ☐ No | ☐ Yes | ☐ No |
| | | ☐ Wet | ☐ BM | ☐ Dry | | ☐ Yes | ☐ BM ☐ Pee | ☐ No | ☐ Yes | ☐ No |

# Speech-Language Record Form

Name:                                       Date:

| New Word or Phrase | Tally | New Word or Phrase | Tally | New Word or Phrase | Tally |
|---|---|---|---|---|---|
|  |  |  |  |  |  |
|  |  |  |  |  |  |
|  |  |  |  |  |  |
|  |  |  |  |  |  |
|  |  |  |  |  |  |
|  |  |  |  |  |  |
|  |  |  |  |  |  |

## Behavioral Form

Name:                                                    Date:

| Before Behavior | Child's Negative Response/Behavior | | What Adult Did After Behavior |
|---|---|---|---|
| | Times Happened: | Average Time: | |
| | Times Happened: | Average Time: | |
| | Times Happened: | Average Time: | |
| | Times Happened: | Average Time: | |
| | Times Happened: | Average Time: | |
| | Times Happened: | Average Time: | |
| | Times Happened: | Average Time: | |
| | Times Happened: | Average Time: | |
| | Times Happened: | Average Time: | |

# POTTY TIME CHART

\* BM = bowel movement

| DATE | TIME | CHECK PANTS | | | TIME AT TOLIET | SUCCESS? | | | NEEDED HELP? | |
|---|---|---|---|---|---|---|---|---|---|---|
| | | ☐ Wet | ☐ BM | ☐ Dry | | ☐ Yes | ☐ BM ☐ Pee | ☐ No | ☐ Yes | ☐ No |
| | | ☐ Wet | ☐ BM | ☐ Dry | | ☐ Yes | ☐ BM ☐ Pee | ☐ No | ☐ Yes | ☐ No |
| | | ☐ Wet | ☐ BM | ☐ Dry | | ☐ Yes | ☐ BM ☐ Pee | ☐ No | ☐ Yes | ☐ No |
| | | ☐ Wet | ☐ BM | ☐ Dry | | ☐ Yes | ☐ BM ☐ Pee | ☐ No | ☐ Yes | ☐ No |
| | | ☐ Wet | ☐ BM | ☐ Dry | | ☐ Yes | ☐ BM ☐ Pee | ☐ No | ☐ Yes | ☐ No |
| | | ☐ Wet | ☐ BM | ☐ Dry | | ☐ Yes | ☐ BM ☐ Pee | ☐ No | ☐ Yes | ☐ No |
| | | ☐ Wet | ☐ BM | ☐ Dry | | ☐ Yes | ☐ BM ☐ Pee | ☐ No | ☐ Yes | ☐ No |
| | | ☐ Wet | ☐ BM | ☐ Dry | | ☐ Yes | ☐ BM ☐ Pee | ☐ No | ☐ Yes | ☐ No |
| | | ☐ Wet | ☐ BM | ☐ Dry | | ☐ Yes | ☐ BM ☐ Pee | ☐ No | ☐ Yes | ☐ No |
| | | ☐ Wet | ☐ BM | ☐ Dry | | ☐ Yes | ☐ BM ☐ Pee | ☐ No | ☐ Yes | ☐ No |
| | | ☐ Wet | ☐ BM | ☐ Dry | | ☐ Yes | ☐ BM ☐ Pee | ☐ No | ☐ Yes | ☐ No |
| | | ☐ Wet | ☐ BM | ☐ Dry | | ☐ Yes | ☐ BM ☐ Pee | ☐ No | ☐ Yes | ☐ No |
| | | ☐ Wet | ☐ BM | ☐ Dry | | ☐ Yes | ☐ BM ☐ Pee | ☐ No | ☐ Yes | ☐ No |
| | | ☐ Wet | ☐ BM | ☐ Dry | | ☐ Yes | ☐ BM ☐ Pee | ☐ No | ☐ Yes | ☐ No |
| | | ☐ Wet | ☐ BM | ☐ Dry | | ☐ Yes | ☐ BM ☐ Pee | ☐ No | ☐ Yes | ☐ No |
| | | ☐ Wet | ☐ BM | ☐ Dry | | ☐ Yes | ☐ BM ☐ Pee | ☐ No | ☐ Yes | ☐ No |
| | | ☐ Wet | ☐ BM | ☐ Dry | | ☐ Yes | ☐ BM ☐ Pee | ☐ No | ☐ Yes | ☐ No |
| | | ☐ Wet | ☐ BM | ☐ Dry | | ☐ Yes | ☐ BM ☐ Pee | ☐ No | ☐ Yes | ☐ No |
| | | ☐ Wet | ☐ BM | ☐ Dry | | ☐ Yes | ☐ BM ☐ Pee | ☐ No | ☐ Yes | ☐ No |
| | | ☐ Wet | ☐ BM | ☐ Dry | | ☐ Yes | ☐ BM ☐ Pee | ☐ No | ☐ Yes | ☐ No |
| | | ☐ Wet | ☐ BM | ☐ Dry | | ☐ Yes | ☐ BM ☐ Pee | ☐ No | ☐ Yes | ☐ No |

# Speech-Language Record Form

**Name:**                                              **Date:**

| New Word or Phrase | Tally | New Word or Phrase | Tally | New Word or Phrase | Tally |
|---|---|---|---|---|---|
|  |  |  |  |  |  |
|  |  |  |  |  |  |
|  |  |  |  |  |  |
|  |  |  |  |  |  |
|  |  |  |  |  |  |
|  |  |  |  |  |  |
|  |  |  |  |  |  |

| Day 30. | | |
| --- | --- | --- |
| **Behavioral Form** | | |

Name: _____          Date: _____

| Before Behavior | Child's Negative Response/Behavior | What Adult Did After Behavior |
| --- | --- | --- |
| | Times Happened: _____  Average Time: _____ | |
| | Times Happened: _____  Average Time: _____ | |
| | Times Happened: _____  Average Time: _____ | |
| | Times Happened: _____  Average Time: _____ | |
| | Times Happened: _____  Average Time: _____ | |
| | Times Happened: _____  Average Time: _____ | |
| | Times Happened: _____  Average Time: _____ | |
| | Times Happened: _____  Average Time: _____ | |

# POTTY TIME CHART

* BM = bowel movement

| DATE | TIME | CHECK PANTS | | | TIME AT TOLIET | SUCCESS? | | | NEEDED HELP? | |
|------|------|------|------|------|------|------|------|------|------|------|
| | | ☐ Wet | ☐ BM | ☐ Dry | | ☐ Yes | ☐ BM<br>☐ Pee | ☐ No | ☐ Yes | ☐ No |
| | | ☐ Wet | ☐ BM | ☐ Dry | | ☐ Yes | ☐ BM<br>☐ Pee | ☐ No | ☐ Yes | ☐ No |
| | | ☐ Wet | ☐ BM | ☐ Dry | | ☐ Yes | ☐ BM<br>☐ Pee | ☐ No | ☐ Yes | ☐ No |
| | | ☐ Wet | ☐ BM | ☐ Dry | | ☐ Yes | ☐ BM<br>☐ Pee | ☐ No | ☐ Yes | ☐ No |
| | | ☐ Wet | ☐ BM | ☐ Dry | | ☐ Yes | ☐ BM<br>☐ Pee | ☐ No | ☐ Yes | ☐ No |
| | | ☐ Wet | ☐ BM | ☐ Dry | | ☐ Yes | ☐ BM<br>☐ Pee | ☐ No | ☐ Yes | ☐ No |
| | | ☐ Wet | ☐ BM | ☐ Dry | | ☐ Yes | ☐ BM<br>☐ Pee | ☐ No | ☐ Yes | ☐ No |
| | | ☐ Wet | ☐ BM | ☐ Dry | | ☐ Yes | ☐ BM<br>☐ Pee | ☐ No | ☐ Yes | ☐ No |
| | | ☐ Wet | ☐ BM | ☐ Dry | | ☐ Yes | ☐ BM<br>☐ Pee | ☐ No | ☐ Yes | ☐ No |
| | | ☐ Wet | ☐ BM | ☐ Dry | | ☐ Yes | ☐ BM<br>☐ Pee | ☐ No | ☐ Yes | ☐ No |
| | | ☐ Wet | ☐ BM | ☐ Dry | | ☐ Yes | ☐ BM<br>☐ Pee | ☐ No | ☐ Yes | ☐ No |
| | | ☐ Wet | ☐ BM | ☐ Dry | | ☐ Yes | ☐ BM<br>☐ Pee | ☐ No | ☐ Yes | ☐ No |
| | | ☐ Wet | ☐ BM | ☐ Dry | | ☐ Yes | ☐ BM<br>☐ Pee | ☐ No | ☐ Yes | ☐ No |
| | | ☐ Wet | ☐ BM | ☐ Dry | | ☐ Yes | ☐ BM<br>☐ Pee | ☐ No | ☐ Yes | ☐ No |
| | | ☐ Wet | ☐ BM | ☐ Dry | | ☐ Yes | ☐ BM<br>☐ Pee | ☐ No | ☐ Yes | ☐ No |
| | | ☐ Wet | ☐ BM | ☐ Dry | | ☐ Yes | ☐ BM<br>☐ Pee | ☐ No | ☐ Yes | ☐ No |
| | | ☐ Wet | ☐ BM | ☐ Dry | | ☐ Yes | ☐ BM<br>☐ Pee | ☐ No | ☐ Yes | ☐ No |
| | | ☐ Wet | ☐ BM | ☐ Dry | | ☐ Yes | ☐ BM<br>☐ Pee | ☐ No | ☐ Yes | ☐ No |
| | | ☐ Wet | ☐ BM | ☐ Dry | | ☐ Yes | ☐ BM<br>☐ Pee | ☐ No | ☐ Yes | ☐ No |
| | | ☐ Wet | ☐ BM | ☐ Dry | | ☐ Yes | ☐ BM<br>☐ Pee | ☐ No | ☐ Yes | ☐ No |

# Speech-Language Record Form

Name:                                           Date:

| New Word or Phrase | Tally | New Word or Phrase | Tally | New Word or Phrase | Tally |
|---|---|---|---|---|---|
|  |  |  |  |  |  |
|  |  |  |  |  |  |
|  |  |  |  |  |  |
|  |  |  |  |  |  |
|  |  |  |  |  |  |
|  |  |  |  |  |  |
|  |  |  |  |  |  |

## Behavioral Form

Name:                                             Date:

| Before Behavior | Child's Negative Response/Behavior | | What Adult Did After Behavior |
|---|---|---|---|
| | Times Happened: | Average Time: | |
| | Times Happened: | Average Time: | |
| | Times Happened: | Average Time: | |
| | Times Happened: | Average Time: | |
| | Times Happened: | Average Time: | |
| | Times Happened: | Average Time: | |
| | Times Happened: | Average Time: | |
| | Times Happened: | Average Time: | |
| | Times Happened: | Average Time: | |

# POTTY TIME CHART

* BM = bowel movement

| DATE | TIME | CHECK PANTS | | | TIME AT TOLIET | SUCCESS? | | | NEEDED HELP? | |
|---|---|---|---|---|---|---|---|---|---|---|
| | | ☐ Wet | ☐ BM | ☐ Dry | | ☐ Yes | ☐ BM<br>☐ Pee | ☐ No | ☐ Yes | ☐ No |
| | | ☐ Wet | ☐ BM | ☐ Dry | | ☐ Yes | ☐ BM<br>☐ Pee | ☐ No | ☐ Yes | ☐ No |
| | | ☐ Wet | ☐ BM | ☐ Dry | | ☐ Yes | ☐ BM<br>☐ Pee | ☐ No | ☐ Yes | ☐ No |
| | | ☐ Wet | ☐ BM | ☐ Dry | | ☐ Yes | ☐ BM<br>☐ Pee | ☐ No | ☐ Yes | ☐ No |
| | | ☐ Wet | ☐ BM | ☐ Dry | | ☐ Yes | ☐ BM<br>☐ Pee | ☐ No | ☐ Yes | ☐ No |
| | | ☐ Wet | ☐ BM | ☐ Dry | | ☐ Yes | ☐ BM<br>☐ Pee | ☐ No | ☐ Yes | ☐ No |
| | | ☐ Wet | ☐ BM | ☐ Dry | | ☐ Yes | ☐ BM<br>☐ Pee | ☐ No | ☐ Yes | ☐ No |
| | | ☐ Wet | ☐ BM | ☐ Dry | | ☐ Yes | ☐ BM<br>☐ Pee | ☐ No | ☐ Yes | ☐ No |
| | | ☐ Wet | ☐ BM | ☐ Dry | | ☐ Yes | ☐ BM<br>☐ Pee | ☐ No | ☐ Yes | ☐ No |
| | | ☐ Wet | ☐ BM | ☐ Dry | | ☐ Yes | ☐ BM<br>☐ Pee | ☐ No | ☐ Yes | ☐ No |
| | | ☐ Wet | ☐ BM | ☐ Dry | | ☐ Yes | ☐ BM<br>☐ Pee | ☐ No | ☐ Yes | ☐ No |
| | | ☐ Wet | ☐ BM | ☐ Dry | | ☐ Yes | ☐ BM<br>☐ Pee | ☐ No | ☐ Yes | ☐ No |
| | | ☐ Wet | ☐ BM | ☐ Dry | | ☐ Yes | ☐ BM<br>☐ Pee | ☐ No | ☐ Yes | ☐ No |
| | | ☐ Wet | ☐ BM | ☐ Dry | | ☐ Yes | ☐ BM<br>☐ Pee | ☐ No | ☐ Yes | ☐ No |
| | | ☐ Wet | ☐ BM | ☐ Dry | | ☐ Yes | ☐ BM<br>☐ Pee | ☐ No | ☐ Yes | ☐ No |
| | | ☐ Wet | ☐ BM | ☐ Dry | | ☐ Yes | ☐ BM<br>☐ Pee | ☐ No | ☐ Yes | ☐ No |
| | | ☐ Wet | ☐ BM | ☐ Dry | | ☐ Yes | ☐ BM<br>☐ Pee | ☐ No | ☐ Yes | ☐ No |
| | | ☐ Wet | ☐ BM | ☐ Dry | | ☐ Yes | ☐ BM<br>☐ Pee | ☐ No | ☐ Yes | ☐ No |
| | | ☐ Wet | ☐ BM | ☐ Dry | | ☐ Yes | ☐ BM<br>☐ Pee | ☐ No | ☐ Yes | ☐ No |
| | | ☐ Wet | ☐ BM | ☐ Dry | | ☐ Yes | ☐ BM<br>☐ Pee | ☐ No | ☐ Yes | ☐ No |
| | | ☐ Wet | ☐ BM | ☐ Dry | | ☐ Yes | ☐ BM<br>☐ Pee | ☐ No | ☐ Yes | ☐ No |

# Speech-Language Record Form

Name:                                                    Date:

| New Word or Phrase | Tally | New Word or Phrase | Tally | New Word or Phrase | Tally |
|---|---|---|---|---|---|
|  |  |  |  |  |  |
|  |  |  |  |  |  |
|  |  |  |  |  |  |
|  |  |  |  |  |  |
|  |  |  |  |  |  |
|  |  |  |  |  |  |
|  |  |  |  |  |  |

# Behavioral Form

Name:                                          Date:

| Before Behavior | Child's Negative Response/Behavior | | What Adult Did After Behavior |
|---|---|---|---|
| | Times Happened: | Average Time: | |
| | Times Happened: | Average Time: | |
| | Times Happened: | Average Time: | |
| | Times Happened: | Average Time: | |
| | Times Happened: | Average Time: | |
| | Times Happened: | Average Time: | |
| | Times Happened: | Average Time: | |
| | Times Happened: | Average Time: | |
| | Times Happened: | Average Time: | |

# POTTY TIME CHART

\* BM = bowel movement

| DATE | TIME | CHECK PANTS | TIME AT TOLIET | SUCCESS? | | | NEEDED HELP? | |
|---|---|---|---|---|---|---|---|---|
| | | ☐ Wet  ☐ BM  ☐ Dry | | ☐ Yes | ☐ BM<br>☐ Pee | ☐ No | ☐ Yes | ☐ No |
| | | ☐ Wet  ☐ BM  ☐ Dry | | ☐ Yes | ☐ BM<br>☐ Pee | ☐ No | ☐ Yes | ☐ No |
| | | ☐ Wet  ☐ BM  ☐ Dry | | ☐ Yes | ☐ BM<br>☐ Pee | ☐ No | ☐ Yes | ☐ No |
| | | ☐ Wet  ☐ BM  ☐ Dry | | ☐ Yes | ☐ BM<br>☐ Pee | ☐ No | ☐ Yes | ☐ No |
| | | ☐ Wet  ☐ BM  ☐ Dry | | ☐ Yes | ☐ BM<br>☐ Pee | ☐ No | ☐ Yes | ☐ No |
| | | ☐ Wet  ☐ BM  ☐ Dry | | ☐ Yes | ☐ BM<br>☐ Pee | ☐ No | ☐ Yes | ☐ No |
| | | ☐ Wet  ☐ BM  ☐ Dry | | ☐ Yes | ☐ BM<br>☐ Pee | ☐ No | ☐ Yes | ☐ No |
| | | ☐ Wet  ☐ BM  ☐ Dry | | ☐ Yes | ☐ BM<br>☐ Pee | ☐ No | ☐ Yes | ☐ No |
| | | ☐ Wet  ☐ BM  ☐ Dry | | ☐ Yes | ☐ BM<br>☐ Pee | ☐ No | ☐ Yes | ☐ No |
| | | ☐ Wet  ☐ BM  ☐ Dry | | ☐ Yes | ☐ BM<br>☐ Pee | ☐ No | ☐ Yes | ☐ No |
| | | ☐ Wet  ☐ BM  ☐ Dry | | ☐ Yes | ☐ BM<br>☐ Pee | ☐ No | ☐ Yes | ☐ No |
| | | ☐ Wet  ☐ BM  ☐ Dry | | ☐ Yes | ☐ BM<br>☐ Pee | ☐ No | ☐ Yes | ☐ No |
| | | ☐ Wet  ☐ BM  ☐ Dry | | ☐ Yes | ☐ BM<br>☐ Pee | ☐ No | ☐ Yes | ☐ No |
| | | ☐ Wet  ☐ BM  ☐ Dry | | ☐ Yes | ☐ BM<br>☐ Pee | ☐ No | ☐ Yes | ☐ No |
| | | ☐ Wet  ☐ BM  ☐ Dry | | ☐ Yes | ☐ BM<br>☐ Pee | ☐ No | ☐ Yes | ☐ No |
| | | ☐ Wet  ☐ BM  ☐ Dry | | ☐ Yes | ☐ BM<br>☐ Pee | ☐ No | ☐ Yes | ☐ No |
| | | ☐ Wet  ☐ BM  ☐ Dry | | ☐ Yes | ☐ BM<br>☐ Pee | ☐ No | ☐ Yes | ☐ No |
| | | ☐ Wet  ☐ BM  ☐ Dry | | ☐ Yes | ☐ BM<br>☐ Pee | ☐ No | ☐ Yes | ☐ No |
| | | ☐ Wet  ☐ BM  ☐ Dry | | ☐ Yes | ☐ BM<br>☐ Pee | ☐ No | ☐ Yes | ☐ No |
| | | ☐ Wet  ☐ BM  ☐ Dry | | ☐ Yes | ☐ BM<br>☐ Pee | ☐ No | ☐ Yes | ☐ No |

# Speech-Language Record Form

**Name:**                                  **Date:**

| New Word or Phrase | Tally | New Word or Phrase | Tally | New Word or Phrase | Tally |
|---|---|---|---|---|---|
|  |  |  |  |  |  |
|  |  |  |  |  |  |
|  |  |  |  |  |  |
|  |  |  |  |  |  |
|  |  |  |  |  |  |
|  |  |  |  |  |  |
|  |  |  |  |  |  |

## Behavioral Form

Name:                                    Date:

| Before Behavior | Child's Negative Response/Behavior | | What Adult Did After Behavior |
|---|---|---|---|
| | Times Happened: | Average Time: | |
| | Times Happened: | Average Time: | |
| | Times Happened: | Average Time: | |
| | Times Happened: | Average Time: | |
| | Times Happened: | Average Time: | |
| | Times Happened: | Average Time: | |
| | Times Happened: | Average Time: | |
| | Times Happened: | Average Time: | |
| | Times Happened: | Average Time: | |

# POTTY TIME CHART

* BM = bowel movement

| DATE | TIME | CHECK PANTS | TIME AT TOLIET | SUCCESS? | | | NEEDED HELP? | |
|---|---|---|---|---|---|---|---|---|
| | | ☐ Wet ☐ BM ☐ Dry | | ☐ Yes | ☐ BM ☐ Pee | ☐ No | ☐ Yes | ☐ No |
| | | ☐ Wet ☐ BM ☐ Dry | | ☐ Yes | ☐ BM ☐ Pee | ☐ No | ☐ Yes | ☐ No |
| | | ☐ Wet ☐ BM ☐ Dry | | ☐ Yes | ☐ BM ☐ Pee | ☐ No | ☐ Yes | ☐ No |
| | | ☐ Wet ☐ BM ☐ Dry | | ☐ Yes | ☐ BM ☐ Pee | ☐ No | ☐ Yes | ☐ No |
| | | ☐ Wet ☐ BM ☐ Dry | | ☐ Yes | ☐ BM ☐ Pee | ☐ No | ☐ Yes | ☐ No |
| | | ☐ Wet ☐ BM ☐ Dry | | ☐ Yes | ☐ BM ☐ Pee | ☐ No | ☐ Yes | ☐ No |
| | | ☐ Wet ☐ BM ☐ Dry | | ☐ Yes | ☐ BM ☐ Pee | ☐ No | ☐ Yes | ☐ No |
| | | ☐ Wet ☐ BM ☐ Dry | | ☐ Yes | ☐ BM ☐ Pee | ☐ No | ☐ Yes | ☐ No |
| | | ☐ Wet ☐ BM ☐ Dry | | ☐ Yes | ☐ BM ☐ Pee | ☐ No | ☐ Yes | ☐ No |
| | | ☐ Wet ☐ BM ☐ Dry | | ☐ Yes | ☐ BM ☐ Pee | ☐ No | ☐ Yes | ☐ No |
| | | ☐ Wet ☐ BM ☐ Dry | | ☐ Yes | ☐ BM ☐ Pee | ☐ No | ☐ Yes | ☐ No |
| | | ☐ Wet ☐ BM ☐ Dry | | ☐ Yes | ☐ BM ☐ Pee | ☐ No | ☐ Yes | ☐ No |
| | | ☐ Wet ☐ BM ☐ Dry | | ☐ Yes | ☐ BM ☐ Pee | ☐ No | ☐ Yes | ☐ No |
| | | ☐ Wet ☐ BM ☐ Dry | | ☐ Yes | ☐ BM ☐ Pee | ☐ No | ☐ Yes | ☐ No |
| | | ☐ Wet ☐ BM ☐ Dry | | ☐ Yes | ☐ BM ☐ Pee | ☐ No | ☐ Yes | ☐ No |
| | | ☐ Wet ☐ BM ☐ Dry | | ☐ Yes | ☐ BM ☐ Pee | ☐ No | ☐ Yes | ☐ No |
| | | ☐ Wet ☐ BM ☐ Dry | | ☐ Yes | ☐ BM ☐ Pee | ☐ No | ☐ Yes | ☐ No |
| | | ☐ Wet ☐ BM ☐ Dry | | ☐ Yes | ☐ BM ☐ Pee | ☐ No | ☐ Yes | ☐ No |
| | | ☐ Wet ☐ BM ☐ Dry | | ☐ Yes | ☐ BM ☐ Pee | ☐ No | ☐ Yes | ☐ No |
| | | ☐ Wet ☐ BM ☐ Dry | | ☐ Yes | ☐ BM ☐ Pee | ☐ No | ☐ Yes | ☐ No |

# Speech-Language Record Form

**Name:**                                         **Date:**

| New Word or Phrase | Tally | New Word or Phrase | Tally | New Word or Phrase | Tally |
|---|---|---|---|---|---|
|  |  |  |  |  |  |
|  |  |  |  |  |  |
|  |  |  |  |  |  |
|  |  |  |  |  |  |
|  |  |  |  |  |  |
|  |  |  |  |  |  |
|  |  |  |  |  |  |

## Behavioral Form

Name:                                              Date:

| Before Behavior | Child's Negative Response/Behavior | | What Adult Did After Behavior |
|---|---|---|---|
| | Times Happened: | Average Time: | |
| | Times Happened: | Average Time: | |
| | Times Happened: | Average Time: | |
| | Times Happened: | Average Time: | |
| | Times Happened: | Average Time: | |
| | Times Happened: | Average Time: | |
| | Times Happened: | Average Time: | |
| | Times Happened: | Average Time: | |
| | Times Happened: | Average Time: | |

# POTTY TIME CHART

*\* BM = bowel movement*

| DATE | TIME | CHECK PANTS | | | TIME AT TOLIET | SUCCESS? | | | NEEDED HELP? | |
|---|---|---|---|---|---|---|---|---|---|---|
| | | ☐ Wet | ☐ BM | ☐ Dry | | ☐ Yes | ☐ BM ☐ Pee | ☐ No | ☐ Yes | ☐ No |
| | | ☐ Wet | ☐ BM | ☐ Dry | | ☐ Yes | ☐ BM ☐ Pee | ☐ No | ☐ Yes | ☐ No |
| | | ☐ Wet | ☐ BM | ☐ Dry | | ☐ Yes | ☐ BM ☐ Pee | ☐ No | ☐ Yes | ☐ No |
| | | ☐ Wet | ☐ BM | ☐ Dry | | ☐ Yes | ☐ BM ☐ Pee | ☐ No | ☐ Yes | ☐ No |
| | | ☐ Wet | ☐ BM | ☐ Dry | | ☐ Yes | ☐ BM ☐ Pee | ☐ No | ☐ Yes | ☐ No |
| | | ☐ Wet | ☐ BM | ☐ Dry | | ☐ Yes | ☐ BM ☐ Pee | ☐ No | ☐ Yes | ☐ No |
| | | ☐ Wet | ☐ BM | ☐ Dry | | ☐ Yes | ☐ BM ☐ Pee | ☐ No | ☐ Yes | ☐ No |
| | | ☐ Wet | ☐ BM | ☐ Dry | | ☐ Yes | ☐ BM ☐ Pee | ☐ No | ☐ Yes | ☐ No |
| | | ☐ Wet | ☐ BM | ☐ Dry | | ☐ Yes | ☐ BM ☐ Pee | ☐ No | ☐ Yes | ☐ No |
| | | ☐ Wet | ☐ BM | ☐ Dry | | ☐ Yes | ☐ BM ☐ Pee | ☐ No | ☐ Yes | ☐ No |
| | | ☐ Wet | ☐ BM | ☐ Dry | | ☐ Yes | ☐ BM ☐ Pee | ☐ No | ☐ Yes | ☐ No |
| | | ☐ Wet | ☐ BM | ☐ Dry | | ☐ Yes | ☐ BM ☐ Pee | ☐ No | ☐ Yes | ☐ No |
| | | ☐ Wet | ☐ BM | ☐ Dry | | ☐ Yes | ☐ BM ☐ Pee | ☐ No | ☐ Yes | ☐ No |
| | | ☐ Wet | ☐ BM | ☐ Dry | | ☐ Yes | ☐ BM ☐ Pee | ☐ No | ☐ Yes | ☐ No |
| | | ☐ Wet | ☐ BM | ☐ Dry | | ☐ Yes | ☐ BM ☐ Pee | ☐ No | ☐ Yes | ☐ No |
| | | ☐ Wet | ☐ BM | ☐ Dry | | ☐ Yes | ☐ BM ☐ Pee | ☐ No | ☐ Yes | ☐ No |
| | | ☐ Wet | ☐ BM | ☐ Dry | | ☐ Yes | ☐ BM ☐ Pee | ☐ No | ☐ Yes | ☐ No |
| | | ☐ Wet | ☐ BM | ☐ Dry | | ☐ Yes | ☐ BM ☐ Pee | ☐ No | ☐ Yes | ☐ No |
| | | ☐ Wet | ☐ BM | ☐ Dry | | ☐ Yes | ☐ BM ☐ Pee | ☐ No | ☐ Yes | ☐ No |
| | | ☐ Wet | ☐ BM | ☐ Dry | | ☐ Yes | ☐ BM ☐ Pee | ☐ No | ☐ Yes | ☐ No |

# Speech-Language Record Form

**Name:**                                    **Date:**

| New Word or Phrase | Tally | New Word or Phrase | Tally | New Word or Phrase | Tally |
|---|---|---|---|---|---|
|  |  |  |  |  |  |
|  |  |  |  |  |  |
|  |  |  |  |  |  |
|  |  |  |  |  |  |
|  |  |  |  |  |  |
|  |  |  |  |  |  |
|  |  |  |  |  |  |

## Day 35.
### Behavioral Form

Name:  Date:

| Before Behavior | Child's Negative Response/Behavior | | What Adult Did After Behavior |
|---|---|---|---|
| | Times Happened: | Average Time: | |
| | Times Happened: | Average Time: | |
| | Times Happened: | Average Time: | |
| | Times Happened: | Average Time: | |
| | Times Happened: | Average Time: | |
| | Times Happened: | Average Time: | |
| | Times Happened: | Average Time: | |
| | Times Happened: | Average Time: | |

# POTTY TIME CHART

\* BM = bowel movement

| DATE | TIME | CHECK PANTS | | | TIME AT TOLIET | SUCCESS? | | | NEEDED HELP? | |
|---|---|---|---|---|---|---|---|---|---|---|
| | | ☐ Wet | ☐ BM | ☐ Dry | | ☐ Yes | ☐ BM ☐ Pee | ☐ No | ☐ Yes | ☐ No |
| | | ☐ Wet | ☐ BM | ☐ Dry | | ☐ Yes | ☐ BM ☐ Pee | ☐ No | ☐ Yes | ☐ No |
| | | ☐ Wet | ☐ BM | ☐ Dry | | ☐ Yes | ☐ BM ☐ Pee | ☐ No | ☐ Yes | ☐ No |
| | | ☐ Wet | ☐ BM | ☐ Dry | | ☐ Yes | ☐ BM ☐ Pee | ☐ No | ☐ Yes | ☐ No |
| | | ☐ Wet | ☐ BM | ☐ Dry | | ☐ Yes | ☐ BM ☐ Pee | ☐ No | ☐ Yes | ☐ No |
| | | ☐ Wet | ☐ BM | ☐ Dry | | ☐ Yes | ☐ BM ☐ Pee | ☐ No | ☐ Yes | ☐ No |
| | | ☐ Wet | ☐ BM | ☐ Dry | | ☐ Yes | ☐ BM ☐ Pee | ☐ No | ☐ Yes | ☐ No |
| | | ☐ Wet | ☐ BM | ☐ Dry | | ☐ Yes | ☐ BM ☐ Pee | ☐ No | ☐ Yes | ☐ No |
| | | ☐ Wet | ☐ BM | ☐ Dry | | ☐ Yes | ☐ BM ☐ Pee | ☐ No | ☐ Yes | ☐ No |
| | | ☐ Wet | ☐ BM | ☐ Dry | | ☐ Yes | ☐ BM ☐ Pee | ☐ No | ☐ Yes | ☐ No |
| | | ☐ Wet | ☐ BM | ☐ Dry | | ☐ Yes | ☐ BM ☐ Pee | ☐ No | ☐ Yes | ☐ No |
| | | ☐ Wet | ☐ BM | ☐ Dry | | ☐ Yes | ☐ BM ☐ Pee | ☐ No | ☐ Yes | ☐ No |
| | | ☐ Wet | ☐ BM | ☐ Dry | | ☐ Yes | ☐ BM ☐ Pee | ☐ No | ☐ Yes | ☐ No |
| | | ☐ Wet | ☐ BM | ☐ Dry | | ☐ Yes | ☐ BM ☐ Pee | ☐ No | ☐ Yes | ☐ No |
| | | ☐ Wet | ☐ BM | ☐ Dry | | ☐ Yes | ☐ BM ☐ Pee | ☐ No | ☐ Yes | ☐ No |
| | | ☐ Wet | ☐ BM | ☐ Dry | | ☐ Yes | ☐ BM ☐ Pee | ☐ No | ☐ Yes | ☐ No |
| | | ☐ Wet | ☐ BM | ☐ Dry | | ☐ Yes | ☐ BM ☐ Pee | ☐ No | ☐ Yes | ☐ No |
| | | ☐ Wet | ☐ BM | ☐ Dry | | ☐ Yes | ☐ BM ☐ Pee | ☐ No | ☐ Yes | ☐ No |
| | | ☐ Wet | ☐ BM | ☐ Dry | | ☐ Yes | ☐ BM ☐ Pee | ☐ No | ☐ Yes | ☐ No |
| | | ☐ Wet | ☐ BM | ☐ Dry | | ☐ Yes | ☐ BM ☐ Pee | ☐ No | ☐ Yes | ☐ No |
| | | ☐ Wet | ☐ BM | ☐ Dry | | ☐ Yes | ☐ BM ☐ Pee | ☐ No | ☐ Yes | ☐ No |
| | | ☐ Wet | ☐ BM | ☐ Dry | | ☐ Yes | ☐ BM ☐ Pee | ☐ No | ☐ Yes | ☐ No |

# Speech-Language Record Form

**Name:**                           **Date:**

| New Word or Phrase | Tally | New Word or Phrase | Tally | New Word or Phrase | Tally |
|---|---|---|---|---|---|
|  |  |  |  |  |  |
|  |  |  |  |  |  |
|  |  |  |  |  |  |
|  |  |  |  |  |  |
|  |  |  |  |  |  |
|  |  |  |  |  |  |
|  |  |  |  |  |  |

## Behavioral Form

Name:                                          Date:

| Before Behavior | Child's Negative Response/Behavior | | What Adult Did After Behavior |
|---|---|---|---|
| | Times Happened: | Average Time: | |
| | Times Happened: | Average Time: | |
| | Times Happened: | Average Time: | |
| | Times Happened: | Average Time: | |
| | Times Happened: | Average Time: | |
| | Times Happened: | Average Time: | |
| | Times Happened: | Average Time: | |
| | Times Happened: | Average Time: | |
| | Times Happened: | Average Time: | |

# POTTY TIME CHART

* BM = bowel movement

| DATE | TIME | CHECK PANTS | | | TIME AT TOLIET | SUCCESS? | | | NEEDED HELP? | |
|---|---|---|---|---|---|---|---|---|---|---|
| | | ☐ Wet | ☐ BM | ☐ Dry | | ☐ Yes | ☐ BM<br>☐ Pee | ☐ No | ☐ Yes | ☐ No |
| | | ☐ Wet | ☐ BM | ☐ Dry | | ☐ Yes | ☐ BM<br>☐ Pee | ☐ No | ☐ Yes | ☐ No |
| | | ☐ Wet | ☐ BM | ☐ Dry | | ☐ Yes | ☐ BM<br>☐ Pee | ☐ No | ☐ Yes | ☐ No |
| | | ☐ Wet | ☐ BM | ☐ Dry | | ☐ Yes | ☐ BM<br>☐ Pee | ☐ No | ☐ Yes | ☐ No |
| | | ☐ Wet | ☐ BM | ☐ Dry | | ☐ Yes | ☐ BM<br>☐ Pee | ☐ No | ☐ Yes | ☐ No |
| | | ☐ Wet | ☐ BM | ☐ Dry | | ☐ Yes | ☐ BM<br>☐ Pee | ☐ No | ☐ Yes | ☐ No |
| | | ☐ Wet | ☐ BM | ☐ Dry | | ☐ Yes | ☐ BM<br>☐ Pee | ☐ No | ☐ Yes | ☐ No |
| | | ☐ Wet | ☐ BM | ☐ Dry | | ☐ Yes | ☐ BM<br>☐ Pee | ☐ No | ☐ Yes | ☐ No |
| | | ☐ Wet | ☐ BM | ☐ Dry | | ☐ Yes | ☐ BM<br>☐ Pee | ☐ No | ☐ Yes | ☐ No |
| | | ☐ Wet | ☐ BM | ☐ Dry | | ☐ Yes | ☐ BM<br>☐ Pee | ☐ No | ☐ Yes | ☐ No |
| | | ☐ Wet | ☐ BM | ☐ Dry | | ☐ Yes | ☐ BM<br>☐ Pee | ☐ No | ☐ Yes | ☐ No |
| | | ☐ Wet | ☐ BM | ☐ Dry | | ☐ Yes | ☐ BM<br>☐ Pee | ☐ No | ☐ Yes | ☐ No |
| | | ☐ Wet | ☐ BM | ☐ Dry | | ☐ Yes | ☐ BM<br>☐ Pee | ☐ No | ☐ Yes | ☐ No |
| | | ☐ Wet | ☐ BM | ☐ Dry | | ☐ Yes | ☐ BM<br>☐ Pee | ☐ No | ☐ Yes | ☐ No |
| | | ☐ Wet | ☐ BM | ☐ Dry | | ☐ Yes | ☐ BM<br>☐ Pee | ☐ No | ☐ Yes | ☐ No |
| | | ☐ Wet | ☐ BM | ☐ Dry | | ☐ Yes | ☐ BM<br>☐ Pee | ☐ No | ☐ Yes | ☐ No |
| | | ☐ Wet | ☐ BM | ☐ Dry | | ☐ Yes | ☐ BM<br>☐ Pee | ☐ No | ☐ Yes | ☐ No |
| | | ☐ Wet | ☐ BM | ☐ Dry | | ☐ Yes | ☐ BM<br>☐ Pee | ☐ No | ☐ Yes | ☐ No |
| | | ☐ Wet | ☐ BM | ☐ Dry | | ☐ Yes | ☐ BM<br>☐ Pee | ☐ No | ☐ Yes | ☐ No |
| | | ☐ Wet | ☐ BM | ☐ Dry | | ☐ Yes | ☐ BM<br>☐ Pee | ☐ No | ☐ Yes | ☐ No |
| | | ☐ Wet | ☐ BM | ☐ Dry | | ☐ Yes | ☐ BM<br>☐ Pee | ☐ No | ☐ Yes | ☐ No |

# Speech-Language Record Form

**Name:**                                   **Date:**

| New Word or Phrase | Tally | New Word or Phrase | Tally | New Word or Phrase | Tally |
|---|---|---|---|---|---|
|  |  |  |  |  |  |
|  |  |  |  |  |  |
|  |  |  |  |  |  |
|  |  |  |  |  |  |
|  |  |  |  |  |  |
|  |  |  |  |  |  |
|  |  |  |  |  |  |

## Behavioral Form

Name:                                             Date:

| Before Behavior | Child's Negative Response/Behavior | | What Adult Did After Behavior |
|---|---|---|---|
| | Times Happened: | Average Time: | |
| | Times Happened: | Average Time: | |
| | Times Happened: | Average Time: | |
| | Times Happened: | Average Time: | |
| | Times Happened: | Average Time: | |
| | Times Happened: | Average Time: | |
| | Times Happened: | Average Time: | |
| | Times Happened: | Average Time: | |

# POTTY TIME CHART

* BM = bowel movement

| DATE | TIME | CHECK PANTS | | | TIME AT TOLIET | SUCCESS? | | | NEEDED HELP? | |
|---|---|---|---|---|---|---|---|---|---|---|
| | | ☐ Wet | ☐ BM | ☐ Dry | | ☐ Yes | ☐ BM ☐ Pee | ☐ No | ☐ Yes | ☐ No |
| | | ☐ Wet | ☐ BM | ☐ Dry | | ☐ Yes | ☐ BM ☐ Pee | ☐ No | ☐ Yes | ☐ No |
| | | ☐ Wet | ☐ BM | ☐ Dry | | ☐ Yes | ☐ BM ☐ Pee | ☐ No | ☐ Yes | ☐ No |
| | | ☐ Wet | ☐ BM | ☐ Dry | | ☐ Yes | ☐ BM ☐ Pee | ☐ No | ☐ Yes | ☐ No |
| | | ☐ Wet | ☐ BM | ☐ Dry | | ☐ Yes | ☐ BM ☐ Pee | ☐ No | ☐ Yes | ☐ No |
| | | ☐ Wet | ☐ BM | ☐ Dry | | ☐ Yes | ☐ BM ☐ Pee | ☐ No | ☐ Yes | ☐ No |
| | | ☐ Wet | ☐ BM | ☐ Dry | | ☐ Yes | ☐ BM ☐ Pee | ☐ No | ☐ Yes | ☐ No |
| | | ☐ Wet | ☐ BM | ☐ Dry | | ☐ Yes | ☐ BM ☐ Pee | ☐ No | ☐ Yes | ☐ No |
| | | ☐ Wet | ☐ BM | ☐ Dry | | ☐ Yes | ☐ BM ☐ Pee | ☐ No | ☐ Yes | ☐ No |
| | | ☐ Wet | ☐ BM | ☐ Dry | | ☐ Yes | ☐ BM ☐ Pee | ☐ No | ☐ Yes | ☐ No |
| | | ☐ Wet | ☐ BM | ☐ Dry | | ☐ Yes | ☐ BM ☐ Pee | ☐ No | ☐ Yes | ☐ No |
| | | ☐ Wet | ☐ BM | ☐ Dry | | ☐ Yes | ☐ BM ☐ Pee | ☐ No | ☐ Yes | ☐ No |
| | | ☐ Wet | ☐ BM | ☐ Dry | | ☐ Yes | ☐ BM ☐ Pee | ☐ No | ☐ Yes | ☐ No |
| | | ☐ Wet | ☐ BM | ☐ Dry | | ☐ Yes | ☐ BM ☐ Pee | ☐ No | ☐ Yes | ☐ No |
| | | ☐ Wet | ☐ BM | ☐ Dry | | ☐ Yes | ☐ BM ☐ Pee | ☐ No | ☐ Yes | ☐ No |
| | | ☐ Wet | ☐ BM | ☐ Dry | | ☐ Yes | ☐ BM ☐ Pee | ☐ No | ☐ Yes | ☐ No |
| | | ☐ Wet | ☐ BM | ☐ Dry | | ☐ Yes | ☐ BM ☐ Pee | ☐ No | ☐ Yes | ☐ No |
| | | ☐ Wet | ☐ BM | ☐ Dry | | ☐ Yes | ☐ BM ☐ Pee | ☐ No | ☐ Yes | ☐ No |
| | | ☐ Wet | ☐ BM | ☐ Dry | | ☐ Yes | ☐ BM ☐ Pee | ☐ No | ☐ Yes | ☐ No |
| | | ☐ Wet | ☐ BM | ☐ Dry | | ☐ Yes | ☐ BM ☐ Pee | ☐ No | ☐ Yes | ☐ No |

# Speech-Language Record Form

Name:                                            Date:

| New Word or Phrase | Tally | New Word or Phrase | Tally | New Word or Phrase | Tally |
|---|---|---|---|---|---|
|  |  |  |  |  |  |
|  |  |  |  |  |  |
|  |  |  |  |  |  |
|  |  |  |  |  |  |
|  |  |  |  |  |  |
|  |  |  |  |  |  |
|  |  |  |  |  |  |

## Behavioral Form

Name:                                          Date:

| Before Behavior | Child's Negative Response/Behavior | What Adult Did After Behavior |
|---|---|---|
| | Times Happened: ___ Average Time: ___ | |
| | Times Happened: ___ Average Time: ___ | |
| | Times Happened: ___ Average Time: ___ | |
| | Times Happened: ___ Average Time: ___ | |
| | Times Happened: ___ Average Time: ___ | |
| | Times Happened: ___ Average Time: ___ | |
| | Times Happened: ___ Average Time: ___ | |
| | Times Happened: ___ Average Time: ___ | |

# POTTY TIME CHART

* BM = bowel movement

| DATE | TIME | CHECK PANTS | | | TIME AT TOLIET | SUCCESS? | | | NEEDED HELP? | |
|---|---|---|---|---|---|---|---|---|---|---|
| | | ☐ Wet | ☐ BM | ☐ Dry | | ☐ Yes | ☐ BM ☐ Pee | ☐ No | ☐ Yes | ☐ No |
| | | ☐ Wet | ☐ BM | ☐ Dry | | ☐ Yes | ☐ BM ☐ Pee | ☐ No | ☐ Yes | ☐ No |
| | | ☐ Wet | ☐ BM | ☐ Dry | | ☐ Yes | ☐ BM ☐ Pee | ☐ No | ☐ Yes | ☐ No |
| | | ☐ Wet | ☐ BM | ☐ Dry | | ☐ Yes | ☐ BM ☐ Pee | ☐ No | ☐ Yes | ☐ No |
| | | ☐ Wet | ☐ BM | ☐ Dry | | ☐ Yes | ☐ BM ☐ Pee | ☐ No | ☐ Yes | ☐ No |
| | | ☐ Wet | ☐ BM | ☐ Dry | | ☐ Yes | ☐ BM ☐ Pee | ☐ No | ☐ Yes | ☐ No |
| | | ☐ Wet | ☐ BM | ☐ Dry | | ☐ Yes | ☐ BM ☐ Pee | ☐ No | ☐ Yes | ☐ No |
| | | ☐ Wet | ☐ BM | ☐ Dry | | ☐ Yes | ☐ BM ☐ Pee | ☐ No | ☐ Yes | ☐ No |
| | | ☐ Wet | ☐ BM | ☐ Dry | | ☐ Yes | ☐ BM ☐ Pee | ☐ No | ☐ Yes | ☐ No |
| | | ☐ Wet | ☐ BM | ☐ Dry | | ☐ Yes | ☐ BM ☐ Pee | ☐ No | ☐ Yes | ☐ No |
| | | ☐ Wet | ☐ BM | ☐ Dry | | ☐ Yes | ☐ BM ☐ Pee | ☐ No | ☐ Yes | ☐ No |
| | | ☐ Wet | ☐ BM | ☐ Dry | | ☐ Yes | ☐ BM ☐ Pee | ☐ No | ☐ Yes | ☐ No |
| | | ☐ Wet | ☐ BM | ☐ Dry | | ☐ Yes | ☐ BM ☐ Pee | ☐ No | ☐ Yes | ☐ No |
| | | ☐ Wet | ☐ BM | ☐ Dry | | ☐ Yes | ☐ BM ☐ Pee | ☐ No | ☐ Yes | ☐ No |
| | | ☐ Wet | ☐ BM | ☐ Dry | | ☐ Yes | ☐ BM ☐ Pee | ☐ No | ☐ Yes | ☐ No |
| | | ☐ Wet | ☐ BM | ☐ Dry | | ☐ Yes | ☐ BM ☐ Pee | ☐ No | ☐ Yes | ☐ No |
| | | ☐ Wet | ☐ BM | ☐ Dry | | ☐ Yes | ☐ BM ☐ Pee | ☐ No | ☐ Yes | ☐ No |
| | | ☐ Wet | ☐ BM | ☐ Dry | | ☐ Yes | ☐ BM ☐ Pee | ☐ No | ☐ Yes | ☐ No |
| | | ☐ Wet | ☐ BM | ☐ Dry | | ☐ Yes | ☐ BM ☐ Pee | ☐ No | ☐ Yes | ☐ No |
| | | ☐ Wet | ☐ BM | ☐ Dry | | ☐ Yes | ☐ BM ☐ Pee | ☐ No | ☐ Yes | ☐ No |
| | | ☐ Wet | ☐ BM | ☐ Dry | | ☐ Yes | ☐ BM ☐ Pee | ☐ No | ☐ Yes | ☐ No |

# Speech-Language Record Form

**Name:**                                 **Date:**

| New Word or Phrase | Tally | New Word or Phrase | Tally | New Word or Phrase | Tally |
|---|---|---|---|---|---|
|  |  |  |  |  |  |
|  |  |  |  |  |  |
|  |  |  |  |  |  |
|  |  |  |  |  |  |
|  |  |  |  |  |  |
|  |  |  |  |  |  |
|  |  |  |  |  |  |

## Behavioral Form

Name:                                           Date:

| Before Behavior | Child's Negative Response/Behavior | | What Adult Did After Behavior |
|---|---|---|---|
| | Times Happened: | Average Time: | |
| | Times Happened: | Average Time: | |
| | Times Happened: | Average Time: | |
| | Times Happened: | Average Time: | |
| | Times Happened: | Average Time: | |
| | Times Happened: | Average Time: | |
| | Times Happened: | Average Time: | |
| | Times Happened: | Average Time: | |
| | Times Happened: | Average Time: | |

# POTTY TIME CHART

* BM = bowel movement

| DATE | TIME | CHECK PANTS | | | TIME AT TOLIET | SUCCESS? | | | NEEDED HELP? | |
|---|---|---|---|---|---|---|---|---|---|---|
| | | ☐ Wet | ☐ BM | ☐ Dry | | ☐ Yes | ☐ BM ☐ Pee | ☐ No | ☐ Yes | ☐ No |
| | | ☐ Wet | ☐ BM | ☐ Dry | | ☐ Yes | ☐ BM ☐ Pee | ☐ No | ☐ Yes | ☐ No |
| | | ☐ Wet | ☐ BM | ☐ Dry | | ☐ Yes | ☐ BM ☐ Pee | ☐ No | ☐ Yes | ☐ No |
| | | ☐ Wet | ☐ BM | ☐ Dry | | ☐ Yes | ☐ BM ☐ Pee | ☐ No | ☐ Yes | ☐ No |
| | | ☐ Wet | ☐ BM | ☐ Dry | | ☐ Yes | ☐ BM ☐ Pee | ☐ No | ☐ Yes | ☐ No |
| | | ☐ Wet | ☐ BM | ☐ Dry | | ☐ Yes | ☐ BM ☐ Pee | ☐ No | ☐ Yes | ☐ No |
| | | ☐ Wet | ☐ BM | ☐ Dry | | ☐ Yes | ☐ BM ☐ Pee | ☐ No | ☐ Yes | ☐ No |
| | | ☐ Wet | ☐ BM | ☐ Dry | | ☐ Yes | ☐ BM ☐ Pee | ☐ No | ☐ Yes | ☐ No |
| | | ☐ Wet | ☐ BM | ☐ Dry | | ☐ Yes | ☐ BM ☐ Pee | ☐ No | ☐ Yes | ☐ No |
| | | ☐ Wet | ☐ BM | ☐ Dry | | ☐ Yes | ☐ BM ☐ Pee | ☐ No | ☐ Yes | ☐ No |
| | | ☐ Wet | ☐ BM | ☐ Dry | | ☐ Yes | ☐ BM ☐ Pee | ☐ No | ☐ Yes | ☐ No |
| | | ☐ Wet | ☐ BM | ☐ Dry | | ☐ Yes | ☐ BM ☐ Pee | ☐ No | ☐ Yes | ☐ No |
| | | ☐ Wet | ☐ BM | ☐ Dry | | ☐ Yes | ☐ BM ☐ Pee | ☐ No | ☐ Yes | ☐ No |
| | | ☐ Wet | ☐ BM | ☐ Dry | | ☐ Yes | ☐ BM ☐ Pee | ☐ No | ☐ Yes | ☐ No |
| | | ☐ Wet | ☐ BM | ☐ Dry | | ☐ Yes | ☐ BM ☐ Pee | ☐ No | ☐ Yes | ☐ No |
| | | ☐ Wet | ☐ BM | ☐ Dry | | ☐ Yes | ☐ BM ☐ Pee | ☐ No | ☐ Yes | ☐ No |
| | | ☐ Wet | ☐ BM | ☐ Dry | | ☐ Yes | ☐ BM ☐ Pee | ☐ No | ☐ Yes | ☐ No |
| | | ☐ Wet | ☐ BM | ☐ Dry | | ☐ Yes | ☐ BM ☐ Pee | ☐ No | ☐ Yes | ☐ No |
| | | ☐ Wet | ☐ BM | ☐ Dry | | ☐ Yes | ☐ BM ☐ Pee | ☐ No | ☐ Yes | ☐ No |
| | | ☐ Wet | ☐ BM | ☐ Dry | | ☐ Yes | ☐ BM ☐ Pee | ☐ No | ☐ Yes | ☐ No |
| | | ☐ Wet | ☐ BM | ☐ Dry | | ☐ Yes | ☐ BM ☐ Pee | ☐ No | ☐ Yes | ☐ No |

# Speech-Language Record Form

**Name:**                                     **Date:**

| New Word or Phrase | Tally | New Word or Phrase | Tally | New Word or Phrase | Tally |
|---|---|---|---|---|---|
| | | | | | |
| | | | | | |
| | | | | | |
| | | | | | |
| | | | | | |
| | | | | | |
| | | | | | |

## Behavioral Form

Name:                                        Date:

| Before Behavior | Child's Negative Response/Behavior | | What Adult Did After Behavior |
|---|---|---|---|
|  | Times Happened: | Average Time: |  |
|  | Times Happened: | Average Time: |  |
|  | Times Happened: | Average Time: |  |
|  | Times Happened: | Average Time: |  |
|  | Times Happened: | Average Time: |  |
|  | Times Happened: | Average Time: |  |
|  | Times Happened: | Average Time: |  |
|  | Times Happened: | Average Time: |  |
|  | Times Happened: | Average Time: |  |

# POTTY TIME CHART

* BM = bowel movement

| DATE | TIME | CHECK PANTS | | | TIME AT TOLIET | SUCCESS? | | | NEEDED HELP? | |
|------|------|------|------|------|------|------|------|------|------|------|
| | | ☐ Wet | ☐ BM | ☐ Dry | | ☐ Yes | ☐ BM ☐ Pee | ☐ No | ☐ Yes | ☐ No |
| | | ☐ Wet | ☐ BM | ☐ Dry | | ☐ Yes | ☐ BM ☐ Pee | ☐ No | ☐ Yes | ☐ No |
| | | ☐ Wet | ☐ BM | ☐ Dry | | ☐ Yes | ☐ BM ☐ Pee | ☐ No | ☐ Yes | ☐ No |
| | | ☐ Wet | ☐ BM | ☐ Dry | | ☐ Yes | ☐ BM ☐ Pee | ☐ No | ☐ Yes | ☐ No |
| | | ☐ Wet | ☐ BM | ☐ Dry | | ☐ Yes | ☐ BM ☐ Pee | ☐ No | ☐ Yes | ☐ No |
| | | ☐ Wet | ☐ BM | ☐ Dry | | ☐ Yes | ☐ BM ☐ Pee | ☐ No | ☐ Yes | ☐ No |
| | | ☐ Wet | ☐ BM | ☐ Dry | | ☐ Yes | ☐ BM ☐ Pee | ☐ No | ☐ Yes | ☐ No |
| | | ☐ Wet | ☐ BM | ☐ Dry | | ☐ Yes | ☐ BM ☐ Pee | ☐ No | ☐ Yes | ☐ No |
| | | ☐ Wet | ☐ BM | ☐ Dry | | ☐ Yes | ☐ BM ☐ Pee | ☐ No | ☐ Yes | ☐ No |
| | | ☐ Wet | ☐ BM | ☐ Dry | | ☐ Yes | ☐ BM ☐ Pee | ☐ No | ☐ Yes | ☐ No |
| | | ☐ Wet | ☐ BM | ☐ Dry | | ☐ Yes | ☐ BM ☐ Pee | ☐ No | ☐ Yes | ☐ No |
| | | ☐ Wet | ☐ BM | ☐ Dry | | ☐ Yes | ☐ BM ☐ Pee | ☐ No | ☐ Yes | ☐ No |
| | | ☐ Wet | ☐ BM | ☐ Dry | | ☐ Yes | ☐ BM ☐ Pee | ☐ No | ☐ Yes | ☐ No |
| | | ☐ Wet | ☐ BM | ☐ Dry | | ☐ Yes | ☐ BM ☐ Pee | ☐ No | ☐ Yes | ☐ No |
| | | ☐ Wet | ☐ BM | ☐ Dry | | ☐ Yes | ☐ BM ☐ Pee | ☐ No | ☐ Yes | ☐ No |
| | | ☐ Wet | ☐ BM | ☐ Dry | | ☐ Yes | ☐ BM ☐ Pee | ☐ No | ☐ Yes | ☐ No |
| | | ☐ Wet | ☐ BM | ☐ Dry | | ☐ Yes | ☐ BM ☐ Pee | ☐ No | ☐ Yes | ☐ No |
| | | ☐ Wet | ☐ BM | ☐ Dry | | ☐ Yes | ☐ BM ☐ Pee | ☐ No | ☐ Yes | ☐ No |
| | | ☐ Wet | ☐ BM | ☐ Dry | | ☐ Yes | ☐ BM ☐ Pee | ☐ No | ☐ Yes | ☐ No |
| | | ☐ Wet | ☐ BM | ☐ Dry | | ☐ Yes | ☐ BM ☐ Pee | ☐ No | ☐ Yes | ☐ No |

# Speech-Language Record Form

**Name:**                             **Date:**

| New Word or Phrase | Tally | New Word or Phrase | Tally | New Word or Phrase | Tally |
|---|---|---|---|---|---|
| | | | | | |
| | | | | | |
| | | | | | |
| | | | | | |
| | | | | | |
| | | | | | |
| | | | | | |

## Behavioral Form

Name:                                    Date:

| Before Behavior | Child's Negative Response/Behavior | | What Adult Did After Behavior |
|---|---|---|---|
| | Times Happened: | Average Time: | |
| | Times Happened: | Average Time: | |
| | Times Happened: | Average Time: | |
| | Times Happened: | Average Time: | |
| | Times Happened: | Average Time: | |
| | Times Happened: | Average Time: | |
| | Times Happened: | Average Time: | |
| | Times Happened: | Average Time: | |
| | Times Happened: | Average Time: | |

# POTTY TIME CHART

* BM = bowel movement

| DATE | TIME | CHECK PANTS | TIME AT TOLIET | SUCCESS? | | | NEEDED HELP? | |
|------|------|-------------|----------------|----------|---|---|--------------|---|
| | | ☐ Wet ☐ BM ☐ Dry | | ☐ Yes | ☐ BM ☐ Pee | ☐ No | ☐ Yes | ☐ No |
| | | ☐ Wet ☐ BM ☐ Dry | | ☐ Yes | ☐ BM ☐ Pee | ☐ No | ☐ Yes | ☐ No |
| | | ☐ Wet ☐ BM ☐ Dry | | ☐ Yes | ☐ BM ☐ Pee | ☐ No | ☐ Yes | ☐ No |
| | | ☐ Wet ☐ BM ☐ Dry | | ☐ Yes | ☐ BM ☐ Pee | ☐ No | ☐ Yes | ☐ No |
| | | ☐ Wet ☐ BM ☐ Dry | | ☐ Yes | ☐ BM ☐ Pee | ☐ No | ☐ Yes | ☐ No |
| | | ☐ Wet ☐ BM ☐ Dry | | ☐ Yes | ☐ BM ☐ Pee | ☐ No | ☐ Yes | ☐ No |
| | | ☐ Wet ☐ BM ☐ Dry | | ☐ Yes | ☐ BM ☐ Pee | ☐ No | ☐ Yes | ☐ No |
| | | ☐ Wet ☐ BM ☐ Dry | | ☐ Yes | ☐ BM ☐ Pee | ☐ No | ☐ Yes | ☐ No |
| | | ☐ Wet ☐ BM ☐ Dry | | ☐ Yes | ☐ BM ☐ Pee | ☐ No | ☐ Yes | ☐ No |
| | | ☐ Wet ☐ BM ☐ Dry | | ☐ Yes | ☐ BM ☐ Pee | ☐ No | ☐ Yes | ☐ No |
| | | ☐ Wet ☐ BM ☐ Dry | | ☐ Yes | ☐ BM ☐ Pee | ☐ No | ☐ Yes | ☐ No |
| | | ☐ Wet ☐ BM ☐ Dry | | ☐ Yes | ☐ BM ☐ Pee | ☐ No | ☐ Yes | ☐ No |
| | | ☐ Wet ☐ BM ☐ Dry | | ☐ Yes | ☐ BM ☐ Pee | ☐ No | ☐ Yes | ☐ No |
| | | ☐ Wet ☐ BM ☐ Dry | | ☐ Yes | ☐ BM ☐ Pee | ☐ No | ☐ Yes | ☐ No |
| | | ☐ Wet ☐ BM ☐ Dry | | ☐ Yes | ☐ BM ☐ Pee | ☐ No | ☐ Yes | ☐ No |
| | | ☐ Wet ☐ BM ☐ Dry | | ☐ Yes | ☐ BM ☐ Pee | ☐ No | ☐ Yes | ☐ No |
| | | ☐ Wet ☐ BM ☐ Dry | | ☐ Yes | ☐ BM ☐ Pee | ☐ No | ☐ Yes | ☐ No |
| | | ☐ Wet ☐ BM ☐ Dry | | ☐ Yes | ☐ BM ☐ Pee | ☐ No | ☐ Yes | ☐ No |
| | | ☐ Wet ☐ BM ☐ Dry | | ☐ Yes | ☐ BM ☐ Pee | ☐ No | ☐ Yes | ☐ No |
| | | ☐ Wet ☐ BM ☐ Dry | | ☐ Yes | ☐ BM ☐ Pee | ☐ No | ☐ Yes | ☐ No |
| | | ☐ Wet ☐ BM ☐ Dry | | ☐ Yes | ☐ BM ☐ Pee | ☐ No | ☐ Yes | ☐ No |

# Speech-Language Record Form

**Name:**                                 **Date:**

| New Word or Phrase | Tally | New Word or Phrase | Tally | New Word or Phrase | Tally |
|---|---|---|---|---|---|
|  |  |  |  |  |  |
|  |  |  |  |  |  |
|  |  |  |  |  |  |
|  |  |  |  |  |  |
|  |  |  |  |  |  |
|  |  |  |  |  |  |
|  |  |  |  |  |  |

## Behavioral Form

Name:                                                    Date:

| Before Behavior | Child's Negative Response/Behavior | | What Adult Did After Behavior |
|---|---|---|---|
| | Times Happened: | Average Time: | |
| | Times Happened: | Average Time: | |
| | Times Happened: | Average Time: | |
| | Times Happened: | Average Time: | |
| | Times Happened: | Average Time: | |
| | Times Happened: | Average Time: | |
| | Times Happened: | Average Time: | |
| | Times Happened: | Average Time: | |

# POTTY TIME CHART

* BM = bowel movement

| DATE | TIME | CHECK PANTS | | | TIME AT TOLIET | SUCCESS? | | | NEEDED HELP? | |
|---|---|---|---|---|---|---|---|---|---|---|
| | | ☐ Wet | ☐ BM | ☐ Dry | | ☐ Yes | ☐ BM ☐ Pee | ☐ No | ☐ Yes | ☐ No |
| | | ☐ Wet | ☐ BM | ☐ Dry | | ☐ Yes | ☐ BM ☐ Pee | ☐ No | ☐ Yes | ☐ No |
| | | ☐ Wet | ☐ BM | ☐ Dry | | ☐ Yes | ☐ BM ☐ Pee | ☐ No | ☐ Yes | ☐ No |
| | | ☐ Wet | ☐ BM | ☐ Dry | | ☐ Yes | ☐ BM ☐ Pee | ☐ No | ☐ Yes | ☐ No |
| | | ☐ Wet | ☐ BM | ☐ Dry | | ☐ Yes | ☐ BM ☐ Pee | ☐ No | ☐ Yes | ☐ No |
| | | ☐ Wet | ☐ BM | ☐ Dry | | ☐ Yes | ☐ BM ☐ Pee | ☐ No | ☐ Yes | ☐ No |
| | | ☐ Wet | ☐ BM | ☐ Dry | | ☐ Yes | ☐ BM ☐ Pee | ☐ No | ☐ Yes | ☐ No |
| | | ☐ Wet | ☐ BM | ☐ Dry | | ☐ Yes | ☐ BM ☐ Pee | ☐ No | ☐ Yes | ☐ No |
| | | ☐ Wet | ☐ BM | ☐ Dry | | ☐ Yes | ☐ BM ☐ Pee | ☐ No | ☐ Yes | ☐ No |
| | | ☐ Wet | ☐ BM | ☐ Dry | | ☐ Yes | ☐ BM ☐ Pee | ☐ No | ☐ Yes | ☐ No |
| | | ☐ Wet | ☐ BM | ☐ Dry | | ☐ Yes | ☐ BM ☐ Pee | ☐ No | ☐ Yes | ☐ No |
| | | ☐ Wet | ☐ BM | ☐ Dry | | ☐ Yes | ☐ BM ☐ Pee | ☐ No | ☐ Yes | ☐ No |
| | | ☐ Wet | ☐ BM | ☐ Dry | | ☐ Yes | ☐ BM ☐ Pee | ☐ No | ☐ Yes | ☐ No |
| | | ☐ Wet | ☐ BM | ☐ Dry | | ☐ Yes | ☐ BM ☐ Pee | ☐ No | ☐ Yes | ☐ No |
| | | ☐ Wet | ☐ BM | ☐ Dry | | ☐ Yes | ☐ BM ☐ Pee | ☐ No | ☐ Yes | ☐ No |
| | | ☐ Wet | ☐ BM | ☐ Dry | | ☐ Yes | ☐ BM ☐ Pee | ☐ No | ☐ Yes | ☐ No |
| | | ☐ Wet | ☐ BM | ☐ Dry | | ☐ Yes | ☐ BM ☐ Pee | ☐ No | ☐ Yes | ☐ No |
| | | ☐ Wet | ☐ BM | ☐ Dry | | ☐ Yes | ☐ BM ☐ Pee | ☐ No | ☐ Yes | ☐ No |
| | | ☐ Wet | ☐ BM | ☐ Dry | | ☐ Yes | ☐ BM ☐ Pee | ☐ No | ☐ Yes | ☐ No |
| | | ☐ Wet | ☐ BM | ☐ Dry | | ☐ Yes | ☐ BM ☐ Pee | ☐ No | ☐ Yes | ☐ No |

# Speech-Language Record Form

**Name:**                                         **Date:**

| New Word or Phrase | Tally | New Word or Phrase | Tally | New Word or Phrase | Tally |
|---|---|---|---|---|---|
|  |  |  |  |  |  |
|  |  |  |  |  |  |
|  |  |  |  |  |  |
|  |  |  |  |  |  |
|  |  |  |  |  |  |
|  |  |  |  |  |  |
|  |  |  |  |  |  |

## Behavioral Form

Name:                                           Date:

| Before Behavior | Child's Negative Response/Behavior | | What Adult Did After Behavior |
|---|---|---|---|
| | Times Happened: | Average Time: | |
| | Times Happened: | Average Time: | |
| | Times Happened: | Average Time: | |
| | Times Happened: | Average Time: | |
| | Times Happened: | Average Time: | |
| | Times Happened: | Average Time: | |
| | Times Happened: | Average Time: | |
| | Times Happened: | Average Time: | |
| | Times Happened: | Average Time: | |

# POTTY TIME CHART

* BM = bowel movement

| DATE | TIME | CHECK PANTS | | | TIME AT TOLIET | SUCCESS? | | | NEEDED HELP? | |
|---|---|---|---|---|---|---|---|---|---|---|
| | | ☐ Wet | ☐ BM | ☐ Dry | | ☐ Yes | ☐ BM ☐ Pee | ☐ No | ☐ Yes | ☐ No |
| | | ☐ Wet | ☐ BM | ☐ Dry | | ☐ Yes | ☐ BM ☐ Pee | ☐ No | ☐ Yes | ☐ No |
| | | ☐ Wet | ☐ BM | ☐ Dry | | ☐ Yes | ☐ BM ☐ Pee | ☐ No | ☐ Yes | ☐ No |
| | | ☐ Wet | ☐ BM | ☐ Dry | | ☐ Yes | ☐ BM ☐ Pee | ☐ No | ☐ Yes | ☐ No |
| | | ☐ Wet | ☐ BM | ☐ Dry | | ☐ Yes | ☐ BM ☐ Pee | ☐ No | ☐ Yes | ☐ No |
| | | ☐ Wet | ☐ BM | ☐ Dry | | ☐ Yes | ☐ BM ☐ Pee | ☐ No | ☐ Yes | ☐ No |
| | | ☐ Wet | ☐ BM | ☐ Dry | | ☐ Yes | ☐ BM ☐ Pee | ☐ No | ☐ Yes | ☐ No |
| | | ☐ Wet | ☐ BM | ☐ Dry | | ☐ Yes | ☐ BM ☐ Pee | ☐ No | ☐ Yes | ☐ No |
| | | ☐ Wet | ☐ BM | ☐ Dry | | ☐ Yes | ☐ BM ☐ Pee | ☐ No | ☐ Yes | ☐ No |
| | | ☐ Wet | ☐ BM | ☐ Dry | | ☐ Yes | ☐ BM ☐ Pee | ☐ No | ☐ Yes | ☐ No |
| | | ☐ Wet | ☐ BM | ☐ Dry | | ☐ Yes | ☐ BM ☐ Pee | ☐ No | ☐ Yes | ☐ No |
| | | ☐ Wet | ☐ BM | ☐ Dry | | ☐ Yes | ☐ BM ☐ Pee | ☐ No | ☐ Yes | ☐ No |
| | | ☐ Wet | ☐ BM | ☐ Dry | | ☐ Yes | ☐ BM ☐ Pee | ☐ No | ☐ Yes | ☐ No |
| | | ☐ Wet | ☐ BM | ☐ Dry | | ☐ Yes | ☐ BM ☐ Pee | ☐ No | ☐ Yes | ☐ No |
| | | ☐ Wet | ☐ BM | ☐ Dry | | ☐ Yes | ☐ BM ☐ Pee | ☐ No | ☐ Yes | ☐ No |
| | | ☐ Wet | ☐ BM | ☐ Dry | | ☐ Yes | ☐ BM ☐ Pee | ☐ No | ☐ Yes | ☐ No |
| | | ☐ Wet | ☐ BM | ☐ Dry | | ☐ Yes | ☐ BM ☐ Pee | ☐ No | ☐ Yes | ☐ No |
| | | ☐ Wet | ☐ BM | ☐ Dry | | ☐ Yes | ☐ BM ☐ Pee | ☐ No | ☐ Yes | ☐ No |
| | | ☐ Wet | ☐ BM | ☐ Dry | | ☐ Yes | ☐ BM ☐ Pee | ☐ No | ☐ Yes | ☐ No |
| | | ☐ Wet | ☐ BM | ☐ Dry | | ☐ Yes | ☐ BM ☐ Pee | ☐ No | ☐ Yes | ☐ No |
| | | ☐ Wet | ☐ BM | ☐ Dry | | ☐ Yes | ☐ BM ☐ Pee | ☐ No | ☐ Yes | ☐ No |

# Speech-Language Record Form

**Name:**                                   **Date:**

| New Word or Phrase | Tally | New Word or Phrase | Tally | New Word or Phrase | Tally |
|---|---|---|---|---|---|
|  |  |  |  |  |  |
|  |  |  |  |  |  |
|  |  |  |  |  |  |
|  |  |  |  |  |  |
|  |  |  |  |  |  |
|  |  |  |  |  |  |
|  |  |  |  |  |  |

# Day 44.
## Behavioral Form

Name:                  Date:

| Before Behavior | Child's Negative Response/Behavior | What Adult Did After Behavior |
|---|---|---|
| | Times Happened:   Average Time: | |
| | Times Happened:   Average Time: | |
| | Times Happened:   Average Time: | |
| | Times Happened:   Average Time: | |
| | Times Happened:   Average Time: | |
| | Times Happened:   Average Time: | |
| | Times Happened:   Average Time: | |
| | Times Happened:   Average Time: | |

# POTTY TIME CHART

*BM = bowel movement

| DATE | TIME | CHECK PANTS | | | TIME AT TOLIET | SUCCESS? | | | NEEDED HELP? | |
|---|---|---|---|---|---|---|---|---|---|---|
| | | ☐ Wet | ☐ BM | ☐ Dry | | ☐ Yes | ☐ BM ☐ Pee | ☐ No | ☐ Yes | ☐ No |
| | | ☐ Wet | ☐ BM | ☐ Dry | | ☐ Yes | ☐ BM ☐ Pee | ☐ No | ☐ Yes | ☐ No |
| | | ☐ Wet | ☐ BM | ☐ Dry | | ☐ Yes | ☐ BM ☐ Pee | ☐ No | ☐ Yes | ☐ No |
| | | ☐ Wet | ☐ BM | ☐ Dry | | ☐ Yes | ☐ BM ☐ Pee | ☐ No | ☐ Yes | ☐ No |
| | | ☐ Wet | ☐ BM | ☐ Dry | | ☐ Yes | ☐ BM ☐ Pee | ☐ No | ☐ Yes | ☐ No |
| | | ☐ Wet | ☐ BM | ☐ Dry | | ☐ Yes | ☐ BM ☐ Pee | ☐ No | ☐ Yes | ☐ No |
| | | ☐ Wet | ☐ BM | ☐ Dry | | ☐ Yes | ☐ BM ☐ Pee | ☐ No | ☐ Yes | ☐ No |
| | | ☐ Wet | ☐ BM | ☐ Dry | | ☐ Yes | ☐ BM ☐ Pee | ☐ No | ☐ Yes | ☐ No |
| | | ☐ Wet | ☐ BM | ☐ Dry | | ☐ Yes | ☐ BM ☐ Pee | ☐ No | ☐ Yes | ☐ No |
| | | ☐ Wet | ☐ BM | ☐ Dry | | ☐ Yes | ☐ BM ☐ Pee | ☐ No | ☐ Yes | ☐ No |
| | | ☐ Wet | ☐ BM | ☐ Dry | | ☐ Yes | ☐ BM ☐ Pee | ☐ No | ☐ Yes | ☐ No |
| | | ☐ Wet | ☐ BM | ☐ Dry | | ☐ Yes | ☐ BM ☐ Pee | ☐ No | ☐ Yes | ☐ No |
| | | ☐ Wet | ☐ BM | ☐ Dry | | ☐ Yes | ☐ BM ☐ Pee | ☐ No | ☐ Yes | ☐ No |
| | | ☐ Wet | ☐ BM | ☐ Dry | | ☐ Yes | ☐ BM ☐ Pee | ☐ No | ☐ Yes | ☐ No |
| | | ☐ Wet | ☐ BM | ☐ Dry | | ☐ Yes | ☐ BM ☐ Pee | ☐ No | ☐ Yes | ☐ No |
| | | ☐ Wet | ☐ BM | ☐ Dry | | ☐ Yes | ☐ BM ☐ Pee | ☐ No | ☐ Yes | ☐ No |
| | | ☐ Wet | ☐ BM | ☐ Dry | | ☐ Yes | ☐ BM ☐ Pee | ☐ No | ☐ Yes | ☐ No |
| | | ☐ Wet | ☐ BM | ☐ Dry | | ☐ Yes | ☐ BM ☐ Pee | ☐ No | ☐ Yes | ☐ No |
| | | ☐ Wet | ☐ BM | ☐ Dry | | ☐ Yes | ☐ BM ☐ Pee | ☐ No | ☐ Yes | ☐ No |
| | | ☐ Wet | ☐ BM | ☐ Dry | | ☐ Yes | ☐ BM ☐ Pee | ☐ No | ☐ Yes | ☐ No |

# Speech-Language Record Form

**Name:**             **Date:**

| New Word or Phrase | Tally | New Word or Phrase | Tally | New Word or Phrase | Tally |
|---|---|---|---|---|---|
|  |  |  |  |  |  |
|  |  |  |  |  |  |
|  |  |  |  |  |  |
|  |  |  |  |  |  |
|  |  |  |  |  |  |
|  |  |  |  |  |  |
|  |  |  |  |  |  |

# Behavioral Form

Name:                                                                 Date:

| Before Behavior | Child's Negative Response/Behavior | | What Adult Did After Behavior |
|---|---|---|---|
| | Times Happened: | Average Time: | |
| | Times Happened: | Average Time: | |
| | Times Happened: | Average Time: | |
| | Times Happened: | Average Time: | |
| | Times Happened: | Average Time: | |
| | Times Happened: | Average Time: | |
| | Times Happened: | Average Time: | |
| | Times Happened: | Average Time: | |
| | Times Happened: | Average Time: | |

# POTTY TIME CHART

* BM = bowel movement

| DATE | TIME | CHECK PANTS | | | TIME AT TOLIET | SUCCESS? | | | NEEDED HELP? | |
|---|---|---|---|---|---|---|---|---|---|---|
| | | ☐ Wet | ☐ BM | ☐ Dry | | ☐ Yes | ☐ BM ☐ Pee | ☐ No | ☐ Yes | ☐ No |
| | | ☐ Wet | ☐ BM | ☐ Dry | | ☐ Yes | ☐ BM ☐ Pee | ☐ No | ☐ Yes | ☐ No |
| | | ☐ Wet | ☐ BM | ☐ Dry | | ☐ Yes | ☐ BM ☐ Pee | ☐ No | ☐ Yes | ☐ No |
| | | ☐ Wet | ☐ BM | ☐ Dry | | ☐ Yes | ☐ BM ☐ Pee | ☐ No | ☐ Yes | ☐ No |
| | | ☐ Wet | ☐ BM | ☐ Dry | | ☐ Yes | ☐ BM ☐ Pee | ☐ No | ☐ Yes | ☐ No |
| | | ☐ Wet | ☐ BM | ☐ Dry | | ☐ Yes | ☐ BM ☐ Pee | ☐ No | ☐ Yes | ☐ No |
| | | ☐ Wet | ☐ BM | ☐ Dry | | ☐ Yes | ☐ BM ☐ Pee | ☐ No | ☐ Yes | ☐ No |
| | | ☐ Wet | ☐ BM | ☐ Dry | | ☐ Yes | ☐ BM ☐ Pee | ☐ No | ☐ Yes | ☐ No |
| | | ☐ Wet | ☐ BM | ☐ Dry | | ☐ Yes | ☐ BM ☐ Pee | ☐ No | ☐ Yes | ☐ No |
| | | ☐ Wet | ☐ BM | ☐ Dry | | ☐ Yes | ☐ BM ☐ Pee | ☐ No | ☐ Yes | ☐ No |
| | | ☐ Wet | ☐ BM | ☐ Dry | | ☐ Yes | ☐ BM ☐ Pee | ☐ No | ☐ Yes | ☐ No |
| | | ☐ Wet | ☐ BM | ☐ Dry | | ☐ Yes | ☐ BM ☐ Pee | ☐ No | ☐ Yes | ☐ No |
| | | ☐ Wet | ☐ BM | ☐ Dry | | ☐ Yes | ☐ BM ☐ Pee | ☐ No | ☐ Yes | ☐ No |
| | | ☐ Wet | ☐ BM | ☐ Dry | | ☐ Yes | ☐ BM ☐ Pee | ☐ No | ☐ Yes | ☐ No |
| | | ☐ Wet | ☐ BM | ☐ Dry | | ☐ Yes | ☐ BM ☐ Pee | ☐ No | ☐ Yes | ☐ No |
| | | ☐ Wet | ☐ BM | ☐ Dry | | ☐ Yes | ☐ BM ☐ Pee | ☐ No | ☐ Yes | ☐ No |
| | | ☐ Wet | ☐ BM | ☐ Dry | | ☐ Yes | ☐ BM ☐ Pee | ☐ No | ☐ Yes | ☐ No |
| | | ☐ Wet | ☐ BM | ☐ Dry | | ☐ Yes | ☐ BM ☐ Pee | ☐ No | ☐ Yes | ☐ No |
| | | ☐ Wet | ☐ BM | ☐ Dry | | ☐ Yes | ☐ BM ☐ Pee | ☐ No | ☐ Yes | ☐ No |
| | | ☐ Wet | ☐ BM | ☐ Dry | | ☐ Yes | ☐ BM ☐ Pee | ☐ No | ☐ Yes | ☐ No |
| | | ☐ Wet | ☐ BM | ☐ Dry | | ☐ Yes | ☐ BM ☐ Pee | ☐ No | ☐ Yes | ☐ No |

# Speech-Language Record Form

**Name:**                                                  **Date:**

| New Word or Phrase | Tally | New Word or Phrase | Tally | New Word or Phrase | Tally |
|---|---|---|---|---|---|
|  |  |  |  |  |  |
|  |  |  |  |  |  |
|  |  |  |  |  |  |
|  |  |  |  |  |  |
|  |  |  |  |  |  |
|  |  |  |  |  |  |
|  |  |  |  |  |  |

## Behavioral Form

Name:                                    Date:

| Before Behavior | Child's Negative Response/Behavior | | What Adult Did After Behavior |
|---|---|---|---|
| | Times Happened: | Average Time: | |
| | Times Happened: | Average Time: | |
| | Times Happened: | Average Time: | |
| | Times Happened: | Average Time: | |
| | Times Happened: | Average Time: | |
| | Times Happened: | Average Time: | |
| | Times Happened: | Average Time: | |
| | Times Happened: | Average Time: | |

# POTTY TIME CHART

* BM = bowel movement

| DATE | TIME | CHECK PANTS | TIME AT TOLIET | SUCCESS? | | | NEEDED HELP? | |
|------|------|-------------|----------------|----------|---|---|--------------|---|
| | | ☐ Wet  ☐ BM  ☐ Dry | | ☐ Yes | ☐ BM<br>☐ Pee | ☐ No | ☐ Yes | ☐ No |
| | | ☐ Wet  ☐ BM  ☐ Dry | | ☐ Yes | ☐ BM<br>☐ Pee | ☐ No | ☐ Yes | ☐ No |
| | | ☐ Wet  ☐ BM  ☐ Dry | | ☐ Yes | ☐ BM<br>☐ Pee | ☐ No | ☐ Yes | ☐ No |
| | | ☐ Wet  ☐ BM  ☐ Dry | | ☐ Yes | ☐ BM<br>☐ Pee | ☐ No | ☐ Yes | ☐ No |
| | | ☐ Wet  ☐ BM  ☐ Dry | | ☐ Yes | ☐ BM<br>☐ Pee | ☐ No | ☐ Yes | ☐ No |
| | | ☐ Wet  ☐ BM  ☐ Dry | | ☐ Yes | ☐ BM<br>☐ Pee | ☐ No | ☐ Yes | ☐ No |
| | | ☐ Wet  ☐ BM  ☐ Dry | | ☐ Yes | ☐ BM<br>☐ Pee | ☐ No | ☐ Yes | ☐ No |
| | | ☐ Wet  ☐ BM  ☐ Dry | | ☐ Yes | ☐ BM<br>☐ Pee | ☐ No | ☐ Yes | ☐ No |
| | | ☐ Wet  ☐ BM  ☐ Dry | | ☐ Yes | ☐ BM<br>☐ Pee | ☐ No | ☐ Yes | ☐ No |
| | | ☐ Wet  ☐ BM  ☐ Dry | | ☐ Yes | ☐ BM<br>☐ Pee | ☐ No | ☐ Yes | ☐ No |
| | | ☐ Wet  ☐ BM  ☐ Dry | | ☐ Yes | ☐ BM<br>☐ Pee | ☐ No | ☐ Yes | ☐ No |
| | | ☐ Wet  ☐ BM  ☐ Dry | | ☐ Yes | ☐ BM<br>☐ Pee | ☐ No | ☐ Yes | ☐ No |
| | | ☐ Wet  ☐ BM  ☐ Dry | | ☐ Yes | ☐ BM<br>☐ Pee | ☐ No | ☐ Yes | ☐ No |
| | | ☐ Wet  ☐ BM  ☐ Dry | | ☐ Yes | ☐ BM<br>☐ Pee | ☐ No | ☐ Yes | ☐ No |
| | | ☐ Wet  ☐ BM  ☐ Dry | | ☐ Yes | ☐ BM<br>☐ Pee | ☐ No | ☐ Yes | ☐ No |
| | | ☐ Wet  ☐ BM  ☐ Dry | | ☐ Yes | ☐ BM<br>☐ Pee | ☐ No | ☐ Yes | ☐ No |
| | | ☐ Wet  ☐ BM  ☐ Dry | | ☐ Yes | ☐ BM<br>☐ Pee | ☐ No | ☐ Yes | ☐ No |
| | | ☐ Wet  ☐ BM  ☐ Dry | | ☐ Yes | ☐ BM<br>☐ Pee | ☐ No | ☐ Yes | ☐ No |
| | | ☐ Wet  ☐ BM  ☐ Dry | | ☐ Yes | ☐ BM<br>☐ Pee | ☐ No | ☐ Yes | ☐ No |
| | | ☐ Wet  ☐ BM  ☐ Dry | | ☐ Yes | ☐ BM<br>☐ Pee | ☐ No | ☐ Yes | ☐ No |

# Speech-Language Record Form

**Name:**          **Date:**

| New Word or Phrase | Tally | New Word or Phrase | Tally | New Word or Phrase | Tally |
|---|---|---|---|---|---|
|  |  |  |  |  |  |
|  |  |  |  |  |  |
|  |  |  |  |  |  |
|  |  |  |  |  |  |
|  |  |  |  |  |  |
|  |  |  |  |  |  |
|  |  |  |  |  |  |

## Behavioral Form

Name:                                                        Date:

| Before Behavior | Child's Negative Response/Behavior | | What Adult Did After Behavior |
|---|---|---|---|
| | Times Happened: | Average Time: | |
| | Times Happened: | Average Time: | |
| | Times Happened: | Average Time: | |
| | Times Happened: | Average Time: | |
| | Times Happened: | Average Time: | |
| | Times Happened: | Average Time: | |
| | Times Happened: | Average Time: | |
| | Times Happened: | Average Time: | |
| | Times Happened: | Average Time: | |

# POTTY TIME CHART

* BM = bowel movement

| DATE | TIME | CHECK PANTS | | | TIME AT TOLIET | SUCCESS? | | | NEEDED HELP? | |
|------|------|------|------|------|------|------|------|------|------|------|
| | | ☐ Wet | ☐ BM | ☐ Dry | | ☐ Yes | ☐ BM ☐ Pee | ☐ No | ☐ Yes | ☐ No |
| | | ☐ Wet | ☐ BM | ☐ Dry | | ☐ Yes | ☐ BM ☐ Pee | ☐ No | ☐ Yes | ☐ No |
| | | ☐ Wet | ☐ BM | ☐ Dry | | ☐ Yes | ☐ BM ☐ Pee | ☐ No | ☐ Yes | ☐ No |
| | | ☐ Wet | ☐ BM | ☐ Dry | | ☐ Yes | ☐ BM ☐ Pee | ☐ No | ☐ Yes | ☐ No |
| | | ☐ Wet | ☐ BM | ☐ Dry | | ☐ Yes | ☐ BM ☐ Pee | ☐ No | ☐ Yes | ☐ No |
| | | ☐ Wet | ☐ BM | ☐ Dry | | ☐ Yes | ☐ BM ☐ Pee | ☐ No | ☐ Yes | ☐ No |
| | | ☐ Wet | ☐ BM | ☐ Dry | | ☐ Yes | ☐ BM ☐ Pee | ☐ No | ☐ Yes | ☐ No |
| | | ☐ Wet | ☐ BM | ☐ Dry | | ☐ Yes | ☐ BM ☐ Pee | ☐ No | ☐ Yes | ☐ No |
| | | ☐ Wet | ☐ BM | ☐ Dry | | ☐ Yes | ☐ BM ☐ Pee | ☐ No | ☐ Yes | ☐ No |
| | | ☐ Wet | ☐ BM | ☐ Dry | | ☐ Yes | ☐ BM ☐ Pee | ☐ No | ☐ Yes | ☐ No |
| | | ☐ Wet | ☐ BM | ☐ Dry | | ☐ Yes | ☐ BM ☐ Pee | ☐ No | ☐ Yes | ☐ No |
| | | ☐ Wet | ☐ BM | ☐ Dry | | ☐ Yes | ☐ BM ☐ Pee | ☐ No | ☐ Yes | ☐ No |
| | | ☐ Wet | ☐ BM | ☐ Dry | | ☐ Yes | ☐ BM ☐ Pee | ☐ No | ☐ Yes | ☐ No |
| | | ☐ Wet | ☐ BM | ☐ Dry | | ☐ Yes | ☐ BM ☐ Pee | ☐ No | ☐ Yes | ☐ No |
| | | ☐ Wet | ☐ BM | ☐ Dry | | ☐ Yes | ☐ BM ☐ Pee | ☐ No | ☐ Yes | ☐ No |
| | | ☐ Wet | ☐ BM | ☐ Dry | | ☐ Yes | ☐ BM ☐ Pee | ☐ No | ☐ Yes | ☐ No |
| | | ☐ Wet | ☐ BM | ☐ Dry | | ☐ Yes | ☐ BM ☐ Pee | ☐ No | ☐ Yes | ☐ No |
| | | ☐ Wet | ☐ BM | ☐ Dry | | ☐ Yes | ☐ BM ☐ Pee | ☐ No | ☐ Yes | ☐ No |
| | | ☐ Wet | ☐ BM | ☐ Dry | | ☐ Yes | ☐ BM ☐ Pee | ☐ No | ☐ Yes | ☐ No |
| | | ☐ Wet | ☐ BM | ☐ Dry | | ☐ Yes | ☐ BM ☐ Pee | ☐ No | ☐ Yes | ☐ No |
| | | ☐ Wet | ☐ BM | ☐ Dry | | ☐ Yes | ☐ BM ☐ Pee | ☐ No | ☐ Yes | ☐ No |

# Speech-Language Record Form

**Name:**                                       **Date:**

| New Word or Phrase | Tally | New Word or Phrase | Tally | New Word or Phrase | Tally |
|---|---|---|---|---|---|
|  |  |  |  |  |  |
|  |  |  |  |  |  |
|  |  |  |  |  |  |
|  |  |  |  |  |  |
|  |  |  |  |  |  |
|  |  |  |  |  |  |
|  |  |  |  |  |  |

# Day 48.

## Behavioral Form

Name:                             Date:

| Before Behavior | Child's Negative Response/Behavior | | What Adult Did After Behavior |
|---|---|---|---|
| | Times Happened: | Average Time: | |
| | Times Happened: | Average Time: | |
| | Times Happened: | Average Time: | |
| | Times Happened: | Average Time: | |
| | Times Happened: | Average Time: | |
| | Times Happened: | Average Time: | |
| | Times Happened: | Average Time: | |
| | Times Happened: | Average Time: | |
| | Times Happened: | Average Time: | |

# POTTY TIME CHART

* BM = bowel movement

| DATE | TIME | CHECK PANTS | | | TIME AT TOLIET | SUCCESS? | | | NEEDED HELP? | |
|------|------|------|------|------|------|------|------|------|------|------|
| | | ☐ Wet | ☐ BM | ☐ Dry | | ☐ Yes | ☐ BM ☐ Pee | ☐ No | ☐ Yes | ☐ No |
| | | ☐ Wet | ☐ BM | ☐ Dry | | ☐ Yes | ☐ BM ☐ Pee | ☐ No | ☐ Yes | ☐ No |
| | | ☐ Wet | ☐ BM | ☐ Dry | | ☐ Yes | ☐ BM ☐ Pee | ☐ No | ☐ Yes | ☐ No |
| | | ☐ Wet | ☐ BM | ☐ Dry | | ☐ Yes | ☐ BM ☐ Pee | ☐ No | ☐ Yes | ☐ No |
| | | ☐ Wet | ☐ BM | ☐ Dry | | ☐ Yes | ☐ BM ☐ Pee | ☐ No | ☐ Yes | ☐ No |
| | | ☐ Wet | ☐ BM | ☐ Dry | | ☐ Yes | ☐ BM ☐ Pee | ☐ No | ☐ Yes | ☐ No |
| | | ☐ Wet | ☐ BM | ☐ Dry | | ☐ Yes | ☐ BM ☐ Pee | ☐ No | ☐ Yes | ☐ No |
| | | ☐ Wet | ☐ BM | ☐ Dry | | ☐ Yes | ☐ BM ☐ Pee | ☐ No | ☐ Yes | ☐ No |
| | | ☐ Wet | ☐ BM | ☐ Dry | | ☐ Yes | ☐ BM ☐ Pee | ☐ No | ☐ Yes | ☐ No |
| | | ☐ Wet | ☐ BM | ☐ Dry | | ☐ Yes | ☐ BM ☐ Pee | ☐ No | ☐ Yes | ☐ No |
| | | ☐ Wet | ☐ BM | ☐ Dry | | ☐ Yes | ☐ BM ☐ Pee | ☐ No | ☐ Yes | ☐ No |
| | | ☐ Wet | ☐ BM | ☐ Dry | | ☐ Yes | ☐ BM ☐ Pee | ☐ No | ☐ Yes | ☐ No |
| | | ☐ Wet | ☐ BM | ☐ Dry | | ☐ Yes | ☐ BM ☐ Pee | ☐ No | ☐ Yes | ☐ No |
| | | ☐ Wet | ☐ BM | ☐ Dry | | ☐ Yes | ☐ BM ☐ Pee | ☐ No | ☐ Yes | ☐ No |
| | | ☐ Wet | ☐ BM | ☐ Dry | | ☐ Yes | ☐ BM ☐ Pee | ☐ No | ☐ Yes | ☐ No |
| | | ☐ Wet | ☐ BM | ☐ Dry | | ☐ Yes | ☐ BM ☐ Pee | ☐ No | ☐ Yes | ☐ No |
| | | ☐ Wet | ☐ BM | ☐ Dry | | ☐ Yes | ☐ BM ☐ Pee | ☐ No | ☐ Yes | ☐ No |
| | | ☐ Wet | ☐ BM | ☐ Dry | | ☐ Yes | ☐ BM ☐ Pee | ☐ No | ☐ Yes | ☐ No |
| | | ☐ Wet | ☐ BM | ☐ Dry | | ☐ Yes | ☐ BM ☐ Pee | ☐ No | ☐ Yes | ☐ No |
| | | ☐ Wet | ☐ BM | ☐ Dry | | ☐ Yes | ☐ BM ☐ Pee | ☐ No | ☐ Yes | ☐ No |
| | | ☐ Wet | ☐ BM | ☐ Dry | | ☐ Yes | ☐ BM ☐ Pee | ☐ No | ☐ Yes | ☐ No |

# Speech-Language Record Form

**Name:**                                         **Date:**

| New Word or Phrase | Tally | New Word or Phrase | Tally | New Word or Phrase | Tally |
|---|---|---|---|---|---|
| | | | | | |
| | | | | | |
| | | | | | |
| | | | | | |
| | | | | | |
| | | | | | |
| | | | | | |

## Behavioral Form

Name: _____     Date: _____

| Before Behavior | Child's Negative Response/Behavior | | What Adult Did After Behavior |
|---|---|---|---|
| | Times Happened: ☐ | Average Time: ☐ | |
| | Times Happened: ☐ | Average Time: ☐ | |
| | Times Happened: ☐ | Average Time: ☐ | |
| | Times Happened: ☐ | Average Time: ☐ | |
| | Times Happened: ☐ | Average Time: ☐ | |
| | Times Happened: ☐ | Average Time: ☐ | |
| | Times Happened: ☐ | Average Time: ☐ | |
| | Times Happened: ☐ | Average Time: ☐ | |

# POTTY TIME CHART

* BM = bowel movement

| DATE | TIME | CHECK PANTS | TIME AT TOLIET | SUCCESS? | | | NEEDED HELP? | |
|---|---|---|---|---|---|---|---|---|
| | | ☐ Wet  ☐ BM  ☐ Dry | | ☐ Yes | ☐ BM ☐ Pee | ☐ No | ☐ Yes | ☐ No |
| | | ☐ Wet  ☐ BM  ☐ Dry | | ☐ Yes | ☐ BM ☐ Pee | ☐ No | ☐ Yes | ☐ No |
| | | ☐ Wet  ☐ BM  ☐ Dry | | ☐ Yes | ☐ BM ☐ Pee | ☐ No | ☐ Yes | ☐ No |
| | | ☐ Wet  ☐ BM  ☐ Dry | | ☐ Yes | ☐ BM ☐ Pee | ☐ No | ☐ Yes | ☐ No |
| | | ☐ Wet  ☐ BM  ☐ Dry | | ☐ Yes | ☐ BM ☐ Pee | ☐ No | ☐ Yes | ☐ No |
| | | ☐ Wet  ☐ BM  ☐ Dry | | ☐ Yes | ☐ BM ☐ Pee | ☐ No | ☐ Yes | ☐ No |
| | | ☐ Wet  ☐ BM  ☐ Dry | | ☐ Yes | ☐ BM ☐ Pee | ☐ No | ☐ Yes | ☐ No |
| | | ☐ Wet  ☐ BM  ☐ Dry | | ☐ Yes | ☐ BM ☐ Pee | ☐ No | ☐ Yes | ☐ No |
| | | ☐ Wet  ☐ BM  ☐ Dry | | ☐ Yes | ☐ BM ☐ Pee | ☐ No | ☐ Yes | ☐ No |
| | | ☐ Wet  ☐ BM  ☐ Dry | | ☐ Yes | ☐ BM ☐ Pee | ☐ No | ☐ Yes | ☐ No |
| | | ☐ Wet  ☐ BM  ☐ Dry | | ☐ Yes | ☐ BM ☐ Pee | ☐ No | ☐ Yes | ☐ No |
| | | ☐ Wet  ☐ BM  ☐ Dry | | ☐ Yes | ☐ BM ☐ Pee | ☐ No | ☐ Yes | ☐ No |
| | | ☐ Wet  ☐ BM  ☐ Dry | | ☐ Yes | ☐ BM ☐ Pee | ☐ No | ☐ Yes | ☐ No |
| | | ☐ Wet  ☐ BM  ☐ Dry | | ☐ Yes | ☐ BM ☐ Pee | ☐ No | ☐ Yes | ☐ No |
| | | ☐ Wet  ☐ BM  ☐ Dry | | ☐ Yes | ☐ BM ☐ Pee | ☐ No | ☐ Yes | ☐ No |
| | | ☐ Wet  ☐ BM  ☐ Dry | | ☐ Yes | ☐ BM ☐ Pee | ☐ No | ☐ Yes | ☐ No |
| | | ☐ Wet  ☐ BM  ☐ Dry | | ☐ Yes | ☐ BM ☐ Pee | ☐ No | ☐ Yes | ☐ No |
| | | ☐ Wet  ☐ BM  ☐ Dry | | ☐ Yes | ☐ BM ☐ Pee | ☐ No | ☐ Yes | ☐ No |
| | | ☐ Wet  ☐ BM  ☐ Dry | | ☐ Yes | ☐ BM ☐ Pee | ☐ No | ☐ Yes | ☐ No |
| | | ☐ Wet  ☐ BM  ☐ Dry | | ☐ Yes | ☐ BM ☐ Pee | ☐ No | ☐ Yes | ☐ No |
| | | ☐ Wet  ☐ BM  ☐ Dry | | ☐ Yes | ☐ BM ☐ Pee | ☐ No | ☐ Yes | ☐ No |

# Speech-Language Record Form

Name:                                                    Date:

| New Word or Phrase | Tally | New Word or Phrase | Tally | New Word or Phrase | Tally |
|---|---|---|---|---|---|
|  |  |  |  |  |  |
|  |  |  |  |  |  |
|  |  |  |  |  |  |
|  |  |  |  |  |  |
|  |  |  |  |  |  |
|  |  |  |  |  |  |
|  |  |  |  |  |  |

### Behavioral Form

Name:                                    Date:

| Before Behavior | Child's Negative Response/Behavior | | What Adult Did After Behavior |
|---|---|---|---|
| | Times Happened: | Average Time: | |
| | Times Happened: | Average Time: | |
| | Times Happened: | Average Time: | |
| | Times Happened: | Average Time: | |
| | Times Happened: | Average Time: | |
| | Times Happened: | Average Time: | |
| | Times Happened: | Average Time: | |
| | Times Happened: | Average Time: | |
| | Times Happened: | Average Time: | |

# POTTY TIME CHART

* BM = bowel movement

| DATE | TIME | CHECK PANTS | | | TIME AT TOLIET | SUCCESS? | | | NEEDED HELP? | |
|---|---|---|---|---|---|---|---|---|---|---|
| | | ☐ Wet | ☐ BM | ☐ Dry | | ☐ Yes | ☐ BM<br>☐ Pee | ☐ No | ☐ Yes | ☐ No |
| | | ☐ Wet | ☐ BM | ☐ Dry | | ☐ Yes | ☐ BM<br>☐ Pee | ☐ No | ☐ Yes | ☐ No |
| | | ☐ Wet | ☐ BM | ☐ Dry | | ☐ Yes | ☐ BM<br>☐ Pee | ☐ No | ☐ Yes | ☐ No |
| | | ☐ Wet | ☐ BM | ☐ Dry | | ☐ Yes | ☐ BM<br>☐ Pee | ☐ No | ☐ Yes | ☐ No |
| | | ☐ Wet | ☐ BM | ☐ Dry | | ☐ Yes | ☐ BM<br>☐ Pee | ☐ No | ☐ Yes | ☐ No |
| | | ☐ Wet | ☐ BM | ☐ Dry | | ☐ Yes | ☐ BM<br>☐ Pee | ☐ No | ☐ Yes | ☐ No |
| | | ☐ Wet | ☐ BM | ☐ Dry | | ☐ Yes | ☐ BM<br>☐ Pee | ☐ No | ☐ Yes | ☐ No |
| | | ☐ Wet | ☐ BM | ☐ Dry | | ☐ Yes | ☐ BM<br>☐ Pee | ☐ No | ☐ Yes | ☐ No |
| | | ☐ Wet | ☐ BM | ☐ Dry | | ☐ Yes | ☐ BM<br>☐ Pee | ☐ No | ☐ Yes | ☐ No |
| | | ☐ Wet | ☐ BM | ☐ Dry | | ☐ Yes | ☐ BM<br>☐ Pee | ☐ No | ☐ Yes | ☐ No |
| | | ☐ Wet | ☐ BM | ☐ Dry | | ☐ Yes | ☐ BM<br>☐ Pee | ☐ No | ☐ Yes | ☐ No |
| | | ☐ Wet | ☐ BM | ☐ Dry | | ☐ Yes | ☐ BM<br>☐ Pee | ☐ No | ☐ Yes | ☐ No |
| | | ☐ Wet | ☐ BM | ☐ Dry | | ☐ Yes | ☐ BM<br>☐ Pee | ☐ No | ☐ Yes | ☐ No |
| | | ☐ Wet | ☐ BM | ☐ Dry | | ☐ Yes | ☐ BM<br>☐ Pee | ☐ No | ☐ Yes | ☐ No |
| | | ☐ Wet | ☐ BM | ☐ Dry | | ☐ Yes | ☐ BM<br>☐ Pee | ☐ No | ☐ Yes | ☐ No |
| | | ☐ Wet | ☐ BM | ☐ Dry | | ☐ Yes | ☐ BM<br>☐ Pee | ☐ No | ☐ Yes | ☐ No |
| | | ☐ Wet | ☐ BM | ☐ Dry | | ☐ Yes | ☐ BM<br>☐ Pee | ☐ No | ☐ Yes | ☐ No |
| | | ☐ Wet | ☐ BM | ☐ Dry | | ☐ Yes | ☐ BM<br>☐ Pee | ☐ No | ☐ Yes | ☐ No |
| | | ☐ Wet | ☐ BM | ☐ Dry | | ☐ Yes | ☐ BM<br>☐ Pee | ☐ No | ☐ Yes | ☐ No |
| | | ☐ Wet | ☐ BM | ☐ Dry | | ☐ Yes | ☐ BM<br>☐ Pee | ☐ No | ☐ Yes | ☐ No |

# Speech-Language Record Form

**Name:**                                **Date:**

| New Word or Phrase | Tally | New Word or Phrase | Tally | New Word or Phrase | Tally |
|---|---|---|---|---|---|
|  |  |  |  |  |  |
|  |  |  |  |  |  |
|  |  |  |  |  |  |
|  |  |  |  |  |  |
|  |  |  |  |  |  |
|  |  |  |  |  |  |
|  |  |  |  |  |  |

## Behavioral Form

Name:                                           Date:

| Before Behavior | Child's Negative Response/Behavior | | What Adult Did After Behavior |
|---|---|---|---|
| | Times Happened: | Average Time: | |
| | Times Happened: | Average Time: | |
| | Times Happened: | Average Time: | |
| | Times Happened: | Average Time: | |
| | Times Happened: | Average Time: | |
| | Times Happened: | Average Time: | |
| | Times Happened: | Average Time: | |
| | Times Happened: | Average Time: | |

# POTTY TIME CHART

* BM = bowel movement

| DATE | TIME | CHECK PANTS | TIME AT TOLIET | SUCCESS? | | | NEEDED HELP? | |
|------|------|-------------|----------------|----------|---|---|--------------|---|
| | | ☐ Wet ☐ BM ☐ Dry | | ☐ Yes | ☐ BM ☐ Pee | ☐ No | ☐ Yes | ☐ No |
| | | ☐ Wet ☐ BM ☐ Dry | | ☐ Yes | ☐ BM ☐ Pee | ☐ No | ☐ Yes | ☐ No |
| | | ☐ Wet ☐ BM ☐ Dry | | ☐ Yes | ☐ BM ☐ Pee | ☐ No | ☐ Yes | ☐ No |
| | | ☐ Wet ☐ BM ☐ Dry | | ☐ Yes | ☐ BM ☐ Pee | ☐ No | ☐ Yes | ☐ No |
| | | ☐ Wet ☐ BM ☐ Dry | | ☐ Yes | ☐ BM ☐ Pee | ☐ No | ☐ Yes | ☐ No |
| | | ☐ Wet ☐ BM ☐ Dry | | ☐ Yes | ☐ BM ☐ Pee | ☐ No | ☐ Yes | ☐ No |
| | | ☐ Wet ☐ BM ☐ Dry | | ☐ Yes | ☐ BM ☐ Pee | ☐ No | ☐ Yes | ☐ No |
| | | ☐ Wet ☐ BM ☐ Dry | | ☐ Yes | ☐ BM ☐ Pee | ☐ No | ☐ Yes | ☐ No |
| | | ☐ Wet ☐ BM ☐ Dry | | ☐ Yes | ☐ BM ☐ Pee | ☐ No | ☐ Yes | ☐ No |
| | | ☐ Wet ☐ BM ☐ Dry | | ☐ Yes | ☐ BM ☐ Pee | ☐ No | ☐ Yes | ☐ No |
| | | ☐ Wet ☐ BM ☐ Dry | | ☐ Yes | ☐ BM ☐ Pee | ☐ No | ☐ Yes | ☐ No |
| | | ☐ Wet ☐ BM ☐ Dry | | ☐ Yes | ☐ BM ☐ Pee | ☐ No | ☐ Yes | ☐ No |
| | | ☐ Wet ☐ BM ☐ Dry | | ☐ Yes | ☐ BM ☐ Pee | ☐ No | ☐ Yes | ☐ No |
| | | ☐ Wet ☐ BM ☐ Dry | | ☐ Yes | ☐ BM ☐ Pee | ☐ No | ☐ Yes | ☐ No |
| | | ☐ Wet ☐ BM ☐ Dry | | ☐ Yes | ☐ BM ☐ Pee | ☐ No | ☐ Yes | ☐ No |
| | | ☐ Wet ☐ BM ☐ Dry | | ☐ Yes | ☐ BM ☐ Pee | ☐ No | ☐ Yes | ☐ No |
| | | ☐ Wet ☐ BM ☐ Dry | | ☐ Yes | ☐ BM ☐ Pee | ☐ No | ☐ Yes | ☐ No |
| | | ☐ Wet ☐ BM ☐ Dry | | ☐ Yes | ☐ BM ☐ Pee | ☐ No | ☐ Yes | ☐ No |
| | | ☐ Wet ☐ BM ☐ Dry | | ☐ Yes | ☐ BM ☐ Pee | ☐ No | ☐ Yes | ☐ No |
| | | ☐ Wet ☐ BM ☐ Dry | | ☐ Yes | ☐ BM ☐ Pee | ☐ No | ☐ Yes | ☐ No |
| | | ☐ Wet ☐ BM ☐ Dry | | ☐ Yes | ☐ BM ☐ Pee | ☐ No | ☐ Yes | ☐ No |

# Speech-Language Record Form

**Name:**                    **Date:**

| New Word or Phrase | Tally | New Word or Phrase | Tally | New Word or Phrase | Tally |
|---|---|---|---|---|---|
| | | | | | |
| | | | | | |
| | | | | | |
| | | | | | |
| | | | | | |
| | | | | | |
| | | | | | |

## Behavioral Form

Name:                                    Date:

| Before Behavior | Child's Negative Response/Behavior | | What Adult Did After Behavior |
|---|---|---|---|
| | Times Happened: | Average Time: | |
| | Times Happened: | Average Time: | |
| | Times Happened: | Average Time: | |
| | Times Happened: | Average Time: | |
| | Times Happened: | Average Time: | |
| | Times Happened: | Average Time: | |
| | Times Happened: | Average Time: | |
| | Times Happened: | Average Time: | |
| | Times Happened: | Average Time: | |

# POTTY TIME CHART

*\* BM = bowel movement*

| DATE | TIME | CHECK PANTS | | | TIME AT TOLIET | SUCCESS? | | | NEEDED HELP? | |
|---|---|---|---|---|---|---|---|---|---|---|
| | | ☐ Wet | ☐ BM | ☐ Dry | | ☐ Yes | ☐ BM<br>☐ Pee | ☐ No | ☐ Yes | ☐ No |
| | | ☐ Wet | ☐ BM | ☐ Dry | | ☐ Yes | ☐ BM<br>☐ Pee | ☐ No | ☐ Yes | ☐ No |
| | | ☐ Wet | ☐ BM | ☐ Dry | | ☐ Yes | ☐ BM<br>☐ Pee | ☐ No | ☐ Yes | ☐ No |
| | | ☐ Wet | ☐ BM | ☐ Dry | | ☐ Yes | ☐ BM<br>☐ Pee | ☐ No | ☐ Yes | ☐ No |
| | | ☐ Wet | ☐ BM | ☐ Dry | | ☐ Yes | ☐ BM<br>☐ Pee | ☐ No | ☐ Yes | ☐ No |
| | | ☐ Wet | ☐ BM | ☐ Dry | | ☐ Yes | ☐ BM<br>☐ Pee | ☐ No | ☐ Yes | ☐ No |
| | | ☐ Wet | ☐ BM | ☐ Dry | | ☐ Yes | ☐ BM<br>☐ Pee | ☐ No | ☐ Yes | ☐ No |
| | | ☐ Wet | ☐ BM | ☐ Dry | | ☐ Yes | ☐ BM<br>☐ Pee | ☐ No | ☐ Yes | ☐ No |
| | | ☐ Wet | ☐ BM | ☐ Dry | | ☐ Yes | ☐ BM<br>☐ Pee | ☐ No | ☐ Yes | ☐ No |
| | | ☐ Wet | ☐ BM | ☐ Dry | | ☐ Yes | ☐ BM<br>☐ Pee | ☐ No | ☐ Yes | ☐ No |
| | | ☐ Wet | ☐ BM | ☐ Dry | | ☐ Yes | ☐ BM<br>☐ Pee | ☐ No | ☐ Yes | ☐ No |
| | | ☐ Wet | ☐ BM | ☐ Dry | | ☐ Yes | ☐ BM<br>☐ Pee | ☐ No | ☐ Yes | ☐ No |
| | | ☐ Wet | ☐ BM | ☐ Dry | | ☐ Yes | ☐ BM<br>☐ Pee | ☐ No | ☐ Yes | ☐ No |
| | | ☐ Wet | ☐ BM | ☐ Dry | | ☐ Yes | ☐ BM<br>☐ Pee | ☐ No | ☐ Yes | ☐ No |
| | | ☐ Wet | ☐ BM | ☐ Dry | | ☐ Yes | ☐ BM<br>☐ Pee | ☐ No | ☐ Yes | ☐ No |
| | | ☐ Wet | ☐ BM | ☐ Dry | | ☐ Yes | ☐ BM<br>☐ Pee | ☐ No | ☐ Yes | ☐ No |
| | | ☐ Wet | ☐ BM | ☐ Dry | | ☐ Yes | ☐ BM<br>☐ Pee | ☐ No | ☐ Yes | ☐ No |
| | | ☐ Wet | ☐ BM | ☐ Dry | | ☐ Yes | ☐ BM<br>☐ Pee | ☐ No | ☐ Yes | ☐ No |
| | | ☐ Wet | ☐ BM | ☐ Dry | | ☐ Yes | ☐ BM<br>☐ Pee | ☐ No | ☐ Yes | ☐ No |
| | | ☐ Wet | ☐ BM | ☐ Dry | | ☐ Yes | ☐ BM<br>☐ Pee | ☐ No | ☐ Yes | ☐ No |

# Speech-Language Record Form

**Name:**                                             **Date:**

| New Word or Phrase | Tally | New Word or Phrase | Tally | New Word or Phrase | Tally |
|---|---|---|---|---|---|
| | | | | | |
| | | | | | |
| | | | | | |
| | | | | | |
| | | | | | |
| | | | | | |
| | | | | | |

## Behavioral Form

Name:                                                    Date:

| Before Behavior | Child's Negative Response/Behavior | | What Adult Did After Behavior |
|---|---|---|---|
| | Times Happened: | Average Time: | |
| | Times Happened: | Average Time: | |
| | Times Happened: | Average Time: | |
| | Times Happened: | Average Time: | |
| | Times Happened: | Average Time: | |
| | Times Happened: | Average Time: | |
| | Times Happened: | Average Time: | |
| | Times Happened: | Average Time: | |

# POTTY TIME CHART

* BM = bowel movement

| DATE | TIME | CHECK PANTS | TIME AT TOLIET | SUCCESS? | | | NEEDED HELP? | |
|---|---|---|---|---|---|---|---|---|
| | | ☐ Wet  ☐ BM  ☐ Dry | | ☐ Yes | ☐ BM<br>☐ Pee | ☐ No | ☐ Yes | ☐ No |
| | | ☐ Wet  ☐ BM  ☐ Dry | | ☐ Yes | ☐ BM<br>☐ Pee | ☐ No | ☐ Yes | ☐ No |
| | | ☐ Wet  ☐ BM  ☐ Dry | | ☐ Yes | ☐ BM<br>☐ Pee | ☐ No | ☐ Yes | ☐ No |
| | | ☐ Wet  ☐ BM  ☐ Dry | | ☐ Yes | ☐ BM<br>☐ Pee | ☐ No | ☐ Yes | ☐ No |
| | | ☐ Wet  ☐ BM  ☐ Dry | | ☐ Yes | ☐ BM<br>☐ Pee | ☐ No | ☐ Yes | ☐ No |
| | | ☐ Wet  ☐ BM  ☐ Dry | | ☐ Yes | ☐ BM<br>☐ Pee | ☐ No | ☐ Yes | ☐ No |
| | | ☐ Wet  ☐ BM  ☐ Dry | | ☐ Yes | ☐ BM<br>☐ Pee | ☐ No | ☐ Yes | ☐ No |
| | | ☐ Wet  ☐ BM  ☐ Dry | | ☐ Yes | ☐ BM<br>☐ Pee | ☐ No | ☐ Yes | ☐ No |
| | | ☐ Wet  ☐ BM  ☐ Dry | | ☐ Yes | ☐ BM<br>☐ Pee | ☐ No | ☐ Yes | ☐ No |
| | | ☐ Wet  ☐ BM  ☐ Dry | | ☐ Yes | ☐ BM<br>☐ Pee | ☐ No | ☐ Yes | ☐ No |
| | | ☐ Wet  ☐ BM  ☐ Dry | | ☐ Yes | ☐ BM<br>☐ Pee | ☐ No | ☐ Yes | ☐ No |
| | | ☐ Wet  ☐ BM  ☐ Dry | | ☐ Yes | ☐ BM<br>☐ Pee | ☐ No | ☐ Yes | ☐ No |
| | | ☐ Wet  ☐ BM  ☐ Dry | | ☐ Yes | ☐ BM<br>☐ Pee | ☐ No | ☐ Yes | ☐ No |
| | | ☐ Wet  ☐ BM  ☐ Dry | | ☐ Yes | ☐ BM<br>☐ Pee | ☐ No | ☐ Yes | ☐ No |
| | | ☐ Wet  ☐ BM  ☐ Dry | | ☐ Yes | ☐ BM<br>☐ Pee | ☐ No | ☐ Yes | ☐ No |
| | | ☐ Wet  ☐ BM  ☐ Dry | | ☐ Yes | ☐ BM<br>☐ Pee | ☐ No | ☐ Yes | ☐ No |
| | | ☐ Wet  ☐ BM  ☐ Dry | | ☐ Yes | ☐ BM<br>☐ Pee | ☐ No | ☐ Yes | ☐ No |
| | | ☐ Wet  ☐ BM  ☐ Dry | | ☐ Yes | ☐ BM<br>☐ Pee | ☐ No | ☐ Yes | ☐ No |
| | | ☐ Wet  ☐ BM  ☐ Dry | | ☐ Yes | ☐ BM<br>☐ Pee | ☐ No | ☐ Yes | ☐ No |
| | | ☐ Wet  ☐ BM  ☐ Dry | | ☐ Yes | ☐ BM<br>☐ Pee | ☐ No | ☐ Yes | ☐ No |

# Speech-Language Record Form

**Name:**                                        **Date:**

| New Word or Phrase | Tally | New Word or Phrase | Tally | New Word or Phrase | Tally |
|---|---|---|---|---|---|
|  |  |  |  |  |  |
|  |  |  |  |  |  |
|  |  |  |  |  |  |
|  |  |  |  |  |  |
|  |  |  |  |  |  |
|  |  |  |  |  |  |
|  |  |  |  |  |  |

## Behavioral Form

Name:                                          Date:

| Before Behavior | Child's Negative Response/Behavior | | What Adult Did After Behavior |
|---|---|---|---|
| | Times Happened: | Average Time: | |
| | Times Happened: | Average Time: | |
| | Times Happened: | Average Time: | |
| | Times Happened: | Average Time: | |
| | Times Happened: | Average Time: | |
| | Times Happened: | Average Time: | |
| | Times Happened: | Average Time: | |
| | Times Happened: | Average Time: | |

# POTTY TIME CHART

* BM = bowel movement

| DATE | TIME | CHECK PANTS | TIME AT TOLIET | SUCCESS? | | | NEEDED HELP? | |
|------|------|-------------|----------------|----------|---|---|--------------|---|
| | | ☐ Wet  ☐ BM  ☐ Dry | | ☐ Yes | ☐ BM<br>☐ Pee | ☐ No | ☐ Yes | ☐ No |
| | | ☐ Wet  ☐ BM  ☐ Dry | | ☐ Yes | ☐ BM<br>☐ Pee | ☐ No | ☐ Yes | ☐ No |
| | | ☐ Wet  ☐ BM  ☐ Dry | | ☐ Yes | ☐ BM<br>☐ Pee | ☐ No | ☐ Yes | ☐ No |
| | | ☐ Wet  ☐ BM  ☐ Dry | | ☐ Yes | ☐ BM<br>☐ Pee | ☐ No | ☐ Yes | ☐ No |
| | | ☐ Wet  ☐ BM  ☐ Dry | | ☐ Yes | ☐ BM<br>☐ Pee | ☐ No | ☐ Yes | ☐ No |
| | | ☐ Wet  ☐ BM  ☐ Dry | | ☐ Yes | ☐ BM<br>☐ Pee | ☐ No | ☐ Yes | ☐ No |
| | | ☐ Wet  ☐ BM  ☐ Dry | | ☐ Yes | ☐ BM<br>☐ Pee | ☐ No | ☐ Yes | ☐ No |
| | | ☐ Wet  ☐ BM  ☐ Dry | | ☐ Yes | ☐ BM<br>☐ Pee | ☐ No | ☐ Yes | ☐ No |
| | | ☐ Wet  ☐ BM  ☐ Dry | | ☐ Yes | ☐ BM<br>☐ Pee | ☐ No | ☐ Yes | ☐ No |
| | | ☐ Wet  ☐ BM  ☐ Dry | | ☐ Yes | ☐ BM<br>☐ Pee | ☐ No | ☐ Yes | ☐ No |
| | | ☐ Wet  ☐ BM  ☐ Dry | | ☐ Yes | ☐ BM<br>☐ Pee | ☐ No | ☐ Yes | ☐ No |
| | | ☐ Wet  ☐ BM  ☐ Dry | | ☐ Yes | ☐ BM<br>☐ Pee | ☐ No | ☐ Yes | ☐ No |
| | | ☐ Wet  ☐ BM  ☐ Dry | | ☐ Yes | ☐ BM<br>☐ Pee | ☐ No | ☐ Yes | ☐ No |
| | | ☐ Wet  ☐ BM  ☐ Dry | | ☐ Yes | ☐ BM<br>☐ Pee | ☐ No | ☐ Yes | ☐ No |
| | | ☐ Wet  ☐ BM  ☐ Dry | | ☐ Yes | ☐ BM<br>☐ Pee | ☐ No | ☐ Yes | ☐ No |
| | | ☐ Wet  ☐ BM  ☐ Dry | | ☐ Yes | ☐ BM<br>☐ Pee | ☐ No | ☐ Yes | ☐ No |
| | | ☐ Wet  ☐ BM  ☐ Dry | | ☐ Yes | ☐ BM<br>☐ Pee | ☐ No | ☐ Yes | ☐ No |
| | | ☐ Wet  ☐ BM  ☐ Dry | | ☐ Yes | ☐ BM<br>☐ Pee | ☐ No | ☐ Yes | ☐ No |
| | | ☐ Wet  ☐ BM  ☐ Dry | | ☐ Yes | ☐ BM<br>☐ Pee | ☐ No | ☐ Yes | ☐ No |
| | | ☐ Wet  ☐ BM  ☐ Dry | | ☐ Yes | ☐ BM<br>☐ Pee | ☐ No | ☐ Yes | ☐ No |

# Speech-Language Record Form

**Name:**                               **Date:**

| New Word or Phrase | Tally | New Word or Phrase | Tally | New Word or Phrase | Tally |
|---|---|---|---|---|---|
|  |  |  |  |  |  |
|  |  |  |  |  |  |
|  |  |  |  |  |  |
|  |  |  |  |  |  |
|  |  |  |  |  |  |
|  |  |  |  |  |  |
|  |  |  |  |  |  |

# Behavioral Form

Name:                                              Date:

| Before Behavior | Child's Negative Response/Behavior | What Adult Did After Behavior |
|---|---|---|
| | Times Happened: ☐   Average Time: ☐ | |
| | Times Happened: ☐   Average Time: ☐ | |
| | Times Happened: ☐   Average Time: ☐ | |
| | Times Happened: ☐   Average Time: ☐ | |
| | Times Happened: ☐   Average Time: ☐ | |
| | Times Happened: ☐   Average Time: ☐ | |
| | Times Happened: ☐   Average Time: ☐ | |
| | Times Happened: ☐   Average Time: ☐ | |

# POTTY TIME CHART

* BM = bowel movement

| DATE | TIME | CHECK PANTS | | | TIME AT TOLIET | SUCCESS? | | | NEEDED HELP? | |
|------|------|------|------|------|------|------|------|------|------|------|
| | | ☐ Wet | ☐ BM | ☐ Dry | | ☐ Yes | ☐ BM ☐ Pee | ☐ No | ☐ Yes | ☐ No |
| | | ☐ Wet | ☐ BM | ☐ Dry | | ☐ Yes | ☐ BM ☐ Pee | ☐ No | ☐ Yes | ☐ No |
| | | ☐ Wet | ☐ BM | ☐ Dry | | ☐ Yes | ☐ BM ☐ Pee | ☐ No | ☐ Yes | ☐ No |
| | | ☐ Wet | ☐ BM | ☐ Dry | | ☐ Yes | ☐ BM ☐ Pee | ☐ No | ☐ Yes | ☐ No |
| | | ☐ Wet | ☐ BM | ☐ Dry | | ☐ Yes | ☐ BM ☐ Pee | ☐ No | ☐ Yes | ☐ No |
| | | ☐ Wet | ☐ BM | ☐ Dry | | ☐ Yes | ☐ BM ☐ Pee | ☐ No | ☐ Yes | ☐ No |
| | | ☐ Wet | ☐ BM | ☐ Dry | | ☐ Yes | ☐ BM ☐ Pee | ☐ No | ☐ Yes | ☐ No |
| | | ☐ Wet | ☐ BM | ☐ Dry | | ☐ Yes | ☐ BM ☐ Pee | ☐ No | ☐ Yes | ☐ No |
| | | ☐ Wet | ☐ BM | ☐ Dry | | ☐ Yes | ☐ BM ☐ Pee | ☐ No | ☐ Yes | ☐ No |
| | | ☐ Wet | ☐ BM | ☐ Dry | | ☐ Yes | ☐ BM ☐ Pee | ☐ No | ☐ Yes | ☐ No |
| | | ☐ Wet | ☐ BM | ☐ Dry | | ☐ Yes | ☐ BM ☐ Pee | ☐ No | ☐ Yes | ☐ No |
| | | ☐ Wet | ☐ BM | ☐ Dry | | ☐ Yes | ☐ BM ☐ Pee | ☐ No | ☐ Yes | ☐ No |
| | | ☐ Wet | ☐ BM | ☐ Dry | | ☐ Yes | ☐ BM ☐ Pee | ☐ No | ☐ Yes | ☐ No |
| | | ☐ Wet | ☐ BM | ☐ Dry | | ☐ Yes | ☐ BM ☐ Pee | ☐ No | ☐ Yes | ☐ No |
| | | ☐ Wet | ☐ BM | ☐ Dry | | ☐ Yes | ☐ BM ☐ Pee | ☐ No | ☐ Yes | ☐ No |
| | | ☐ Wet | ☐ BM | ☐ Dry | | ☐ Yes | ☐ BM ☐ Pee | ☐ No | ☐ Yes | ☐ No |
| | | ☐ Wet | ☐ BM | ☐ Dry | | ☐ Yes | ☐ BM ☐ Pee | ☐ No | ☐ Yes | ☐ No |
| | | ☐ Wet | ☐ BM | ☐ Dry | | ☐ Yes | ☐ BM ☐ Pee | ☐ No | ☐ Yes | ☐ No |
| | | ☐ Wet | ☐ BM | ☐ Dry | | ☐ Yes | ☐ BM ☐ Pee | ☐ No | ☐ Yes | ☐ No |
| | | ☐ Wet | ☐ BM | ☐ Dry | | ☐ Yes | ☐ BM ☐ Pee | ☐ No | ☐ Yes | ☐ No |
| | | ☐ Wet | ☐ BM | ☐ Dry | | ☐ Yes | ☐ BM ☐ Pee | ☐ No | ☐ Yes | ☐ No |

# Speech-Language Record Form

**Name:**                              **Date:**

| New Word or Phrase | Tally | New Word or Phrase | Tally | New Word or Phrase | Tally |
|---|---|---|---|---|---|
| | | | | | |
| | | | | | |
| | | | | | |
| | | | | | |
| | | | | | |
| | | | | | |
| | | | | | |

## Behavioral Form

Name:                                          Date:

| Before Behavior | Child's Negative Response/Behavior | | What Adult Did After Behavior |
|---|---|---|---|
| | Times Happened: | Average Time: | |
| | Times Happened: | Average Time: | |
| | Times Happened: | Average Time: | |
| | Times Happened: | Average Time: | |
| | Times Happened: | Average Time: | |
| | Times Happened: | Average Time: | |
| | Times Happened: | Average Time: | |
| | Times Happened: | Average Time: | |

# POTTY TIME CHART

* BM = bowel movement

| DATE | TIME | CHECK PANTS | | | TIME AT TOLIET | SUCCESS? | | | NEEDED HELP? | |
|------|------|------|------|------|------|------|------|------|------|------|
| | | ☐ Wet | ☐ BM | ☐ Dry | | ☐ Yes | ☐ BM ☐ Pee | ☐ No | ☐ Yes | ☐ No |
| | | ☐ Wet | ☐ BM | ☐ Dry | | ☐ Yes | ☐ BM ☐ Pee | ☐ No | ☐ Yes | ☐ No |
| | | ☐ Wet | ☐ BM | ☐ Dry | | ☐ Yes | ☐ BM ☐ Pee | ☐ No | ☐ Yes | ☐ No |
| | | ☐ Wet | ☐ BM | ☐ Dry | | ☐ Yes | ☐ BM ☐ Pee | ☐ No | ☐ Yes | ☐ No |
| | | ☐ Wet | ☐ BM | ☐ Dry | | ☐ Yes | ☐ BM ☐ Pee | ☐ No | ☐ Yes | ☐ No |
| | | ☐ Wet | ☐ BM | ☐ Dry | | ☐ Yes | ☐ BM ☐ Pee | ☐ No | ☐ Yes | ☐ No |
| | | ☐ Wet | ☐ BM | ☐ Dry | | ☐ Yes | ☐ BM ☐ Pee | ☐ No | ☐ Yes | ☐ No |
| | | ☐ Wet | ☐ BM | ☐ Dry | | ☐ Yes | ☐ BM ☐ Pee | ☐ No | ☐ Yes | ☐ No |
| | | ☐ Wet | ☐ BM | ☐ Dry | | ☐ Yes | ☐ BM ☐ Pee | ☐ No | ☐ Yes | ☐ No |
| | | ☐ Wet | ☐ BM | ☐ Dry | | ☐ Yes | ☐ BM ☐ Pee | ☐ No | ☐ Yes | ☐ No |
| | | ☐ Wet | ☐ BM | ☐ Dry | | ☐ Yes | ☐ BM ☐ Pee | ☐ No | ☐ Yes | ☐ No |
| | | ☐ Wet | ☐ BM | ☐ Dry | | ☐ Yes | ☐ BM ☐ Pee | ☐ No | ☐ Yes | ☐ No |
| | | ☐ Wet | ☐ BM | ☐ Dry | | ☐ Yes | ☐ BM ☐ Pee | ☐ No | ☐ Yes | ☐ No |
| | | ☐ Wet | ☐ BM | ☐ Dry | | ☐ Yes | ☐ BM ☐ Pee | ☐ No | ☐ Yes | ☐ No |
| | | ☐ Wet | ☐ BM | ☐ Dry | | ☐ Yes | ☐ BM ☐ Pee | ☐ No | ☐ Yes | ☐ No |
| | | ☐ Wet | ☐ BM | ☐ Dry | | ☐ Yes | ☐ BM ☐ Pee | ☐ No | ☐ Yes | ☐ No |
| | | ☐ Wet | ☐ BM | ☐ Dry | | ☐ Yes | ☐ BM ☐ Pee | ☐ No | ☐ Yes | ☐ No |
| | | ☐ Wet | ☐ BM | ☐ Dry | | ☐ Yes | ☐ BM ☐ Pee | ☐ No | ☐ Yes | ☐ No |
| | | ☐ Wet | ☐ BM | ☐ Dry | | ☐ Yes | ☐ BM ☐ Pee | ☐ No | ☐ Yes | ☐ No |
| | | ☐ Wet | ☐ BM | ☐ Dry | | ☐ Yes | ☐ BM ☐ Pee | ☐ No | ☐ Yes | ☐ No |
| | | ☐ Wet | ☐ BM | ☐ Dry | | ☐ Yes | ☐ BM ☐ Pee | ☐ No | ☐ Yes | ☐ No |

# Speech-Language Record Form

**Name:**                                  **Date:**

| New Word or Phrase | Tally | New Word or Phrase | Tally | New Word or Phrase | Tally |
|---|---|---|---|---|---|
|  |  |  |  |  |  |
|  |  |  |  |  |  |
|  |  |  |  |  |  |
|  |  |  |  |  |  |
|  |  |  |  |  |  |
|  |  |  |  |  |  |
|  |  |  |  |  |  |

## Day 57.
### Behavioral Form

Name:                                      Date:

| Before Behavior | Child's Negative Response/Behavior | What Adult Did After Behavior |
|---|---|---|
| | Times Happened: ___ Average Time: ___ | |
| | Times Happened: ___ Average Time: ___ | |
| | Times Happened: ___ Average Time: ___ | |
| | Times Happened: ___ Average Time: ___ | |
| | Times Happened: ___ Average Time: ___ | |
| | Times Happened: ___ Average Time: ___ | |
| | Times Happened: ___ Average Time: ___ | |
| | Times Happened: ___ Average Time: ___ | |

# POTTY TIME CHART

* BM = bowel movement

| DATE | TIME | CHECK PANTS | TIME AT TOLIET | SUCCESS? | | | NEEDED HELP? | |
|------|------|-------------|----------------|----------|---|---|--------------|---|
| | | ☐ Wet  ☐ BM  ☐ Dry | | ☐ Yes | ☐ BM ☐ Pee | ☐ No | ☐ Yes | ☐ No |
| | | ☐ Wet  ☐ BM  ☐ Dry | | ☐ Yes | ☐ BM ☐ Pee | ☐ No | ☐ Yes | ☐ No |
| | | ☐ Wet  ☐ BM  ☐ Dry | | ☐ Yes | ☐ BM ☐ Pee | ☐ No | ☐ Yes | ☐ No |
| | | ☐ Wet  ☐ BM  ☐ Dry | | ☐ Yes | ☐ BM ☐ Pee | ☐ No | ☐ Yes | ☐ No |
| | | ☐ Wet  ☐ BM  ☐ Dry | | ☐ Yes | ☐ BM ☐ Pee | ☐ No | ☐ Yes | ☐ No |
| | | ☐ Wet  ☐ BM  ☐ Dry | | ☐ Yes | ☐ BM ☐ Pee | ☐ No | ☐ Yes | ☐ No |
| | | ☐ Wet  ☐ BM  ☐ Dry | | ☐ Yes | ☐ BM ☐ Pee | ☐ No | ☐ Yes | ☐ No |
| | | ☐ Wet  ☐ BM  ☐ Dry | | ☐ Yes | ☐ BM ☐ Pee | ☐ No | ☐ Yes | ☐ No |
| | | ☐ Wet  ☐ BM  ☐ Dry | | ☐ Yes | ☐ BM ☐ Pee | ☐ No | ☐ Yes | ☐ No |
| | | ☐ Wet  ☐ BM  ☐ Dry | | ☐ Yes | ☐ BM ☐ Pee | ☐ No | ☐ Yes | ☐ No |
| | | ☐ Wet  ☐ BM  ☐ Dry | | ☐ Yes | ☐ BM ☐ Pee | ☐ No | ☐ Yes | ☐ No |
| | | ☐ Wet  ☐ BM  ☐ Dry | | ☐ Yes | ☐ BM ☐ Pee | ☐ No | ☐ Yes | ☐ No |
| | | ☐ Wet  ☐ BM  ☐ Dry | | ☐ Yes | ☐ BM ☐ Pee | ☐ No | ☐ Yes | ☐ No |
| | | ☐ Wet  ☐ BM  ☐ Dry | | ☐ Yes | ☐ BM ☐ Pee | ☐ No | ☐ Yes | ☐ No |
| | | ☐ Wet  ☐ BM  ☐ Dry | | ☐ Yes | ☐ BM ☐ Pee | ☐ No | ☐ Yes | ☐ No |
| | | ☐ Wet  ☐ BM  ☐ Dry | | ☐ Yes | ☐ BM ☐ Pee | ☐ No | ☐ Yes | ☐ No |
| | | ☐ Wet  ☐ BM  ☐ Dry | | ☐ Yes | ☐ BM ☐ Pee | ☐ No | ☐ Yes | ☐ No |
| | | ☐ Wet  ☐ BM  ☐ Dry | | ☐ Yes | ☐ BM ☐ Pee | ☐ No | ☐ Yes | ☐ No |
| | | ☐ Wet  ☐ BM  ☐ Dry | | ☐ Yes | ☐ BM ☐ Pee | ☐ No | ☐ Yes | ☐ No |
| | | ☐ Wet  ☐ BM  ☐ Dry | | ☐ Yes | ☐ BM ☐ Pee | ☐ No | ☐ Yes | ☐ No |
| | | ☐ Wet  ☐ BM  ☐ Dry | | ☐ Yes | ☐ BM ☐ Pee | ☐ No | ☐ Yes | ☐ No |

# Speech-Language Record Form

**Name:**                                                **Date:**

| New Word or Phrase | Tally | New Word or Phrase | Tally | New Word or Phrase | Tally |
|---|---|---|---|---|---|
| | | | | | |
| | | | | | |
| | | | | | |
| | | | | | |
| | | | | | |
| | | | | | |
| | | | | | |

## Behavioral Form

Name:                                                    Date:

| Before Behavior | Child's Negative Response/Behavior | | What Adult Did After Behavior |
|---|---|---|---|
| | Times Happened: | Average Time: | |
| | Times Happened: | Average Time: | |
| | Times Happened: | Average Time: | |
| | Times Happened: | Average Time: | |
| | Times Happened: | Average Time: | |
| | Times Happened: | Average Time: | |
| | Times Happened: | Average Time: | |
| | Times Happened: | Average Time: | |
| | Times Happened: | Average Time: | |

# POTTY TIME CHART

* BM = bowel movement

| DATE | TIME | CHECK PANTS | | | TIME AT TOLIET | SUCCESS? | | | NEEDED HELP? | |
|---|---|---|---|---|---|---|---|---|---|---|
| | | ☐ Wet | ☐ BM | ☐ Dry | | ☐ Yes | ☐ BM ☐ Pee | ☐ No | ☐ Yes | ☐ No |
| | | ☐ Wet | ☐ BM | ☐ Dry | | ☐ Yes | ☐ BM ☐ Pee | ☐ No | ☐ Yes | ☐ No |
| | | ☐ Wet | ☐ BM | ☐ Dry | | ☐ Yes | ☐ BM ☐ Pee | ☐ No | ☐ Yes | ☐ No |
| | | ☐ Wet | ☐ BM | ☐ Dry | | ☐ Yes | ☐ BM ☐ Pee | ☐ No | ☐ Yes | ☐ No |
| | | ☐ Wet | ☐ BM | ☐ Dry | | ☐ Yes | ☐ BM ☐ Pee | ☐ No | ☐ Yes | ☐ No |
| | | ☐ Wet | ☐ BM | ☐ Dry | | ☐ Yes | ☐ BM ☐ Pee | ☐ No | ☐ Yes | ☐ No |
| | | ☐ Wet | ☐ BM | ☐ Dry | | ☐ Yes | ☐ BM ☐ Pee | ☐ No | ☐ Yes | ☐ No |
| | | ☐ Wet | ☐ BM | ☐ Dry | | ☐ Yes | ☐ BM ☐ Pee | ☐ No | ☐ Yes | ☐ No |
| | | ☐ Wet | ☐ BM | ☐ Dry | | ☐ Yes | ☐ BM ☐ Pee | ☐ No | ☐ Yes | ☐ No |
| | | ☐ Wet | ☐ BM | ☐ Dry | | ☐ Yes | ☐ BM ☐ Pee | ☐ No | ☐ Yes | ☐ No |
| | | ☐ Wet | ☐ BM | ☐ Dry | | ☐ Yes | ☐ BM ☐ Pee | ☐ No | ☐ Yes | ☐ No |
| | | ☐ Wet | ☐ BM | ☐ Dry | | ☐ Yes | ☐ BM ☐ Pee | ☐ No | ☐ Yes | ☐ No |
| | | ☐ Wet | ☐ BM | ☐ Dry | | ☐ Yes | ☐ BM ☐ Pee | ☐ No | ☐ Yes | ☐ No |
| | | ☐ Wet | ☐ BM | ☐ Dry | | ☐ Yes | ☐ BM ☐ Pee | ☐ No | ☐ Yes | ☐ No |
| | | ☐ Wet | ☐ BM | ☐ Dry | | ☐ Yes | ☐ BM ☐ Pee | ☐ No | ☐ Yes | ☐ No |
| | | ☐ Wet | ☐ BM | ☐ Dry | | ☐ Yes | ☐ BM ☐ Pee | ☐ No | ☐ Yes | ☐ No |
| | | ☐ Wet | ☐ BM | ☐ Dry | | ☐ Yes | ☐ BM ☐ Pee | ☐ No | ☐ Yes | ☐ No |
| | | ☐ Wet | ☐ BM | ☐ Dry | | ☐ Yes | ☐ BM ☐ Pee | ☐ No | ☐ Yes | ☐ No |
| | | ☐ Wet | ☐ BM | ☐ Dry | | ☐ Yes | ☐ BM ☐ Pee | ☐ No | ☐ Yes | ☐ No |
| | | ☐ Wet | ☐ BM | ☐ Dry | | ☐ Yes | ☐ BM ☐ Pee | ☐ No | ☐ Yes | ☐ No |
| | | ☐ Wet | ☐ BM | ☐ Dry | | ☐ Yes | ☐ BM ☐ Pee | ☐ No | ☐ Yes | ☐ No |

# Speech-Language Record Form

**Name:**                                  **Date:**

| New Word or Phrase | Tally | New Word or Phrase | Tally | New Word or Phrase | Tally |
|---|---|---|---|---|---|
|  |  |  |  |  |  |
|  |  |  |  |  |  |
|  |  |  |  |  |  |
|  |  |  |  |  |  |
|  |  |  |  |  |  |
|  |  |  |  |  |  |
|  |  |  |  |  |  |

# Day 59.

## Behavioral Form

Name:                                          Date:

| Before Behavior | Child's Negative Response/Behavior | What Adult Did After Behavior |
|---|---|---|
| | Times Happened: _____  Average Time: _____ | |
| | Times Happened: _____  Average Time: _____ | |
| | Times Happened: _____  Average Time: _____ | |
| | Times Happened: _____  Average Time: _____ | |
| | Times Happened: _____  Average Time: _____ | |
| | Times Happened: _____  Average Time: _____ | |
| | Times Happened: _____  Average Time: _____ | |
| | Times Happened: _____  Average Time: _____ | |

# POTTY TIME CHART

* BM = bowel movement

| DATE | TIME | CHECK PANTS | | | TIME AT TOLIET | SUCCESS? | | | NEEDED HELP? | |
|------|------|------|------|------|------|------|------|------|------|------|
| | | ☐ Wet | ☐ BM | ☐ Dry | | ☐ Yes | ☐ BM ☐ Pee | ☐ No | ☐ Yes | ☐ No |
| | | ☐ Wet | ☐ BM | ☐ Dry | | ☐ Yes | ☐ BM ☐ Pee | ☐ No | ☐ Yes | ☐ No |
| | | ☐ Wet | ☐ BM | ☐ Dry | | ☐ Yes | ☐ BM ☐ Pee | ☐ No | ☐ Yes | ☐ No |
| | | ☐ Wet | ☐ BM | ☐ Dry | | ☐ Yes | ☐ BM ☐ Pee | ☐ No | ☐ Yes | ☐ No |
| | | ☐ Wet | ☐ BM | ☐ Dry | | ☐ Yes | ☐ BM ☐ Pee | ☐ No | ☐ Yes | ☐ No |
| | | ☐ Wet | ☐ BM | ☐ Dry | | ☐ Yes | ☐ BM ☐ Pee | ☐ No | ☐ Yes | ☐ No |
| | | ☐ Wet | ☐ BM | ☐ Dry | | ☐ Yes | ☐ BM ☐ Pee | ☐ No | ☐ Yes | ☐ No |
| | | ☐ Wet | ☐ BM | ☐ Dry | | ☐ Yes | ☐ BM ☐ Pee | ☐ No | ☐ Yes | ☐ No |
| | | ☐ Wet | ☐ BM | ☐ Dry | | ☐ Yes | ☐ BM ☐ Pee | ☐ No | ☐ Yes | ☐ No |
| | | ☐ Wet | ☐ BM | ☐ Dry | | ☐ Yes | ☐ BM ☐ Pee | ☐ No | ☐ Yes | ☐ No |
| | | ☐ Wet | ☐ BM | ☐ Dry | | ☐ Yes | ☐ BM ☐ Pee | ☐ No | ☐ Yes | ☐ No |
| | | ☐ Wet | ☐ BM | ☐ Dry | | ☐ Yes | ☐ BM ☐ Pee | ☐ No | ☐ Yes | ☐ No |
| | | ☐ Wet | ☐ BM | ☐ Dry | | ☐ Yes | ☐ BM ☐ Pee | ☐ No | ☐ Yes | ☐ No |
| | | ☐ Wet | ☐ BM | ☐ Dry | | ☐ Yes | ☐ BM ☐ Pee | ☐ No | ☐ Yes | ☐ No |
| | | ☐ Wet | ☐ BM | ☐ Dry | | ☐ Yes | ☐ BM ☐ Pee | ☐ No | ☐ Yes | ☐ No |
| | | ☐ Wet | ☐ BM | ☐ Dry | | ☐ Yes | ☐ BM ☐ Pee | ☐ No | ☐ Yes | ☐ No |
| | | ☐ Wet | ☐ BM | ☐ Dry | | ☐ Yes | ☐ BM ☐ Pee | ☐ No | ☐ Yes | ☐ No |
| | | ☐ Wet | ☐ BM | ☐ Dry | | ☐ Yes | ☐ BM ☐ Pee | ☐ No | ☐ Yes | ☐ No |
| | | ☐ Wet | ☐ BM | ☐ Dry | | ☐ Yes | ☐ BM ☐ Pee | ☐ No | ☐ Yes | ☐ No |
| | | ☐ Wet | ☐ BM | ☐ Dry | | ☐ Yes | ☐ BM ☐ Pee | ☐ No | ☐ Yes | ☐ No |

# Speech-Language Record Form

**Name:**                                 **Date:**

| New Word or Phrase | Tally | New Word or Phrase | Tally | New Word or Phrase | Tally |
|---|---|---|---|---|---|
|  |  |  |  |  |  |
|  |  |  |  |  |  |
|  |  |  |  |  |  |
|  |  |  |  |  |  |
|  |  |  |  |  |  |
|  |  |  |  |  |  |
|  |  |  |  |  |  |

# Day 60.
## Behavioral Form

Name:                                          Date:

| Before Behavior | Child's Negative Response/Behavior | | What Adult Did After Behavior |
|---|---|---|---|
| | Times Happened: | Average Time: | |
| | Times Happened: | Average Time: | |
| | Times Happened: | Average Time: | |
| | Times Happened: | Average Time: | |
| | Times Happened: | Average Time: | |
| | Times Happened: | Average Time: | |
| | Times Happened: | Average Time: | |
| | Times Happened: | Average Time: | |
| | Times Happened: | Average Time: | |

# POTTY TIME CHART

*BM = bowel movement

| DATE | TIME | CHECK PANTS | | | TIME AT TOLIET | SUCCESS? | | | NEEDED HELP? | |
|---|---|---|---|---|---|---|---|---|---|---|
| | | ☐ Wet | ☐ BM | ☐ Dry | | ☐ Yes | ☐ BM ☐ Pee | ☐ No | ☐ Yes | ☐ No |
| | | ☐ Wet | ☐ BM | ☐ Dry | | ☐ Yes | ☐ BM ☐ Pee | ☐ No | ☐ Yes | ☐ No |
| | | ☐ Wet | ☐ BM | ☐ Dry | | ☐ Yes | ☐ BM ☐ Pee | ☐ No | ☐ Yes | ☐ No |
| | | ☐ Wet | ☐ BM | ☐ Dry | | ☐ Yes | ☐ BM ☐ Pee | ☐ No | ☐ Yes | ☐ No |
| | | ☐ Wet | ☐ BM | ☐ Dry | | ☐ Yes | ☐ BM ☐ Pee | ☐ No | ☐ Yes | ☐ No |
| | | ☐ Wet | ☐ BM | ☐ Dry | | ☐ Yes | ☐ BM ☐ Pee | ☐ No | ☐ Yes | ☐ No |
| | | ☐ Wet | ☐ BM | ☐ Dry | | ☐ Yes | ☐ BM ☐ Pee | ☐ No | ☐ Yes | ☐ No |
| | | ☐ Wet | ☐ BM | ☐ Dry | | ☐ Yes | ☐ BM ☐ Pee | ☐ No | ☐ Yes | ☐ No |
| | | ☐ Wet | ☐ BM | ☐ Dry | | ☐ Yes | ☐ BM ☐ Pee | ☐ No | ☐ Yes | ☐ No |
| | | ☐ Wet | ☐ BM | ☐ Dry | | ☐ Yes | ☐ BM ☐ Pee | ☐ No | ☐ Yes | ☐ No |
| | | ☐ Wet | ☐ BM | ☐ Dry | | ☐ Yes | ☐ BM ☐ Pee | ☐ No | ☐ Yes | ☐ No |
| | | ☐ Wet | ☐ BM | ☐ Dry | | ☐ Yes | ☐ BM ☐ Pee | ☐ No | ☐ Yes | ☐ No |
| | | ☐ Wet | ☐ BM | ☐ Dry | | ☐ Yes | ☐ BM ☐ Pee | ☐ No | ☐ Yes | ☐ No |
| | | ☐ Wet | ☐ BM | ☐ Dry | | ☐ Yes | ☐ BM ☐ Pee | ☐ No | ☐ Yes | ☐ No |
| | | ☐ Wet | ☐ BM | ☐ Dry | | ☐ Yes | ☐ BM ☐ Pee | ☐ No | ☐ Yes | ☐ No |
| | | ☐ Wet | ☐ BM | ☐ Dry | | ☐ Yes | ☐ BM ☐ Pee | ☐ No | ☐ Yes | ☐ No |
| | | ☐ Wet | ☐ BM | ☐ Dry | | ☐ Yes | ☐ BM ☐ Pee | ☐ No | ☐ Yes | ☐ No |
| | | ☐ Wet | ☐ BM | ☐ Dry | | ☐ Yes | ☐ BM ☐ Pee | ☐ No | ☐ Yes | ☐ No |
| | | ☐ Wet | ☐ BM | ☐ Dry | | ☐ Yes | ☐ BM ☐ Pee | ☐ No | ☐ Yes | ☐ No |
| | | ☐ Wet | ☐ BM | ☐ Dry | | ☐ Yes | ☐ BM ☐ Pee | ☐ No | ☐ Yes | ☐ No |

# Speech-Language Record Form

Name:                                    Date:

| New Word or Phrase | Tally | New Word or Phrase | Tally | New Word or Phrase | Tally |
|---|---|---|---|---|---|
|  |  |  |  |  |  |
|  |  |  |  |  |  |
|  |  |  |  |  |  |
|  |  |  |  |  |  |
|  |  |  |  |  |  |
|  |  |  |  |  |  |
|  |  |  |  |  |  |

## Behavioral Form

Name:                                              Date:

| Before Behavior | Child's Negative Response/Behavior | | What Adult Did After Behavior |
|---|---|---|---|
| | Times Happened: | Average Time: | |
| | Times Happened: | Average Time: | |
| | Times Happened: | Average Time: | |
| | Times Happened: | Average Time: | |
| | Times Happened: | Average Time: | |
| | Times Happened: | Average Time: | |
| | Times Happened: | Average Time: | |
| | Times Happened: | Average Time: | |
| | Times Happened: | Average Time: | |

# POTTY TIME CHART

* BM = bowel movement

| DATE | TIME | CHECK PANTS | | | TIME AT TOLIET | SUCCESS? | | | NEEDED HELP? | |
|---|---|---|---|---|---|---|---|---|---|---|
| | | ☐ Wet | ☐ BM | ☐ Dry | | ☐ Yes | ☐ BM<br>☐ Pee | ☐ No | ☐ Yes | ☐ No |
| | | ☐ Wet | ☐ BM | ☐ Dry | | ☐ Yes | ☐ BM<br>☐ Pee | ☐ No | ☐ Yes | ☐ No |
| | | ☐ Wet | ☐ BM | ☐ Dry | | ☐ Yes | ☐ BM<br>☐ Pee | ☐ No | ☐ Yes | ☐ No |
| | | ☐ Wet | ☐ BM | ☐ Dry | | ☐ Yes | ☐ BM<br>☐ Pee | ☐ No | ☐ Yes | ☐ No |
| | | ☐ Wet | ☐ BM | ☐ Dry | | ☐ Yes | ☐ BM<br>☐ Pee | ☐ No | ☐ Yes | ☐ No |
| | | ☐ Wet | ☐ BM | ☐ Dry | | ☐ Yes | ☐ BM<br>☐ Pee | ☐ No | ☐ Yes | ☐ No |
| | | ☐ Wet | ☐ BM | ☐ Dry | | ☐ Yes | ☐ BM<br>☐ Pee | ☐ No | ☐ Yes | ☐ No |
| | | ☐ Wet | ☐ BM | ☐ Dry | | ☐ Yes | ☐ BM<br>☐ Pee | ☐ No | ☐ Yes | ☐ No |
| | | ☐ Wet | ☐ BM | ☐ Dry | | ☐ Yes | ☐ BM<br>☐ Pee | ☐ No | ☐ Yes | ☐ No |
| | | ☐ Wet | ☐ BM | ☐ Dry | | ☐ Yes | ☐ BM<br>☐ Pee | ☐ No | ☐ Yes | ☐ No |
| | | ☐ Wet | ☐ BM | ☐ Dry | | ☐ Yes | ☐ BM<br>☐ Pee | ☐ No | ☐ Yes | ☐ No |
| | | ☐ Wet | ☐ BM | ☐ Dry | | ☐ Yes | ☐ BM<br>☐ Pee | ☐ No | ☐ Yes | ☐ No |
| | | ☐ Wet | ☐ BM | ☐ Dry | | ☐ Yes | ☐ BM<br>☐ Pee | ☐ No | ☐ Yes | ☐ No |
| | | ☐ Wet | ☐ BM | ☐ Dry | | ☐ Yes | ☐ BM<br>☐ Pee | ☐ No | ☐ Yes | ☐ No |
| | | ☐ Wet | ☐ BM | ☐ Dry | | ☐ Yes | ☐ BM<br>☐ Pee | ☐ No | ☐ Yes | ☐ No |
| | | ☐ Wet | ☐ BM | ☐ Dry | | ☐ Yes | ☐ BM<br>☐ Pee | ☐ No | ☐ Yes | ☐ No |
| | | ☐ Wet | ☐ BM | ☐ Dry | | ☐ Yes | ☐ BM<br>☐ Pee | ☐ No | ☐ Yes | ☐ No |
| | | ☐ Wet | ☐ BM | ☐ Dry | | ☐ Yes | ☐ BM<br>☐ Pee | ☐ No | ☐ Yes | ☐ No |
| | | ☐ Wet | ☐ BM | ☐ Dry | | ☐ Yes | ☐ BM<br>☐ Pee | ☐ No | ☐ Yes | ☐ No |
| | | ☐ Wet | ☐ BM | ☐ Dry | | ☐ Yes | ☐ BM<br>☐ Pee | ☐ No | ☐ Yes | ☐ No |
| | | ☐ Wet | ☐ BM | ☐ Dry | | ☐ Yes | ☐ BM<br>☐ Pee | ☐ No | ☐ Yes | ☐ No |

# Speech-Language Record Form

**Name:**                                              **Date:**

| New Word or Phrase | Tally | New Word or Phrase | Tally | New Word or Phrase | Tally |
|---|---|---|---|---|---|
|  |  |  |  |  |  |
|  |  |  |  |  |  |
|  |  |  |  |  |  |
|  |  |  |  |  |  |
|  |  |  |  |  |  |
|  |  |  |  |  |  |
|  |  |  |  |  |  |

## Behavioral Form

Name:                                    Date:

| Before Behavior | Child's Negative Response/Behavior | | What Adult Did After Behavior |
|---|---|---|---|
| | Times Happened: | Average Time: | |
| | Times Happened: | Average Time: | |
| | Times Happened: | Average Time: | |
| | Times Happened: | Average Time: | |
| | Times Happened: | Average Time: | |
| | Times Happened: | Average Time: | |
| | Times Happened: | Average Time: | |
| | Times Happened: | Average Time: | |
| | Times Happened: | Average Time: | |

# POTTY TIME CHART

\* BM = bowel movement

| DATE | TIME | CHECK PANTS | | | TIME AT TOLIET | SUCCESS? | | | NEEDED HELP? | |
|------|------|-------------|--|--|----------------|----------|--|--|--------------|--|
| | | ☐ Wet | ☐ BM | ☐ Dry | | ☐ Yes | ☐ BM ☐ Pee | ☐ No | ☐ Yes | ☐ No |
| | | ☐ Wet | ☐ BM | ☐ Dry | | ☐ Yes | ☐ BM ☐ Pee | ☐ No | ☐ Yes | ☐ No |
| | | ☐ Wet | ☐ BM | ☐ Dry | | ☐ Yes | ☐ BM ☐ Pee | ☐ No | ☐ Yes | ☐ No |
| | | ☐ Wet | ☐ BM | ☐ Dry | | ☐ Yes | ☐ BM ☐ Pee | ☐ No | ☐ Yes | ☐ No |
| | | ☐ Wet | ☐ BM | ☐ Dry | | ☐ Yes | ☐ BM ☐ Pee | ☐ No | ☐ Yes | ☐ No |
| | | ☐ Wet | ☐ BM | ☐ Dry | | ☐ Yes | ☐ BM ☐ Pee | ☐ No | ☐ Yes | ☐ No |
| | | ☐ Wet | ☐ BM | ☐ Dry | | ☐ Yes | ☐ BM ☐ Pee | ☐ No | ☐ Yes | ☐ No |
| | | ☐ Wet | ☐ BM | ☐ Dry | | ☐ Yes | ☐ BM ☐ Pee | ☐ No | ☐ Yes | ☐ No |
| | | ☐ Wet | ☐ BM | ☐ Dry | | ☐ Yes | ☐ BM ☐ Pee | ☐ No | ☐ Yes | ☐ No |
| | | ☐ Wet | ☐ BM | ☐ Dry | | ☐ Yes | ☐ BM ☐ Pee | ☐ No | ☐ Yes | ☐ No |
| | | ☐ Wet | ☐ BM | ☐ Dry | | ☐ Yes | ☐ BM ☐ Pee | ☐ No | ☐ Yes | ☐ No |
| | | ☐ Wet | ☐ BM | ☐ Dry | | ☐ Yes | ☐ BM ☐ Pee | ☐ No | ☐ Yes | ☐ No |
| | | ☐ Wet | ☐ BM | ☐ Dry | | ☐ Yes | ☐ BM ☐ Pee | ☐ No | ☐ Yes | ☐ No |
| | | ☐ Wet | ☐ BM | ☐ Dry | | ☐ Yes | ☐ BM ☐ Pee | ☐ No | ☐ Yes | ☐ No |
| | | ☐ Wet | ☐ BM | ☐ Dry | | ☐ Yes | ☐ BM ☐ Pee | ☐ No | ☐ Yes | ☐ No |
| | | ☐ Wet | ☐ BM | ☐ Dry | | ☐ Yes | ☐ BM ☐ Pee | ☐ No | ☐ Yes | ☐ No |
| | | ☐ Wet | ☐ BM | ☐ Dry | | ☐ Yes | ☐ BM ☐ Pee | ☐ No | ☐ Yes | ☐ No |
| | | ☐ Wet | ☐ BM | ☐ Dry | | ☐ Yes | ☐ BM ☐ Pee | ☐ No | ☐ Yes | ☐ No |
| | | ☐ Wet | ☐ BM | ☐ Dry | | ☐ Yes | ☐ BM ☐ Pee | ☐ No | ☐ Yes | ☐ No |
| | | ☐ Wet | ☐ BM | ☐ Dry | | ☐ Yes | ☐ BM ☐ Pee | ☐ No | ☐ Yes | ☐ No |

# Speech-Language Record Form

**Name:**                                    **Date:**

| New Word or Phrase | Tally | New Word or Phrase | Tally | New Word or Phrase | Tally |
|---|---|---|---|---|---|
| | | | | | |
| | | | | | |
| | | | | | |
| | | | | | |
| | | | | | |
| | | | | | |
| | | | | | |

## Behavioral Form

Name:                                                    Date:

| Before Behavior | Child's Negative Response/Behavior | | What Adult Did After Behavior |
|---|---|---|---|
| | Times Happened: | Average Time: | |
| | Times Happened: | Average Time: | |
| | Times Happened: | Average Time: | |
| | Times Happened: | Average Time: | |
| | Times Happened: | Average Time: | |
| | Times Happened: | Average Time: | |
| | Times Happened: | Average Time: | |
| | Times Happened: | Average Time: | |

# POTTY TIME CHART

* BM = bowel movement

| DATE | TIME | CHECK PANTS | | | TIME AT TOLIET | SUCCESS? | | | NEEDED HELP? | |
|------|------|------|------|------|------|------|------|------|------|------|
| | | ☐ Wet | ☐ BM | ☐ Dry | | ☐ Yes | ☐ BM ☐ Pee | ☐ No | ☐ Yes | ☐ No |
| | | ☐ Wet | ☐ BM | ☐ Dry | | ☐ Yes | ☐ BM ☐ Pee | ☐ No | ☐ Yes | ☐ No |
| | | ☐ Wet | ☐ BM | ☐ Dry | | ☐ Yes | ☐ BM ☐ Pee | ☐ No | ☐ Yes | ☐ No |
| | | ☐ Wet | ☐ BM | ☐ Dry | | ☐ Yes | ☐ BM ☐ Pee | ☐ No | ☐ Yes | ☐ No |
| | | ☐ Wet | ☐ BM | ☐ Dry | | ☐ Yes | ☐ BM ☐ Pee | ☐ No | ☐ Yes | ☐ No |
| | | ☐ Wet | ☐ BM | ☐ Dry | | ☐ Yes | ☐ BM ☐ Pee | ☐ No | ☐ Yes | ☐ No |
| | | ☐ Wet | ☐ BM | ☐ Dry | | ☐ Yes | ☐ BM ☐ Pee | ☐ No | ☐ Yes | ☐ No |
| | | ☐ Wet | ☐ BM | ☐ Dry | | ☐ Yes | ☐ BM ☐ Pee | ☐ No | ☐ Yes | ☐ No |
| | | ☐ Wet | ☐ BM | ☐ Dry | | ☐ Yes | ☐ BM ☐ Pee | ☐ No | ☐ Yes | ☐ No |
| | | ☐ Wet | ☐ BM | ☐ Dry | | ☐ Yes | ☐ BM ☐ Pee | ☐ No | ☐ Yes | ☐ No |
| | | ☐ Wet | ☐ BM | ☐ Dry | | ☐ Yes | ☐ BM ☐ Pee | ☐ No | ☐ Yes | ☐ No |
| | | ☐ Wet | ☐ BM | ☐ Dry | | ☐ Yes | ☐ BM ☐ Pee | ☐ No | ☐ Yes | ☐ No |
| | | ☐ Wet | ☐ BM | ☐ Dry | | ☐ Yes | ☐ BM ☐ Pee | ☐ No | ☐ Yes | ☐ No |
| | | ☐ Wet | ☐ BM | ☐ Dry | | ☐ Yes | ☐ BM ☐ Pee | ☐ No | ☐ Yes | ☐ No |
| | | ☐ Wet | ☐ BM | ☐ Dry | | ☐ Yes | ☐ BM ☐ Pee | ☐ No | ☐ Yes | ☐ No |
| | | ☐ Wet | ☐ BM | ☐ Dry | | ☐ Yes | ☐ BM ☐ Pee | ☐ No | ☐ Yes | ☐ No |
| | | ☐ Wet | ☐ BM | ☐ Dry | | ☐ Yes | ☐ BM ☐ Pee | ☐ No | ☐ Yes | ☐ No |
| | | ☐ Wet | ☐ BM | ☐ Dry | | ☐ Yes | ☐ BM ☐ Pee | ☐ No | ☐ Yes | ☐ No |
| | | ☐ Wet | ☐ BM | ☐ Dry | | ☐ Yes | ☐ BM ☐ Pee | ☐ No | ☐ Yes | ☐ No |
| | | ☐ Wet | ☐ BM | ☐ Dry | | ☐ Yes | ☐ BM ☐ Pee | ☐ No | ☐ Yes | ☐ No |
| | | ☐ Wet | ☐ BM | ☐ Dry | | ☐ Yes | ☐ BM ☐ Pee | ☐ No | ☐ Yes | ☐ No |

# Speech-Language Record Form

**Name:**                               **Date:**

| New Word or Phrase | Tally | New Word or Phrase | Tally | New Word or Phrase | Tally |
|---|---|---|---|---|---|
|  |  |  |  |  |  |
|  |  |  |  |  |  |
|  |  |  |  |  |  |
|  |  |  |  |  |  |
|  |  |  |  |  |  |
|  |  |  |  |  |  |
|  |  |  |  |  |  |

## Behavioral Form

Name:                                          Date:

| Before Behavior | Child's Negative Response/Behavior | | What Adult Did After Behavior |
|---|---|---|---|
| | Times Happened: | Average Time: | |
| | Times Happened: | Average Time: | |
| | Times Happened: | Average Time: | |
| | Times Happened: | Average Time: | |
| | Times Happened: | Average Time: | |
| | Times Happened: | Average Time: | |
| | Times Happened: | Average Time: | |
| | Times Happened: | Average Time: | |
| | Times Happened: | Average Time: | |

# POTTY TIME CHART

* BM = bowel movement

| DATE | TIME | CHECK PANTS | | | TIME AT TOLIET | SUCCESS? | | | NEEDED HELP? | |
|---|---|---|---|---|---|---|---|---|---|---|
| | | ☐ Wet | ☐ BM | ☐ Dry | | ☐ Yes | ☐ BM ☐ Pee | ☐ No | ☐ Yes | ☐ No |
| | | ☐ Wet | ☐ BM | ☐ Dry | | ☐ Yes | ☐ BM ☐ Pee | ☐ No | ☐ Yes | ☐ No |
| | | ☐ Wet | ☐ BM | ☐ Dry | | ☐ Yes | ☐ BM ☐ Pee | ☐ No | ☐ Yes | ☐ No |
| | | ☐ Wet | ☐ BM | ☐ Dry | | ☐ Yes | ☐ BM ☐ Pee | ☐ No | ☐ Yes | ☐ No |
| | | ☐ Wet | ☐ BM | ☐ Dry | | ☐ Yes | ☐ BM ☐ Pee | ☐ No | ☐ Yes | ☐ No |
| | | ☐ Wet | ☐ BM | ☐ Dry | | ☐ Yes | ☐ BM ☐ Pee | ☐ No | ☐ Yes | ☐ No |
| | | ☐ Wet | ☐ BM | ☐ Dry | | ☐ Yes | ☐ BM ☐ Pee | ☐ No | ☐ Yes | ☐ No |
| | | ☐ Wet | ☐ BM | ☐ Dry | | ☐ Yes | ☐ BM ☐ Pee | ☐ No | ☐ Yes | ☐ No |
| | | ☐ Wet | ☐ BM | ☐ Dry | | ☐ Yes | ☐ BM ☐ Pee | ☐ No | ☐ Yes | ☐ No |
| | | ☐ Wet | ☐ BM | ☐ Dry | | ☐ Yes | ☐ BM ☐ Pee | ☐ No | ☐ Yes | ☐ No |
| | | ☐ Wet | ☐ BM | ☐ Dry | | ☐ Yes | ☐ BM ☐ Pee | ☐ No | ☐ Yes | ☐ No |
| | | ☐ Wet | ☐ BM | ☐ Dry | | ☐ Yes | ☐ BM ☐ Pee | ☐ No | ☐ Yes | ☐ No |
| | | ☐ Wet | ☐ BM | ☐ Dry | | ☐ Yes | ☐ BM ☐ Pee | ☐ No | ☐ Yes | ☐ No |
| | | ☐ Wet | ☐ BM | ☐ Dry | | ☐ Yes | ☐ BM ☐ Pee | ☐ No | ☐ Yes | ☐ No |
| | | ☐ Wet | ☐ BM | ☐ Dry | | ☐ Yes | ☐ BM ☐ Pee | ☐ No | ☐ Yes | ☐ No |
| | | ☐ Wet | ☐ BM | ☐ Dry | | ☐ Yes | ☐ BM ☐ Pee | ☐ No | ☐ Yes | ☐ No |
| | | ☐ Wet | ☐ BM | ☐ Dry | | ☐ Yes | ☐ BM ☐ Pee | ☐ No | ☐ Yes | ☐ No |
| | | ☐ Wet | ☐ BM | ☐ Dry | | ☐ Yes | ☐ BM ☐ Pee | ☐ No | ☐ Yes | ☐ No |
| | | ☐ Wet | ☐ BM | ☐ Dry | | ☐ Yes | ☐ BM ☐ Pee | ☐ No | ☐ Yes | ☐ No |
| | | ☐ Wet | ☐ BM | ☐ Dry | | ☐ Yes | ☐ BM ☐ Pee | ☐ No | ☐ Yes | ☐ No |
| | | ☐ Wet | ☐ BM | ☐ Dry | | ☐ Yes | ☐ BM ☐ Pee | ☐ No | ☐ Yes | ☐ No |

# Speech-Language Record Form

**Name:**                                                      **Date:**

| New Word or Phrase | Tally | New Word or Phrase | Tally | New Word or Phrase | Tally |
|---|---|---|---|---|---|
|  |  |  |  |  |  |
|  |  |  |  |  |  |
|  |  |  |  |  |  |
|  |  |  |  |  |  |
|  |  |  |  |  |  |
|  |  |  |  |  |  |
|  |  |  |  |  |  |

## Behavioral Form

Name:                                          Date:

| Before Behavior | Child's Negative Response/Behavior | | What Adult Did After Behavior |
|---|---|---|---|
| | Times Happened: | Average Time: | |
| | Times Happened: | Average Time: | |
| | Times Happened: | Average Time: | |
| | Times Happened: | Average Time: | |
| | Times Happened: | Average Time: | |
| | Times Happened: | Average Time: | |
| | Times Happened: | Average Time: | |
| | Times Happened: | Average Time: | |

# POTTY TIME CHART

\* BM = bowel movement

| DATE | TIME | CHECK PANTS | TIME AT TOLIET | SUCCESS? | | | NEEDED HELP? | |
|---|---|---|---|---|---|---|---|---|
| | | ☐ Wet  ☐ BM  ☐ Dry | | ☐ Yes | ☐ BM<br>☐ Pee | ☐ No | ☐ Yes | ☐ No |
| | | ☐ Wet  ☐ BM  ☐ Dry | | ☐ Yes | ☐ BM<br>☐ Pee | ☐ No | ☐ Yes | ☐ No |
| | | ☐ Wet  ☐ BM  ☐ Dry | | ☐ Yes | ☐ BM<br>☐ Pee | ☐ No | ☐ Yes | ☐ No |
| | | ☐ Wet  ☐ BM  ☐ Dry | | ☐ Yes | ☐ BM<br>☐ Pee | ☐ No | ☐ Yes | ☐ No |
| | | ☐ Wet  ☐ BM  ☐ Dry | | ☐ Yes | ☐ BM<br>☐ Pee | ☐ No | ☐ Yes | ☐ No |
| | | ☐ Wet  ☐ BM  ☐ Dry | | ☐ Yes | ☐ BM<br>☐ Pee | ☐ No | ☐ Yes | ☐ No |
| | | ☐ Wet  ☐ BM  ☐ Dry | | ☐ Yes | ☐ BM<br>☐ Pee | ☐ No | ☐ Yes | ☐ No |
| | | ☐ Wet  ☐ BM  ☐ Dry | | ☐ Yes | ☐ BM<br>☐ Pee | ☐ No | ☐ Yes | ☐ No |
| | | ☐ Wet  ☐ BM  ☐ Dry | | ☐ Yes | ☐ BM<br>☐ Pee | ☐ No | ☐ Yes | ☐ No |
| | | ☐ Wet  ☐ BM  ☐ Dry | | ☐ Yes | ☐ BM<br>☐ Pee | ☐ No | ☐ Yes | ☐ No |
| | | ☐ Wet  ☐ BM  ☐ Dry | | ☐ Yes | ☐ BM<br>☐ Pee | ☐ No | ☐ Yes | ☐ No |
| | | ☐ Wet  ☐ BM  ☐ Dry | | ☐ Yes | ☐ BM<br>☐ Pee | ☐ No | ☐ Yes | ☐ No |
| | | ☐ Wet  ☐ BM  ☐ Dry | | ☐ Yes | ☐ BM<br>☐ Pee | ☐ No | ☐ Yes | ☐ No |
| | | ☐ Wet  ☐ BM  ☐ Dry | | ☐ Yes | ☐ BM<br>☐ Pee | ☐ No | ☐ Yes | ☐ No |
| | | ☐ Wet  ☐ BM  ☐ Dry | | ☐ Yes | ☐ BM<br>☐ Pee | ☐ No | ☐ Yes | ☐ No |
| | | ☐ Wet  ☐ BM  ☐ Dry | | ☐ Yes | ☐ BM<br>☐ Pee | ☐ No | ☐ Yes | ☐ No |
| | | ☐ Wet  ☐ BM  ☐ Dry | | ☐ Yes | ☐ BM<br>☐ Pee | ☐ No | ☐ Yes | ☐ No |
| | | ☐ Wet  ☐ BM  ☐ Dry | | ☐ Yes | ☐ BM<br>☐ Pee | ☐ No | ☐ Yes | ☐ No |
| | | ☐ Wet  ☐ BM  ☐ Dry | | ☐ Yes | ☐ BM<br>☐ Pee | ☐ No | ☐ Yes | ☐ No |
| | | ☐ Wet  ☐ BM  ☐ Dry | | ☐ Yes | ☐ BM<br>☐ Pee | ☐ No | ☐ Yes | ☐ No |
| | | ☐ Wet  ☐ BM  ☐ Dry | | ☐ Yes | ☐ BM<br>☐ Pee | ☐ No | ☐ Yes | ☐ No |
| | | ☐ Wet  ☐ BM  ☐ Dry | | ☐ Yes | ☐ BM<br>☐ Pee | ☐ No | ☐ Yes | ☐ No |

# Speech-Language Record Form

**Name:**                      **Date:**

| New Word or Phrase | Tally | New Word or Phrase | Tally | New Word or Phrase | Tally |
|---|---|---|---|---|---|
|  |  |  |  |  |  |
|  |  |  |  |  |  |
|  |  |  |  |  |  |
|  |  |  |  |  |  |
|  |  |  |  |  |  |
|  |  |  |  |  |  |
|  |  |  |  |  |  |

## Behavioral Form

Name:                                                    Date:

| Before Behavior | Child's Negative Response/Behavior | | What Adult Did After Behavior |
|---|---|---|---|
| | Times Happened: | Average Time: | |
| | Times Happened: | Average Time: | |
| | Times Happened: | Average Time: | |
| | Times Happened: | Average Time: | |
| | Times Happened: | Average Time: | |
| | Times Happened: | Average Time: | |
| | Times Happened: | Average Time: | |
| | Times Happened: | Average Time: | |

# POTTY TIME CHART

* BM = bowel movement

| DATE | TIME | CHECK PANTS | TIME AT TOLIET | SUCCESS? | | | NEEDED HELP? | |
|------|------|-------------|----------------|----------|---|---|--------------|---|
| | | ☐ Wet ☐ BM ☐ Dry | | ☐ Yes | ☐ BM<br>☐ Pee | ☐ No | ☐ Yes | ☐ No |
| | | ☐ Wet ☐ BM ☐ Dry | | ☐ Yes | ☐ BM<br>☐ Pee | ☐ No | ☐ Yes | ☐ No |
| | | ☐ Wet ☐ BM ☐ Dry | | ☐ Yes | ☐ BM<br>☐ Pee | ☐ No | ☐ Yes | ☐ No |
| | | ☐ Wet ☐ BM ☐ Dry | | ☐ Yes | ☐ BM<br>☐ Pee | ☐ No | ☐ Yes | ☐ No |
| | | ☐ Wet ☐ BM ☐ Dry | | ☐ Yes | ☐ BM<br>☐ Pee | ☐ No | ☐ Yes | ☐ No |
| | | ☐ Wet ☐ BM ☐ Dry | | ☐ Yes | ☐ BM<br>☐ Pee | ☐ No | ☐ Yes | ☐ No |
| | | ☐ Wet ☐ BM ☐ Dry | | ☐ Yes | ☐ BM<br>☐ Pee | ☐ No | ☐ Yes | ☐ No |
| | | ☐ Wet ☐ BM ☐ Dry | | ☐ Yes | ☐ BM<br>☐ Pee | ☐ No | ☐ Yes | ☐ No |
| | | ☐ Wet ☐ BM ☐ Dry | | ☐ Yes | ☐ BM<br>☐ Pee | ☐ No | ☐ Yes | ☐ No |
| | | ☐ Wet ☐ BM ☐ Dry | | ☐ Yes | ☐ BM<br>☐ Pee | ☐ No | ☐ Yes | ☐ No |
| | | ☐ Wet ☐ BM ☐ Dry | | ☐ Yes | ☐ BM<br>☐ Pee | ☐ No | ☐ Yes | ☐ No |
| | | ☐ Wet ☐ BM ☐ Dry | | ☐ Yes | ☐ BM<br>☐ Pee | ☐ No | ☐ Yes | ☐ No |
| | | ☐ Wet ☐ BM ☐ Dry | | ☐ Yes | ☐ BM<br>☐ Pee | ☐ No | ☐ Yes | ☐ No |
| | | ☐ Wet ☐ BM ☐ Dry | | ☐ Yes | ☐ BM<br>☐ Pee | ☐ No | ☐ Yes | ☐ No |
| | | ☐ Wet ☐ BM ☐ Dry | | ☐ Yes | ☐ BM<br>☐ Pee | ☐ No | ☐ Yes | ☐ No |
| | | ☐ Wet ☐ BM ☐ Dry | | ☐ Yes | ☐ BM<br>☐ Pee | ☐ No | ☐ Yes | ☐ No |
| | | ☐ Wet ☐ BM ☐ Dry | | ☐ Yes | ☐ BM<br>☐ Pee | ☐ No | ☐ Yes | ☐ No |
| | | ☐ Wet ☐ BM ☐ Dry | | ☐ Yes | ☐ BM<br>☐ Pee | ☐ No | ☐ Yes | ☐ No |
| | | ☐ Wet ☐ BM ☐ Dry | | ☐ Yes | ☐ BM<br>☐ Pee | ☐ No | ☐ Yes | ☐ No |
| | | ☐ Wet ☐ BM ☐ Dry | | ☐ Yes | ☐ BM<br>☐ Pee | ☐ No | ☐ Yes | ☐ No |
| | | ☐ Wet ☐ BM ☐ Dry | | ☐ Yes | ☐ BM<br>☐ Pee | ☐ No | ☐ Yes | ☐ No |

# Speech-Language Record Form

Name:                                    Date:

| New Word or Phrase | Tally | New Word or Phrase | Tally | New Word or Phrase | Tally |
|---|---|---|---|---|---|
|  |  |  |  |  |  |
|  |  |  |  |  |  |
|  |  |  |  |  |  |
|  |  |  |  |  |  |
|  |  |  |  |  |  |
|  |  |  |  |  |  |
|  |  |  |  |  |  |

## Behavioral Form

Name:                                        Date:

| Before Behavior | Child's Negative Response/Behavior | | What Adult Did After Behavior |
|---|---|---|---|
| | Times Happened: | Average Time: | |
| | Times Happened: | Average Time: | |
| | Times Happened: | Average Time: | |
| | Times Happened: | Average Time: | |
| | Times Happened: | Average Time: | |
| | Times Happened: | Average Time: | |
| | Times Happened: | Average Time: | |
| | Times Happened: | Average Time: | |
| | Times Happened: | Average Time: | |

# POTTY TIME CHART

\* BM = bowel movement

| DATE | TIME | CHECK PANTS | | | TIME AT TOLIET | SUCCESS? | | | NEEDED HELP? | |
|------|------|------|------|------|------|------|------|------|------|------|
| | | ☐ Wet | ☐ BM | ☐ Dry | | ☐ Yes | ☐ BM ☐ Pee | ☐ No | ☐ Yes | ☐ No |
| | | ☐ Wet | ☐ BM | ☐ Dry | | ☐ Yes | ☐ BM ☐ Pee | ☐ No | ☐ Yes | ☐ No |
| | | ☐ Wet | ☐ BM | ☐ Dry | | ☐ Yes | ☐ BM ☐ Pee | ☐ No | ☐ Yes | ☐ No |
| | | ☐ Wet | ☐ BM | ☐ Dry | | ☐ Yes | ☐ BM ☐ Pee | ☐ No | ☐ Yes | ☐ No |
| | | ☐ Wet | ☐ BM | ☐ Dry | | ☐ Yes | ☐ BM ☐ Pee | ☐ No | ☐ Yes | ☐ No |
| | | ☐ Wet | ☐ BM | ☐ Dry | | ☐ Yes | ☐ BM ☐ Pee | ☐ No | ☐ Yes | ☐ No |
| | | ☐ Wet | ☐ BM | ☐ Dry | | ☐ Yes | ☐ BM ☐ Pee | ☐ No | ☐ Yes | ☐ No |
| | | ☐ Wet | ☐ BM | ☐ Dry | | ☐ Yes | ☐ BM ☐ Pee | ☐ No | ☐ Yes | ☐ No |
| | | ☐ Wet | ☐ BM | ☐ Dry | | ☐ Yes | ☐ BM ☐ Pee | ☐ No | ☐ Yes | ☐ No |
| | | ☐ Wet | ☐ BM | ☐ Dry | | ☐ Yes | ☐ BM ☐ Pee | ☐ No | ☐ Yes | ☐ No |
| | | ☐ Wet | ☐ BM | ☐ Dry | | ☐ Yes | ☐ BM ☐ Pee | ☐ No | ☐ Yes | ☐ No |
| | | ☐ Wet | ☐ BM | ☐ Dry | | ☐ Yes | ☐ BM ☐ Pee | ☐ No | ☐ Yes | ☐ No |
| | | ☐ Wet | ☐ BM | ☐ Dry | | ☐ Yes | ☐ BM ☐ Pee | ☐ No | ☐ Yes | ☐ No |
| | | ☐ Wet | ☐ BM | ☐ Dry | | ☐ Yes | ☐ BM ☐ Pee | ☐ No | ☐ Yes | ☐ No |
| | | ☐ Wet | ☐ BM | ☐ Dry | | ☐ Yes | ☐ BM ☐ Pee | ☐ No | ☐ Yes | ☐ No |
| | | ☐ Wet | ☐ BM | ☐ Dry | | ☐ Yes | ☐ BM ☐ Pee | ☐ No | ☐ Yes | ☐ No |
| | | ☐ Wet | ☐ BM | ☐ Dry | | ☐ Yes | ☐ BM ☐ Pee | ☐ No | ☐ Yes | ☐ No |
| | | ☐ Wet | ☐ BM | ☐ Dry | | ☐ Yes | ☐ BM ☐ Pee | ☐ No | ☐ Yes | ☐ No |
| | | ☐ Wet | ☐ BM | ☐ Dry | | ☐ Yes | ☐ BM ☐ Pee | ☐ No | ☐ Yes | ☐ No |
| | | ☐ Wet | ☐ BM | ☐ Dry | | ☐ Yes | ☐ BM ☐ Pee | ☐ No | ☐ Yes | ☐ No |

# Speech-Language Record Form

**Name:**                                **Date:**

| New Word or Phrase | Tally | New Word or Phrase | Tally | New Word or Phrase | Tally |
|---|---|---|---|---|---|
|  |  |  |  |  |  |
|  |  |  |  |  |  |
|  |  |  |  |  |  |
|  |  |  |  |  |  |
|  |  |  |  |  |  |
|  |  |  |  |  |  |
|  |  |  |  |  |  |

## Behavioral Form

Name:                                  Date:

| Before Behavior | Child's Negative Response/Behavior | | What Adult Did After Behavior |
|---|---|---|---|
| | Times Happened: | Average Time: | |
| | Times Happened: | Average Time: | |
| | Times Happened: | Average Time: | |
| | Times Happened: | Average Time: | |
| | Times Happened: | Average Time: | |
| | Times Happened: | Average Time: | |
| | Times Happened: | Average Time: | |
| | Times Happened: | Average Time: | |
| | Times Happened: | Average Time: | |

# POTTY TIME CHART

* BM = bowel movement

| DATE | TIME | CHECK PANTS | | | TIME AT TOLIET | SUCCESS? | | | NEEDED HELP? | |
|------|------|------|------|------|------|------|------|------|------|------|
| | | ☐ Wet | ☐ BM | ☐ Dry | | ☐ Yes | ☐ BM ☐ Pee | ☐ No | ☐ Yes | ☐ No |
| | | ☐ Wet | ☐ BM | ☐ Dry | | ☐ Yes | ☐ BM ☐ Pee | ☐ No | ☐ Yes | ☐ No |
| | | ☐ Wet | ☐ BM | ☐ Dry | | ☐ Yes | ☐ BM ☐ Pee | ☐ No | ☐ Yes | ☐ No |
| | | ☐ Wet | ☐ BM | ☐ Dry | | ☐ Yes | ☐ BM ☐ Pee | ☐ No | ☐ Yes | ☐ No |
| | | ☐ Wet | ☐ BM | ☐ Dry | | ☐ Yes | ☐ BM ☐ Pee | ☐ No | ☐ Yes | ☐ No |
| | | ☐ Wet | ☐ BM | ☐ Dry | | ☐ Yes | ☐ BM ☐ Pee | ☐ No | ☐ Yes | ☐ No |
| | | ☐ Wet | ☐ BM | ☐ Dry | | ☐ Yes | ☐ BM ☐ Pee | ☐ No | ☐ Yes | ☐ No |
| | | ☐ Wet | ☐ BM | ☐ Dry | | ☐ Yes | ☐ BM ☐ Pee | ☐ No | ☐ Yes | ☐ No |
| | | ☐ Wet | ☐ BM | ☐ Dry | | ☐ Yes | ☐ BM ☐ Pee | ☐ No | ☐ Yes | ☐ No |
| | | ☐ Wet | ☐ BM | ☐ Dry | | ☐ Yes | ☐ BM ☐ Pee | ☐ No | ☐ Yes | ☐ No |
| | | ☐ Wet | ☐ BM | ☐ Dry | | ☐ Yes | ☐ BM ☐ Pee | ☐ No | ☐ Yes | ☐ No |
| | | ☐ Wet | ☐ BM | ☐ Dry | | ☐ Yes | ☐ BM ☐ Pee | ☐ No | ☐ Yes | ☐ No |
| | | ☐ Wet | ☐ BM | ☐ Dry | | ☐ Yes | ☐ BM ☐ Pee | ☐ No | ☐ Yes | ☐ No |
| | | ☐ Wet | ☐ BM | ☐ Dry | | ☐ Yes | ☐ BM ☐ Pee | ☐ No | ☐ Yes | ☐ No |
| | | ☐ Wet | ☐ BM | ☐ Dry | | ☐ Yes | ☐ BM ☐ Pee | ☐ No | ☐ Yes | ☐ No |
| | | ☐ Wet | ☐ BM | ☐ Dry | | ☐ Yes | ☐ BM ☐ Pee | ☐ No | ☐ Yes | ☐ No |
| | | ☐ Wet | ☐ BM | ☐ Dry | | ☐ Yes | ☐ BM ☐ Pee | ☐ No | ☐ Yes | ☐ No |
| | | ☐ Wet | ☐ BM | ☐ Dry | | ☐ Yes | ☐ BM ☐ Pee | ☐ No | ☐ Yes | ☐ No |
| | | ☐ Wet | ☐ BM | ☐ Dry | | ☐ Yes | ☐ BM ☐ Pee | ☐ No | ☐ Yes | ☐ No |
| | | ☐ Wet | ☐ BM | ☐ Dry | | ☐ Yes | ☐ BM ☐ Pee | ☐ No | ☐ Yes | ☐ No |

# Speech-Language Record Form

**Name:**                                       **Date:**

| New Word or Phrase | Tally | New Word or Phrase | Tally | New Word or Phrase | Tally |
|---|---|---|---|---|---|
|  |  |  |  |  |  |
|  |  |  |  |  |  |
|  |  |  |  |  |  |
|  |  |  |  |  |  |
|  |  |  |  |  |  |
|  |  |  |  |  |  |
|  |  |  |  |  |  |

## Behavioral Form

Name: Date:

| Before Behavior | Child's Negative Response/Behavior | What Adult Did After Behavior |
|---|---|---|
| | Times Happened: Average Time: | |
| | Times Happened: Average Time: | |
| | Times Happened: Average Time: | |
| | Times Happened: Average Time: | |
| | Times Happened: Average Time: | |
| | Times Happened: Average Time: | |
| | Times Happened: Average Time: | |
| | Times Happened: Average Time: | |
| | Times Happened: Average Time: | |

# POTTY TIME CHART

* BM = bowel movement

| DATE | TIME | CHECK PANTS | | | TIME AT TOLIET | SUCCESS? | | | NEEDED HELP? | |
|---|---|---|---|---|---|---|---|---|---|---|
| | | ☐ Wet | ☐ BM | ☐ Dry | | ☐ Yes | ☐ BM<br>☐ Pee | ☐ No | ☐ Yes | ☐ No |
| | | ☐ Wet | ☐ BM | ☐ Dry | | ☐ Yes | ☐ BM<br>☐ Pee | ☐ No | ☐ Yes | ☐ No |
| | | ☐ Wet | ☐ BM | ☐ Dry | | ☐ Yes | ☐ BM<br>☐ Pee | ☐ No | ☐ Yes | ☐ No |
| | | ☐ Wet | ☐ BM | ☐ Dry | | ☐ Yes | ☐ BM<br>☐ Pee | ☐ No | ☐ Yes | ☐ No |
| | | ☐ Wet | ☐ BM | ☐ Dry | | ☐ Yes | ☐ BM<br>☐ Pee | ☐ No | ☐ Yes | ☐ No |
| | | ☐ Wet | ☐ BM | ☐ Dry | | ☐ Yes | ☐ BM<br>☐ Pee | ☐ No | ☐ Yes | ☐ No |
| | | ☐ Wet | ☐ BM | ☐ Dry | | ☐ Yes | ☐ BM<br>☐ Pee | ☐ No | ☐ Yes | ☐ No |
| | | ☐ Wet | ☐ BM | ☐ Dry | | ☐ Yes | ☐ BM<br>☐ Pee | ☐ No | ☐ Yes | ☐ No |
| | | ☐ Wet | ☐ BM | ☐ Dry | | ☐ Yes | ☐ BM<br>☐ Pee | ☐ No | ☐ Yes | ☐ No |
| | | ☐ Wet | ☐ BM | ☐ Dry | | ☐ Yes | ☐ BM<br>☐ Pee | ☐ No | ☐ Yes | ☐ No |
| | | ☐ Wet | ☐ BM | ☐ Dry | | ☐ Yes | ☐ BM<br>☐ Pee | ☐ No | ☐ Yes | ☐ No |
| | | ☐ Wet | ☐ BM | ☐ Dry | | ☐ Yes | ☐ BM<br>☐ Pee | ☐ No | ☐ Yes | ☐ No |
| | | ☐ Wet | ☐ BM | ☐ Dry | | ☐ Yes | ☐ BM<br>☐ Pee | ☐ No | ☐ Yes | ☐ No |
| | | ☐ Wet | ☐ BM | ☐ Dry | | ☐ Yes | ☐ BM<br>☐ Pee | ☐ No | ☐ Yes | ☐ No |
| | | ☐ Wet | ☐ BM | ☐ Dry | | ☐ Yes | ☐ BM<br>☐ Pee | ☐ No | ☐ Yes | ☐ No |
| | | ☐ Wet | ☐ BM | ☐ Dry | | ☐ Yes | ☐ BM<br>☐ Pee | ☐ No | ☐ Yes | ☐ No |
| | | ☐ Wet | ☐ BM | ☐ Dry | | ☐ Yes | ☐ BM<br>☐ Pee | ☐ No | ☐ Yes | ☐ No |
| | | ☐ Wet | ☐ BM | ☐ Dry | | ☐ Yes | ☐ BM<br>☐ Pee | ☐ No | ☐ Yes | ☐ No |
| | | ☐ Wet | ☐ BM | ☐ Dry | | ☐ Yes | ☐ BM<br>☐ Pee | ☐ No | ☐ Yes | ☐ No |
| | | ☐ Wet | ☐ BM | ☐ Dry | | ☐ Yes | ☐ BM<br>☐ Pee | ☐ No | ☐ Yes | ☐ No |
| | | ☐ Wet | ☐ BM | ☐ Dry | | ☐ Yes | ☐ BM<br>☐ Pee | ☐ No | ☐ Yes | ☐ No |

# Speech-Language Record Form

**Name:**                                              **Date:**

| New Word or Phrase | Tally | New Word or Phrase | Tally | New Word or Phrase | Tally |
|---|---|---|---|---|---|
|  |  |  |  |  |  |
|  |  |  |  |  |  |
|  |  |  |  |  |  |
|  |  |  |  |  |  |
|  |  |  |  |  |  |
|  |  |  |  |  |  |
|  |  |  |  |  |  |

## Behavioral Form

Name: _____    Date: _____

| Before Behavior | Child's Negative Response/Behavior | | What Adult Did After Behavior |
|---|---|---|---|
| | Times Happened: [____] | Average Time: [____] | |
| | Times Happened: [____] | Average Time: [____] | |
| | Times Happened: [____] | Average Time: [____] | |
| | Times Happened: [____] | Average Time: [____] | |
| | Times Happened: [____] | Average Time: [____] | |
| | Times Happened: [____] | Average Time: [____] | |
| | Times Happened: [____] | Average Time: [____] | |
| | Times Happened: [____] | Average Time: [____] | |

# POTTY TIME CHART

* BM = bowel movement

| DATE | TIME | CHECK PANTS | TIME AT TOLIET | SUCCESS? | | | NEEDED HELP? | |
|---|---|---|---|---|---|---|---|---|
| | | ☐ Wet  ☐ BM  ☐ Dry | | ☐ Yes | ☐ BM<br>☐ Pee | ☐ No | ☐ Yes | ☐ No |
| | | ☐ Wet  ☐ BM  ☐ Dry | | ☐ Yes | ☐ BM<br>☐ Pee | ☐ No | ☐ Yes | ☐ No |
| | | ☐ Wet  ☐ BM  ☐ Dry | | ☐ Yes | ☐ BM<br>☐ Pee | ☐ No | ☐ Yes | ☐ No |
| | | ☐ Wet  ☐ BM  ☐ Dry | | ☐ Yes | ☐ BM<br>☐ Pee | ☐ No | ☐ Yes | ☐ No |
| | | ☐ Wet  ☐ BM  ☐ Dry | | ☐ Yes | ☐ BM<br>☐ Pee | ☐ No | ☐ Yes | ☐ No |
| | | ☐ Wet  ☐ BM  ☐ Dry | | ☐ Yes | ☐ BM<br>☐ Pee | ☐ No | ☐ Yes | ☐ No |
| | | ☐ Wet  ☐ BM  ☐ Dry | | ☐ Yes | ☐ BM<br>☐ Pee | ☐ No | ☐ Yes | ☐ No |
| | | ☐ Wet  ☐ BM  ☐ Dry | | ☐ Yes | ☐ BM<br>☐ Pee | ☐ No | ☐ Yes | ☐ No |
| | | ☐ Wet  ☐ BM  ☐ Dry | | ☐ Yes | ☐ BM<br>☐ Pee | ☐ No | ☐ Yes | ☐ No |
| | | ☐ Wet  ☐ BM  ☐ Dry | | ☐ Yes | ☐ BM<br>☐ Pee | ☐ No | ☐ Yes | ☐ No |
| | | ☐ Wet  ☐ BM  ☐ Dry | | ☐ Yes | ☐ BM<br>☐ Pee | ☐ No | ☐ Yes | ☐ No |
| | | ☐ Wet  ☐ BM  ☐ Dry | | ☐ Yes | ☐ BM<br>☐ Pee | ☐ No | ☐ Yes | ☐ No |
| | | ☐ Wet  ☐ BM  ☐ Dry | | ☐ Yes | ☐ BM<br>☐ Pee | ☐ No | ☐ Yes | ☐ No |
| | | ☐ Wet  ☐ BM  ☐ Dry | | ☐ Yes | ☐ BM<br>☐ Pee | ☐ No | ☐ Yes | ☐ No |
| | | ☐ Wet  ☐ BM  ☐ Dry | | ☐ Yes | ☐ BM<br>☐ Pee | ☐ No | ☐ Yes | ☐ No |
| | | ☐ Wet  ☐ BM  ☐ Dry | | ☐ Yes | ☐ BM<br>☐ Pee | ☐ No | ☐ Yes | ☐ No |
| | | ☐ Wet  ☐ BM  ☐ Dry | | ☐ Yes | ☐ BM<br>☐ Pee | ☐ No | ☐ Yes | ☐ No |
| | | ☐ Wet  ☐ BM  ☐ Dry | | ☐ Yes | ☐ BM<br>☐ Pee | ☐ No | ☐ Yes | ☐ No |
| | | ☐ Wet  ☐ BM  ☐ Dry | | ☐ Yes | ☐ BM<br>☐ Pee | ☐ No | ☐ Yes | ☐ No |
| | | ☐ Wet  ☐ BM  ☐ Dry | | ☐ Yes | ☐ BM<br>☐ Pee | ☐ No | ☐ Yes | ☐ No |

# Speech-Language Record Form

**Name:**                                             **Date:**

| New Word or Phrase | Tally | New Word or Phrase | Tally | New Word or Phrase | Tally |
|---|---|---|---|---|---|
| | | | | | |
| | | | | | |
| | | | | | |
| | | | | | |
| | | | | | |
| | | | | | |
| | | | | | |

## Behavioral Form

Name:                                   Date:

| Before Behavior | Child's Negative Response/Behavior | What Adult Did After Behavior |
|---|---|---|
| | Times Happened:     Average Time: | |
| | Times Happened:     Average Time: | |
| | Times Happened:     Average Time: | |
| | Times Happened:     Average Time: | |
| | Times Happened:     Average Time: | |
| | Times Happened:     Average Time: | |
| | Times Happened:     Average Time: | |
| | Times Happened:     Average Time: | |
| | Times Happened:     Average Time: | |

# POTTY TIME CHART

* BM = bowel movement

| DATE | TIME | CHECK PANTS | | | TIME AT TOLIET | SUCCESS? | | | NEEDED HELP? | |
|---|---|---|---|---|---|---|---|---|---|---|
| | | ☐ Wet | ☐ BM | ☐ Dry | | ☐ Yes | ☐ BM<br>☐ Pee | ☐ No | ☐ Yes | ☐ No |
| | | ☐ Wet | ☐ BM | ☐ Dry | | ☐ Yes | ☐ BM<br>☐ Pee | ☐ No | ☐ Yes | ☐ No |
| | | ☐ Wet | ☐ BM | ☐ Dry | | ☐ Yes | ☐ BM<br>☐ Pee | ☐ No | ☐ Yes | ☐ No |
| | | ☐ Wet | ☐ BM | ☐ Dry | | ☐ Yes | ☐ BM<br>☐ Pee | ☐ No | ☐ Yes | ☐ No |
| | | ☐ Wet | ☐ BM | ☐ Dry | | ☐ Yes | ☐ BM<br>☐ Pee | ☐ No | ☐ Yes | ☐ No |
| | | ☐ Wet | ☐ BM | ☐ Dry | | ☐ Yes | ☐ BM<br>☐ Pee | ☐ No | ☐ Yes | ☐ No |
| | | ☐ Wet | ☐ BM | ☐ Dry | | ☐ Yes | ☐ BM<br>☐ Pee | ☐ No | ☐ Yes | ☐ No |
| | | ☐ Wet | ☐ BM | ☐ Dry | | ☐ Yes | ☐ BM<br>☐ Pee | ☐ No | ☐ Yes | ☐ No |
| | | ☐ Wet | ☐ BM | ☐ Dry | | ☐ Yes | ☐ BM<br>☐ Pee | ☐ No | ☐ Yes | ☐ No |
| | | ☐ Wet | ☐ BM | ☐ Dry | | ☐ Yes | ☐ BM<br>☐ Pee | ☐ No | ☐ Yes | ☐ No |
| | | ☐ Wet | ☐ BM | ☐ Dry | | ☐ Yes | ☐ BM<br>☐ Pee | ☐ No | ☐ Yes | ☐ No |
| | | ☐ Wet | ☐ BM | ☐ Dry | | ☐ Yes | ☐ BM<br>☐ Pee | ☐ No | ☐ Yes | ☐ No |
| | | ☐ Wet | ☐ BM | ☐ Dry | | ☐ Yes | ☐ BM<br>☐ Pee | ☐ No | ☐ Yes | ☐ No |
| | | ☐ Wet | ☐ BM | ☐ Dry | | ☐ Yes | ☐ BM<br>☐ Pee | ☐ No | ☐ Yes | ☐ No |
| | | ☐ Wet | ☐ BM | ☐ Dry | | ☐ Yes | ☐ BM<br>☐ Pee | ☐ No | ☐ Yes | ☐ No |
| | | ☐ Wet | ☐ BM | ☐ Dry | | ☐ Yes | ☐ BM<br>☐ Pee | ☐ No | ☐ Yes | ☐ No |
| | | ☐ Wet | ☐ BM | ☐ Dry | | ☐ Yes | ☐ BM<br>☐ Pee | ☐ No | ☐ Yes | ☐ No |
| | | ☐ Wet | ☐ BM | ☐ Dry | | ☐ Yes | ☐ BM<br>☐ Pee | ☐ No | ☐ Yes | ☐ No |
| | | ☐ Wet | ☐ BM | ☐ Dry | | ☐ Yes | ☐ BM<br>☐ Pee | ☐ No | ☐ Yes | ☐ No |
| | | ☐ Wet | ☐ BM | ☐ Dry | | ☐ Yes | ☐ BM<br>☐ Pee | ☐ No | ☐ Yes | ☐ No |
| | | ☐ Wet | ☐ BM | ☐ Dry | | ☐ Yes | ☐ BM<br>☐ Pee | ☐ No | ☐ Yes | ☐ No |

# Speech-Language Record Form

**Name:**                                          **Date:**

| New Word or Phrase | Tally | New Word or Phrase | Tally | New Word or Phrase | Tally |
|---|---|---|---|---|---|
|  |  |  |  |  |  |
|  |  |  |  |  |  |
|  |  |  |  |  |  |
|  |  |  |  |  |  |
|  |  |  |  |  |  |
|  |  |  |  |  |  |
|  |  |  |  |  |  |

## Behavioral Form

Name:                                                    Date:

| Before Behavior | Child's Negative Response/Behavior | What Adult Did After Behavior |
|---|---|---|
|  | Times Happened:     Average Time: |  |
|  | Times Happened:     Average Time: |  |
|  | Times Happened:     Average Time: |  |
|  | Times Happened:     Average Time: |  |
|  | Times Happened:     Average Time: |  |
|  | Times Happened:     Average Time: |  |
|  | Times Happened:     Average Time: |  |
|  | Times Happened:     Average Time: |  |
|  | Times Happened:     Average Time: |  |

# POTTY TIME CHART

*BM = bowel movement

| DATE | TIME | CHECK PANTS | | | TIME AT TOLIET | SUCCESS? | | | NEEDED HELP? | |
|---|---|---|---|---|---|---|---|---|---|---|
| | | ☐ Wet | ☐ BM | ☐ Dry | | ☐ Yes | ☐ BM ☐ Pee | ☐ No | ☐ Yes | ☐ No |
| | | ☐ Wet | ☐ BM | ☐ Dry | | ☐ Yes | ☐ BM ☐ Pee | ☐ No | ☐ Yes | ☐ No |
| | | ☐ Wet | ☐ BM | ☐ Dry | | ☐ Yes | ☐ BM ☐ Pee | ☐ No | ☐ Yes | ☐ No |
| | | ☐ Wet | ☐ BM | ☐ Dry | | ☐ Yes | ☐ BM ☐ Pee | ☐ No | ☐ Yes | ☐ No |
| | | ☐ Wet | ☐ BM | ☐ Dry | | ☐ Yes | ☐ BM ☐ Pee | ☐ No | ☐ Yes | ☐ No |
| | | ☐ Wet | ☐ BM | ☐ Dry | | ☐ Yes | ☐ BM ☐ Pee | ☐ No | ☐ Yes | ☐ No |
| | | ☐ Wet | ☐ BM | ☐ Dry | | ☐ Yes | ☐ BM ☐ Pee | ☐ No | ☐ Yes | ☐ No |
| | | ☐ Wet | ☐ BM | ☐ Dry | | ☐ Yes | ☐ BM ☐ Pee | ☐ No | ☐ Yes | ☐ No |
| | | ☐ Wet | ☐ BM | ☐ Dry | | ☐ Yes | ☐ BM ☐ Pee | ☐ No | ☐ Yes | ☐ No |
| | | ☐ Wet | ☐ BM | ☐ Dry | | ☐ Yes | ☐ BM ☐ Pee | ☐ No | ☐ Yes | ☐ No |
| | | ☐ Wet | ☐ BM | ☐ Dry | | ☐ Yes | ☐ BM ☐ Pee | ☐ No | ☐ Yes | ☐ No |
| | | ☐ Wet | ☐ BM | ☐ Dry | | ☐ Yes | ☐ BM ☐ Pee | ☐ No | ☐ Yes | ☐ No |
| | | ☐ Wet | ☐ BM | ☐ Dry | | ☐ Yes | ☐ BM ☐ Pee | ☐ No | ☐ Yes | ☐ No |
| | | ☐ Wet | ☐ BM | ☐ Dry | | ☐ Yes | ☐ BM ☐ Pee | ☐ No | ☐ Yes | ☐ No |
| | | ☐ Wet | ☐ BM | ☐ Dry | | ☐ Yes | ☐ BM ☐ Pee | ☐ No | ☐ Yes | ☐ No |
| | | ☐ Wet | ☐ BM | ☐ Dry | | ☐ Yes | ☐ BM ☐ Pee | ☐ No | ☐ Yes | ☐ No |
| | | ☐ Wet | ☐ BM | ☐ Dry | | ☐ Yes | ☐ BM ☐ Pee | ☐ No | ☐ Yes | ☐ No |
| | | ☐ Wet | ☐ BM | ☐ Dry | | ☐ Yes | ☐ BM ☐ Pee | ☐ No | ☐ Yes | ☐ No |
| | | ☐ Wet | ☐ BM | ☐ Dry | | ☐ Yes | ☐ BM ☐ Pee | ☐ No | ☐ Yes | ☐ No |
| | | ☐ Wet | ☐ BM | ☐ Dry | | ☐ Yes | ☐ BM ☐ Pee | ☐ No | ☐ Yes | ☐ No |
| | | ☐ Wet | ☐ BM | ☐ Dry | | ☐ Yes | ☐ BM ☐ Pee | ☐ No | ☐ Yes | ☐ No |

# Speech-Language Record Form

**Name:**                                           **Date:**

| New Word or Phrase | Tally | New Word or Phrase | Tally | New Word or Phrase | Tally |
|---|---|---|---|---|---|
|  |  |  |  |  |  |
|  |  |  |  |  |  |
|  |  |  |  |  |  |
|  |  |  |  |  |  |
|  |  |  |  |  |  |
|  |  |  |  |  |  |
|  |  |  |  |  |  |

## Behavioral Form

Name:                                Date:

| Before Behavior | Child's Negative Response/Behavior | What Adult Did After Behavior |
|---|---|---|
| | Times Happened: ___    Average Time: ___ | |
| | Times Happened: ___    Average Time: ___ | |
| | Times Happened: ___    Average Time: ___ | |
| | Times Happened: ___    Average Time: ___ | |
| | Times Happened: ___    Average Time: ___ | |
| | Times Happened: ___    Average Time: ___ | |
| | Times Happened: ___    Average Time: ___ | |
| | Times Happened: ___    Average Time: ___ | |

# POTTY TIME CHART

* BM = bowel movement

| DATE | TIME | CHECK PANTS | | | TIME AT TOLIET | SUCCESS? | | | NEEDED HELP? | |
|---|---|---|---|---|---|---|---|---|---|---|
| | | ☐ Wet | ☐ BM | ☐ Dry | | ☐ Yes | ☐ BM<br>☐ Pee | ☐ No | ☐ Yes | ☐ No |
| | | ☐ Wet | ☐ BM | ☐ Dry | | ☐ Yes | ☐ BM<br>☐ Pee | ☐ No | ☐ Yes | ☐ No |
| | | ☐ Wet | ☐ BM | ☐ Dry | | ☐ Yes | ☐ BM<br>☐ Pee | ☐ No | ☐ Yes | ☐ No |
| | | ☐ Wet | ☐ BM | ☐ Dry | | ☐ Yes | ☐ BM<br>☐ Pee | ☐ No | ☐ Yes | ☐ No |
| | | ☐ Wet | ☐ BM | ☐ Dry | | ☐ Yes | ☐ BM<br>☐ Pee | ☐ No | ☐ Yes | ☐ No |
| | | ☐ Wet | ☐ BM | ☐ Dry | | ☐ Yes | ☐ BM<br>☐ Pee | ☐ No | ☐ Yes | ☐ No |
| | | ☐ Wet | ☐ BM | ☐ Dry | | ☐ Yes | ☐ BM<br>☐ Pee | ☐ No | ☐ Yes | ☐ No |
| | | ☐ Wet | ☐ BM | ☐ Dry | | ☐ Yes | ☐ BM<br>☐ Pee | ☐ No | ☐ Yes | ☐ No |
| | | ☐ Wet | ☐ BM | ☐ Dry | | ☐ Yes | ☐ BM<br>☐ Pee | ☐ No | ☐ Yes | ☐ No |
| | | ☐ Wet | ☐ BM | ☐ Dry | | ☐ Yes | ☐ BM<br>☐ Pee | ☐ No | ☐ Yes | ☐ No |
| | | ☐ Wet | ☐ BM | ☐ Dry | | ☐ Yes | ☐ BM<br>☐ Pee | ☐ No | ☐ Yes | ☐ No |
| | | ☐ Wet | ☐ BM | ☐ Dry | | ☐ Yes | ☐ BM<br>☐ Pee | ☐ No | ☐ Yes | ☐ No |
| | | ☐ Wet | ☐ BM | ☐ Dry | | ☐ Yes | ☐ BM<br>☐ Pee | ☐ No | ☐ Yes | ☐ No |
| | | ☐ Wet | ☐ BM | ☐ Dry | | ☐ Yes | ☐ BM<br>☐ Pee | ☐ No | ☐ Yes | ☐ No |
| | | ☐ Wet | ☐ BM | ☐ Dry | | ☐ Yes | ☐ BM<br>☐ Pee | ☐ No | ☐ Yes | ☐ No |
| | | ☐ Wet | ☐ BM | ☐ Dry | | ☐ Yes | ☐ BM<br>☐ Pee | ☐ No | ☐ Yes | ☐ No |
| | | ☐ Wet | ☐ BM | ☐ Dry | | ☐ Yes | ☐ BM<br>☐ Pee | ☐ No | ☐ Yes | ☐ No |
| | | ☐ Wet | ☐ BM | ☐ Dry | | ☐ Yes | ☐ BM<br>☐ Pee | ☐ No | ☐ Yes | ☐ No |
| | | ☐ Wet | ☐ BM | ☐ Dry | | ☐ Yes | ☐ BM<br>☐ Pee | ☐ No | ☐ Yes | ☐ No |
| | | ☐ Wet | ☐ BM | ☐ Dry | | ☐ Yes | ☐ BM<br>☐ Pee | ☐ No | ☐ Yes | ☐ No |
| | | ☐ Wet | ☐ BM | ☐ Dry | | ☐ Yes | ☐ BM<br>☐ Pee | ☐ No | ☐ Yes | ☐ No |
| | | ☐ Wet | ☐ BM | ☐ Dry | | ☐ Yes | ☐ BM<br>☐ Pee | ☐ No | ☐ Yes | ☐ No |

# Speech-Language Record Form

Name:                                                Date:

| New Word or Phrase | Tally | New Word or Phrase | Tally | New Word or Phrase | Tally |
|---|---|---|---|---|---|
| | | | | | |
| | | | | | |
| | | | | | |
| | | | | | |
| | | | | | |
| | | | | | |
| | | | | | |

## Behavioral Form

Name:                                          Date:

| Before Behavior | Child's Negative Response/Behavior | | What Adult Did After Behavior |
|---|---|---|---|
| | Times Happened: | Average Time: | |
| | Times Happened: | Average Time: | |
| | Times Happened: | Average Time: | |
| | Times Happened: | Average Time: | |
| | Times Happened: | Average Time: | |
| | Times Happened: | Average Time: | |
| | Times Happened: | Average Time: | |
| | Times Happened: | Average Time: | |
| | Times Happened: | Average Time: | |

# POTTY TIME CHART

* BM = bowel movement

| DATE | TIME | CHECK PANTS | TIME AT TOLIET | SUCCESS? | | | NEEDED HELP? | |
|------|------|-------------|----------------|----------|---|---|--------------|---|
| | | ☐ Wet ☐ BM ☐ Dry | | ☐ Yes | ☐ BM ☐ Pee | ☐ No | ☐ Yes | ☐ No |
| | | ☐ Wet ☐ BM ☐ Dry | | ☐ Yes | ☐ BM ☐ Pee | ☐ No | ☐ Yes | ☐ No |
| | | ☐ Wet ☐ BM ☐ Dry | | ☐ Yes | ☐ BM ☐ Pee | ☐ No | ☐ Yes | ☐ No |
| | | ☐ Wet ☐ BM ☐ Dry | | ☐ Yes | ☐ BM ☐ Pee | ☐ No | ☐ Yes | ☐ No |
| | | ☐ Wet ☐ BM ☐ Dry | | ☐ Yes | ☐ BM ☐ Pee | ☐ No | ☐ Yes | ☐ No |
| | | ☐ Wet ☐ BM ☐ Dry | | ☐ Yes | ☐ BM ☐ Pee | ☐ No | ☐ Yes | ☐ No |
| | | ☐ Wet ☐ BM ☐ Dry | | ☐ Yes | ☐ BM ☐ Pee | ☐ No | ☐ Yes | ☐ No |
| | | ☐ Wet ☐ BM ☐ Dry | | ☐ Yes | ☐ BM ☐ Pee | ☐ No | ☐ Yes | ☐ No |
| | | ☐ Wet ☐ BM ☐ Dry | | ☐ Yes | ☐ BM ☐ Pee | ☐ No | ☐ Yes | ☐ No |
| | | ☐ Wet ☐ BM ☐ Dry | | ☐ Yes | ☐ BM ☐ Pee | ☐ No | ☐ Yes | ☐ No |
| | | ☐ Wet ☐ BM ☐ Dry | | ☐ Yes | ☐ BM ☐ Pee | ☐ No | ☐ Yes | ☐ No |
| | | ☐ Wet ☐ BM ☐ Dry | | ☐ Yes | ☐ BM ☐ Pee | ☐ No | ☐ Yes | ☐ No |
| | | ☐ Wet ☐ BM ☐ Dry | | ☐ Yes | ☐ BM ☐ Pee | ☐ No | ☐ Yes | ☐ No |
| | | ☐ Wet ☐ BM ☐ Dry | | ☐ Yes | ☐ BM ☐ Pee | ☐ No | ☐ Yes | ☐ No |
| | | ☐ Wet ☐ BM ☐ Dry | | ☐ Yes | ☐ BM ☐ Pee | ☐ No | ☐ Yes | ☐ No |
| | | ☐ Wet ☐ BM ☐ Dry | | ☐ Yes | ☐ BM ☐ Pee | ☐ No | ☐ Yes | ☐ No |
| | | ☐ Wet ☐ BM ☐ Dry | | ☐ Yes | ☐ BM ☐ Pee | ☐ No | ☐ Yes | ☐ No |
| | | ☐ Wet ☐ BM ☐ Dry | | ☐ Yes | ☐ BM ☐ Pee | ☐ No | ☐ Yes | ☐ No |
| | | ☐ Wet ☐ BM ☐ Dry | | ☐ Yes | ☐ BM ☐ Pee | ☐ No | ☐ Yes | ☐ No |
| | | ☐ Wet ☐ BM ☐ Dry | | ☐ Yes | ☐ BM ☐ Pee | ☐ No | ☐ Yes | ☐ No |
| | | ☐ Wet ☐ BM ☐ Dry | | ☐ Yes | ☐ BM ☐ Pee | ☐ No | ☐ Yes | ☐ No |

# Speech-Language Record Form

**Name:**                                    **Date:**

| New Word or Phrase | Tally | New Word or Phrase | Tally | New Word or Phrase | Tally |
|---|---|---|---|---|---|
| | | | | | |
| | | | | | |
| | | | | | |
| | | | | | |
| | | | | | |
| | | | | | |
| | | | | | |

## Behavioral Form

Name:                                                     Date:

| Before Behavior | Child's Negative Response/Behavior | | What Adult Did After Behavior |
|---|---|---|---|
| | Times Happened: | Average Time: | |
| | Times Happened: | Average Time: | |
| | Times Happened: | Average Time: | |
| | Times Happened: | Average Time: | |
| | Times Happened: | Average Time: | |
| | Times Happened: | Average Time: | |
| | Times Happened: | Average Time: | |
| | Times Happened: | Average Time: | |

# POTTY TIME CHART

\* BM = bowel movement

| DATE | TIME | CHECK PANTS | | | TIME AT TOLIET | SUCCESS? | | | NEEDED HELP? | |
|---|---|---|---|---|---|---|---|---|---|---|
| | | ☐ Wet | ☐ BM | ☐ Dry | | ☐ Yes | ☐ BM<br>☐ Pee | ☐ No | ☐ Yes | ☐ No |
| | | ☐ Wet | ☐ BM | ☐ Dry | | ☐ Yes | ☐ BM<br>☐ Pee | ☐ No | ☐ Yes | ☐ No |
| | | ☐ Wet | ☐ BM | ☐ Dry | | ☐ Yes | ☐ BM<br>☐ Pee | ☐ No | ☐ Yes | ☐ No |
| | | ☐ Wet | ☐ BM | ☐ Dry | | ☐ Yes | ☐ BM<br>☐ Pee | ☐ No | ☐ Yes | ☐ No |
| | | ☐ Wet | ☐ BM | ☐ Dry | | ☐ Yes | ☐ BM<br>☐ Pee | ☐ No | ☐ Yes | ☐ No |
| | | ☐ Wet | ☐ BM | ☐ Dry | | ☐ Yes | ☐ BM<br>☐ Pee | ☐ No | ☐ Yes | ☐ No |
| | | ☐ Wet | ☐ BM | ☐ Dry | | ☐ Yes | ☐ BM<br>☐ Pee | ☐ No | ☐ Yes | ☐ No |
| | | ☐ Wet | ☐ BM | ☐ Dry | | ☐ Yes | ☐ BM<br>☐ Pee | ☐ No | ☐ Yes | ☐ No |
| | | ☐ Wet | ☐ BM | ☐ Dry | | ☐ Yes | ☐ BM<br>☐ Pee | ☐ No | ☐ Yes | ☐ No |
| | | ☐ Wet | ☐ BM | ☐ Dry | | ☐ Yes | ☐ BM<br>☐ Pee | ☐ No | ☐ Yes | ☐ No |
| | | ☐ Wet | ☐ BM | ☐ Dry | | ☐ Yes | ☐ BM<br>☐ Pee | ☐ No | ☐ Yes | ☐ No |
| | | ☐ Wet | ☐ BM | ☐ Dry | | ☐ Yes | ☐ BM<br>☐ Pee | ☐ No | ☐ Yes | ☐ No |
| | | ☐ Wet | ☐ BM | ☐ Dry | | ☐ Yes | ☐ BM<br>☐ Pee | ☐ No | ☐ Yes | ☐ No |
| | | ☐ Wet | ☐ BM | ☐ Dry | | ☐ Yes | ☐ BM<br>☐ Pee | ☐ No | ☐ Yes | ☐ No |
| | | ☐ Wet | ☐ BM | ☐ Dry | | ☐ Yes | ☐ BM<br>☐ Pee | ☐ No | ☐ Yes | ☐ No |
| | | ☐ Wet | ☐ BM | ☐ Dry | | ☐ Yes | ☐ BM<br>☐ Pee | ☐ No | ☐ Yes | ☐ No |
| | | ☐ Wet | ☐ BM | ☐ Dry | | ☐ Yes | ☐ BM<br>☐ Pee | ☐ No | ☐ Yes | ☐ No |
| | | ☐ Wet | ☐ BM | ☐ Dry | | ☐ Yes | ☐ BM<br>☐ Pee | ☐ No | ☐ Yes | ☐ No |
| | | ☐ Wet | ☐ BM | ☐ Dry | | ☐ Yes | ☐ BM<br>☐ Pee | ☐ No | ☐ Yes | ☐ No |
| | | ☐ Wet | ☐ BM | ☐ Dry | | ☐ Yes | ☐ BM<br>☐ Pee | ☐ No | ☐ Yes | ☐ No |
| | | ☐ Wet | ☐ BM | ☐ Dry | | ☐ Yes | ☐ BM<br>☐ Pee | ☐ No | ☐ Yes | ☐ No |

# Speech-Language Record Form

Name:                                    Date:

| New Word or Phrase | Tally | New Word or Phrase | Tally | New Word or Phrase | Tally |
|---|---|---|---|---|---|
|  |  |  |  |  |  |
|  |  |  |  |  |  |
|  |  |  |  |  |  |
|  |  |  |  |  |  |
|  |  |  |  |  |  |
|  |  |  |  |  |  |
|  |  |  |  |  |  |

## Behavioral Form

Name:                                    Date:

| Before Behavior | Child's Negative Response/Behavior | | What Adult Did After Behavior |
|---|---|---|---|
| | Times Happened: | Average Time: | |
| | Times Happened: | Average Time: | |
| | Times Happened: | Average Time: | |
| | Times Happened: | Average Time: | |
| | Times Happened: | Average Time: | |
| | Times Happened: | Average Time: | |
| | Times Happened: | Average Time: | |
| | Times Happened: | Average Time: | |
| | Times Happened: | Average Time: | |

# POTTY TIME CHART

*BM = bowel movement

| DATE | TIME | CHECK PANTS | | | TIME AT TOLIET | SUCCESS? | | | NEEDED HELP? | |
|------|------|------|------|------|------|------|------|------|------|------|
| | | ☐ Wet | ☐ BM | ☐ Dry | | ☐ Yes | ☐ BM ☐ Pee | ☐ No | ☐ Yes | ☐ No |
| | | ☐ Wet | ☐ BM | ☐ Dry | | ☐ Yes | ☐ BM ☐ Pee | ☐ No | ☐ Yes | ☐ No |
| | | ☐ Wet | ☐ BM | ☐ Dry | | ☐ Yes | ☐ BM ☐ Pee | ☐ No | ☐ Yes | ☐ No |
| | | ☐ Wet | ☐ BM | ☐ Dry | | ☐ Yes | ☐ BM ☐ Pee | ☐ No | ☐ Yes | ☐ No |
| | | ☐ Wet | ☐ BM | ☐ Dry | | ☐ Yes | ☐ BM ☐ Pee | ☐ No | ☐ Yes | ☐ No |
| | | ☐ Wet | ☐ BM | ☐ Dry | | ☐ Yes | ☐ BM ☐ Pee | ☐ No | ☐ Yes | ☐ No |
| | | ☐ Wet | ☐ BM | ☐ Dry | | ☐ Yes | ☐ BM ☐ Pee | ☐ No | ☐ Yes | ☐ No |
| | | ☐ Wet | ☐ BM | ☐ Dry | | ☐ Yes | ☐ BM ☐ Pee | ☐ No | ☐ Yes | ☐ No |
| | | ☐ Wet | ☐ BM | ☐ Dry | | ☐ Yes | ☐ BM ☐ Pee | ☐ No | ☐ Yes | ☐ No |
| | | ☐ Wet | ☐ BM | ☐ Dry | | ☐ Yes | ☐ BM ☐ Pee | ☐ No | ☐ Yes | ☐ No |
| | | ☐ Wet | ☐ BM | ☐ Dry | | ☐ Yes | ☐ BM ☐ Pee | ☐ No | ☐ Yes | ☐ No |
| | | ☐ Wet | ☐ BM | ☐ Dry | | ☐ Yes | ☐ BM ☐ Pee | ☐ No | ☐ Yes | ☐ No |
| | | ☐ Wet | ☐ BM | ☐ Dry | | ☐ Yes | ☐ BM ☐ Pee | ☐ No | ☐ Yes | ☐ No |
| | | ☐ Wet | ☐ BM | ☐ Dry | | ☐ Yes | ☐ BM ☐ Pee | ☐ No | ☐ Yes | ☐ No |
| | | ☐ Wet | ☐ BM | ☐ Dry | | ☐ Yes | ☐ BM ☐ Pee | ☐ No | ☐ Yes | ☐ No |
| | | ☐ Wet | ☐ BM | ☐ Dry | | ☐ Yes | ☐ BM ☐ Pee | ☐ No | ☐ Yes | ☐ No |
| | | ☐ Wet | ☐ BM | ☐ Dry | | ☐ Yes | ☐ BM ☐ Pee | ☐ No | ☐ Yes | ☐ No |
| | | ☐ Wet | ☐ BM | ☐ Dry | | ☐ Yes | ☐ BM ☐ Pee | ☐ No | ☐ Yes | ☐ No |
| | | ☐ Wet | ☐ BM | ☐ Dry | | ☐ Yes | ☐ BM ☐ Pee | ☐ No | ☐ Yes | ☐ No |
| | | ☐ Wet | ☐ BM | ☐ Dry | | ☐ Yes | ☐ BM ☐ Pee | ☐ No | ☐ Yes | ☐ No |

# Speech-Language Record Form

**Name:**                                    **Date:**

| New Word or Phrase | Tally | New Word or Phrase | Tally | New Word or Phrase | Tally |
|---|---|---|---|---|---|
|  |  |  |  |  |  |
|  |  |  |  |  |  |
|  |  |  |  |  |  |
|  |  |  |  |  |  |
|  |  |  |  |  |  |
|  |  |  |  |  |  |
|  |  |  |  |  |  |

# Behavioral Form

Name:                                                    Date:

| Before Behavior | Child's Negative Response/Behavior | | What Adult Did After Behavior |
|---|---|---|---|
| | Times Happened: | Average Time: | |
| | Times Happened: | Average Time: | |
| | Times Happened: | Average Time: | |
| | Times Happened: | Average Time: | |
| | Times Happened: | Average Time: | |
| | Times Happened: | Average Time: | |
| | Times Happened: | Average Time: | |
| | Times Happened: | Average Time: | |
| | Times Happened: | Average Time: | |

# POTTY TIME CHART

\* BM = bowel movement

| DATE | TIME | CHECK PANTS | TIME AT TOLIET | SUCCESS? | | | NEEDED HELP? | |
|---|---|---|---|---|---|---|---|---|
| | | □ Wet  □ BM  □ Dry | | □ Yes | □ BM<br>□ Pee | □ No | □ Yes | □ No |
| | | □ Wet  □ BM  □ Dry | | □ Yes | □ BM<br>□ Pee | □ No | □ Yes | □ No |
| | | □ Wet  □ BM  □ Dry | | □ Yes | □ BM<br>□ Pee | □ No | □ Yes | □ No |
| | | □ Wet  □ BM  □ Dry | | □ Yes | □ BM<br>□ Pee | □ No | □ Yes | □ No |
| | | □ Wet  □ BM  □ Dry | | □ Yes | □ BM<br>□ Pee | □ No | □ Yes | □ No |
| | | □ Wet  □ BM  □ Dry | | □ Yes | □ BM<br>□ Pee | □ No | □ Yes | □ No |
| | | □ Wet  □ BM  □ Dry | | □ Yes | □ BM<br>□ Pee | □ No | □ Yes | □ No |
| | | □ Wet  □ BM  □ Dry | | □ Yes | □ BM<br>□ Pee | □ No | □ Yes | □ No |
| | | □ Wet  □ BM  □ Dry | | □ Yes | □ BM<br>□ Pee | □ No | □ Yes | □ No |
| | | □ Wet  □ BM  □ Dry | | □ Yes | □ BM<br>□ Pee | □ No | □ Yes | □ No |
| | | □ Wet  □ BM  □ Dry | | □ Yes | □ BM<br>□ Pee | □ No | □ Yes | □ No |
| | | □ Wet  □ BM  □ Dry | | □ Yes | □ BM<br>□ Pee | □ No | □ Yes | □ No |
| | | □ Wet  □ BM  □ Dry | | □ Yes | □ BM<br>□ Pee | □ No | □ Yes | □ No |
| | | □ Wet  □ BM  □ Dry | | □ Yes | □ BM<br>□ Pee | □ No | □ Yes | □ No |
| | | □ Wet  □ BM  □ Dry | | □ Yes | □ BM<br>□ Pee | □ No | □ Yes | □ No |
| | | □ Wet  □ BM  □ Dry | | □ Yes | □ BM<br>□ Pee | □ No | □ Yes | □ No |
| | | □ Wet  □ BM  □ Dry | | □ Yes | □ BM<br>□ Pee | □ No | □ Yes | □ No |
| | | □ Wet  □ BM  □ Dry | | □ Yes | □ BM<br>□ Pee | □ No | □ Yes | □ No |
| | | □ Wet  □ BM  □ Dry | | □ Yes | □ BM<br>□ Pee | □ No | □ Yes | □ No |
| | | □ Wet  □ BM  □ Dry | | □ Yes | □ BM<br>□ Pee | □ No | □ Yes | □ No |

# Speech-Language Record Form

Name:                                                    Date:

| New Word or Phrase | Tally | New Word or Phrase | Tally | New Word or Phrase | Tally |
|---|---|---|---|---|---|
| | | | | | |
| | | | | | |
| | | | | | |
| | | | | | |
| | | | | | |
| | | | | | |
| | | | | | |

## Behavioral Form

Name:                                    Date:

| Before Behavior | Child's Negative Response/Behavior | What Adult Did After Behavior |
|---|---|---|
| | Times Happened: [ ]  Average Time: [ ] | |
| | Times Happened: [ ]  Average Time: [ ] | |
| | Times Happened: [ ]  Average Time: [ ] | |
| | Times Happened: [ ]  Average Time: [ ] | |
| | Times Happened: [ ]  Average Time: [ ] | |
| | Times Happened: [ ]  Average Time: [ ] | |
| | Times Happened: [ ]  Average Time: [ ] | |
| | Times Happened: [ ]  Average Time: [ ] | |

# POTTY TIME CHART

*BM = bowel movement

| DATE | TIME | CHECK PANTS | | | TIME AT TOLIET | SUCCESS? | | | NEEDED HELP? | |
|---|---|---|---|---|---|---|---|---|---|---|
| | | ☐ Wet | ☐ BM | ☐ Dry | | ☐ Yes | ☐ BM ☐ Pee | ☐ No | ☐ Yes | ☐ No |
| | | ☐ Wet | ☐ BM | ☐ Dry | | ☐ Yes | ☐ BM ☐ Pee | ☐ No | ☐ Yes | ☐ No |
| | | ☐ Wet | ☐ BM | ☐ Dry | | ☐ Yes | ☐ BM ☐ Pee | ☐ No | ☐ Yes | ☐ No |
| | | ☐ Wet | ☐ BM | ☐ Dry | | ☐ Yes | ☐ BM ☐ Pee | ☐ No | ☐ Yes | ☐ No |
| | | ☐ Wet | ☐ BM | ☐ Dry | | ☐ Yes | ☐ BM ☐ Pee | ☐ No | ☐ Yes | ☐ No |
| | | ☐ Wet | ☐ BM | ☐ Dry | | ☐ Yes | ☐ BM ☐ Pee | ☐ No | ☐ Yes | ☐ No |
| | | ☐ Wet | ☐ BM | ☐ Dry | | ☐ Yes | ☐ BM ☐ Pee | ☐ No | ☐ Yes | ☐ No |
| | | ☐ Wet | ☐ BM | ☐ Dry | | ☐ Yes | ☐ BM ☐ Pee | ☐ No | ☐ Yes | ☐ No |
| | | ☐ Wet | ☐ BM | ☐ Dry | | ☐ Yes | ☐ BM ☐ Pee | ☐ No | ☐ Yes | ☐ No |
| | | ☐ Wet | ☐ BM | ☐ Dry | | ☐ Yes | ☐ BM ☐ Pee | ☐ No | ☐ Yes | ☐ No |
| | | ☐ Wet | ☐ BM | ☐ Dry | | ☐ Yes | ☐ BM ☐ Pee | ☐ No | ☐ Yes | ☐ No |
| | | ☐ Wet | ☐ BM | ☐ Dry | | ☐ Yes | ☐ BM ☐ Pee | ☐ No | ☐ Yes | ☐ No |
| | | ☐ Wet | ☐ BM | ☐ Dry | | ☐ Yes | ☐ BM ☐ Pee | ☐ No | ☐ Yes | ☐ No |
| | | ☐ Wet | ☐ BM | ☐ Dry | | ☐ Yes | ☐ BM ☐ Pee | ☐ No | ☐ Yes | ☐ No |
| | | ☐ Wet | ☐ BM | ☐ Dry | | ☐ Yes | ☐ BM ☐ Pee | ☐ No | ☐ Yes | ☐ No |
| | | ☐ Wet | ☐ BM | ☐ Dry | | ☐ Yes | ☐ BM ☐ Pee | ☐ No | ☐ Yes | ☐ No |
| | | ☐ Wet | ☐ BM | ☐ Dry | | ☐ Yes | ☐ BM ☐ Pee | ☐ No | ☐ Yes | ☐ No |
| | | ☐ Wet | ☐ BM | ☐ Dry | | ☐ Yes | ☐ BM ☐ Pee | ☐ No | ☐ Yes | ☐ No |
| | | ☐ Wet | ☐ BM | ☐ Dry | | ☐ Yes | ☐ BM ☐ Pee | ☐ No | ☐ Yes | ☐ No |
| | | ☐ Wet | ☐ BM | ☐ Dry | | ☐ Yes | ☐ BM ☐ Pee | ☐ No | ☐ Yes | ☐ No |

# Speech-Language Record Form

**Name:**                                     **Date:**

| New Word or Phrase | Tally | New Word or Phrase | Tally | New Word or Phrase | Tally |
|---|---|---|---|---|---|
| | | | | | |
| | | | | | |
| | | | | | |
| | | | | | |
| | | | | | |
| | | | | | |
| | | | | | |

## Behavioral Form

Name:                                                Date:

| Before Behavior | Child's Negative Response/Behavior | | What Adult Did After Behavior |
|---|---|---|---|
| | Times Happened: | Average Time: | |
| | Times Happened: | Average Time: | |
| | Times Happened: | Average Time: | |
| | Times Happened: | Average Time: | |
| | Times Happened: | Average Time: | |
| | Times Happened: | Average Time: | |
| | Times Happened: | Average Time: | |
| | Times Happened: | Average Time: | |

# POTTY TIME CHART

\* BM = bowel movement

| DATE | TIME | CHECK PANTS | | | TIME AT TOLIET | SUCCESS? | | | NEEDED HELP? | |
|---|---|---|---|---|---|---|---|---|---|---|
| | | ☐ Wet | ☐ BM | ☐ Dry | | ☐ Yes | ☐ BM ☐ Pee | ☐ No | ☐ Yes | ☐ No |
| | | ☐ Wet | ☐ BM | ☐ Dry | | ☐ Yes | ☐ BM ☐ Pee | ☐ No | ☐ Yes | ☐ No |
| | | ☐ Wet | ☐ BM | ☐ Dry | | ☐ Yes | ☐ BM ☐ Pee | ☐ No | ☐ Yes | ☐ No |
| | | ☐ Wet | ☐ BM | ☐ Dry | | ☐ Yes | ☐ BM ☐ Pee | ☐ No | ☐ Yes | ☐ No |
| | | ☐ Wet | ☐ BM | ☐ Dry | | ☐ Yes | ☐ BM ☐ Pee | ☐ No | ☐ Yes | ☐ No |
| | | ☐ Wet | ☐ BM | ☐ Dry | | ☐ Yes | ☐ BM ☐ Pee | ☐ No | ☐ Yes | ☐ No |
| | | ☐ Wet | ☐ BM | ☐ Dry | | ☐ Yes | ☐ BM ☐ Pee | ☐ No | ☐ Yes | ☐ No |
| | | ☐ Wet | ☐ BM | ☐ Dry | | ☐ Yes | ☐ BM ☐ Pee | ☐ No | ☐ Yes | ☐ No |
| | | ☐ Wet | ☐ BM | ☐ Dry | | ☐ Yes | ☐ BM ☐ Pee | ☐ No | ☐ Yes | ☐ No |
| | | ☐ Wet | ☐ BM | ☐ Dry | | ☐ Yes | ☐ BM ☐ Pee | ☐ No | ☐ Yes | ☐ No |
| | | ☐ Wet | ☐ BM | ☐ Dry | | ☐ Yes | ☐ BM ☐ Pee | ☐ No | ☐ Yes | ☐ No |
| | | ☐ Wet | ☐ BM | ☐ Dry | | ☐ Yes | ☐ BM ☐ Pee | ☐ No | ☐ Yes | ☐ No |
| | | ☐ Wet | ☐ BM | ☐ Dry | | ☐ Yes | ☐ BM ☐ Pee | ☐ No | ☐ Yes | ☐ No |
| | | ☐ Wet | ☐ BM | ☐ Dry | | ☐ Yes | ☐ BM ☐ Pee | ☐ No | ☐ Yes | ☐ No |
| | | ☐ Wet | ☐ BM | ☐ Dry | | ☐ Yes | ☐ BM ☐ Pee | ☐ No | ☐ Yes | ☐ No |
| | | ☐ Wet | ☐ BM | ☐ Dry | | ☐ Yes | ☐ BM ☐ Pee | ☐ No | ☐ Yes | ☐ No |
| | | ☐ Wet | ☐ BM | ☐ Dry | | ☐ Yes | ☐ BM ☐ Pee | ☐ No | ☐ Yes | ☐ No |
| | | ☐ Wet | ☐ BM | ☐ Dry | | ☐ Yes | ☐ BM ☐ Pee | ☐ No | ☐ Yes | ☐ No |
| | | ☐ Wet | ☐ BM | ☐ Dry | | ☐ Yes | ☐ BM ☐ Pee | ☐ No | ☐ Yes | ☐ No |
| | | ☐ Wet | ☐ BM | ☐ Dry | | ☐ Yes | ☐ BM ☐ Pee | ☐ No | ☐ Yes | ☐ No |
| | | ☐ Wet | ☐ BM | ☐ Dry | | ☐ Yes | ☐ BM ☐ Pee | ☐ No | ☐ Yes | ☐ No |

# Speech-Language Record Form

**Name:**                                **Date:**

| New Word or Phrase | Tally | New Word or Phrase | Tally | New Word or Phrase | Tally |
|---|---|---|---|---|---|
|  |  |  |  |  |  |
|  |  |  |  |  |  |
|  |  |  |  |  |  |
|  |  |  |  |  |  |
|  |  |  |  |  |  |
|  |  |  |  |  |  |
|  |  |  |  |  |  |

## Behavioral Form

Name:                                                    Date:

| Before Behavior | Child's Negative Response/Behavior | | What Adult Did After Behavior |
|---|---|---|---|
| | Times Happened: | Average Time: | |
| | Times Happened: | Average Time: | |
| | Times Happened: | Average Time: | |
| | Times Happened: | Average Time: | |
| | Times Happened: | Average Time: | |
| | Times Happened: | Average Time: | |
| | Times Happened: | Average Time: | |
| | Times Happened: | Average Time: | |

# POTTY TIME CHART

* BM = bowel movement

| DATE | TIME | CHECK PANTS | | | TIME AT TOLIET | SUCCESS? | | | NEEDED HELP? | |
|------|------|------|------|------|------|------|------|------|------|------|
| | | ☐ Wet | ☐ BM | ☐ Dry | | ☐ Yes | ☐ BM ☐ Pee | ☐ No | ☐ Yes | ☐ No |
| | | ☐ Wet | ☐ BM | ☐ Dry | | ☐ Yes | ☐ BM ☐ Pee | ☐ No | ☐ Yes | ☐ No |
| | | ☐ Wet | ☐ BM | ☐ Dry | | ☐ Yes | ☐ BM ☐ Pee | ☐ No | ☐ Yes | ☐ No |
| | | ☐ Wet | ☐ BM | ☐ Dry | | ☐ Yes | ☐ BM ☐ Pee | ☐ No | ☐ Yes | ☐ No |
| | | ☐ Wet | ☐ BM | ☐ Dry | | ☐ Yes | ☐ BM ☐ Pee | ☐ No | ☐ Yes | ☐ No |
| | | ☐ Wet | ☐ BM | ☐ Dry | | ☐ Yes | ☐ BM ☐ Pee | ☐ No | ☐ Yes | ☐ No |
| | | ☐ Wet | ☐ BM | ☐ Dry | | ☐ Yes | ☐ BM ☐ Pee | ☐ No | ☐ Yes | ☐ No |
| | | ☐ Wet | ☐ BM | ☐ Dry | | ☐ Yes | ☐ BM ☐ Pee | ☐ No | ☐ Yes | ☐ No |
| | | ☐ Wet | ☐ BM | ☐ Dry | | ☐ Yes | ☐ BM ☐ Pee | ☐ No | ☐ Yes | ☐ No |
| | | ☐ Wet | ☐ BM | ☐ Dry | | ☐ Yes | ☐ BM ☐ Pee | ☐ No | ☐ Yes | ☐ No |
| | | ☐ Wet | ☐ BM | ☐ Dry | | ☐ Yes | ☐ BM ☐ Pee | ☐ No | ☐ Yes | ☐ No |
| | | ☐ Wet | ☐ BM | ☐ Dry | | ☐ Yes | ☐ BM ☐ Pee | ☐ No | ☐ Yes | ☐ No |
| | | ☐ Wet | ☐ BM | ☐ Dry | | ☐ Yes | ☐ BM ☐ Pee | ☐ No | ☐ Yes | ☐ No |
| | | ☐ Wet | ☐ BM | ☐ Dry | | ☐ Yes | ☐ BM ☐ Pee | ☐ No | ☐ Yes | ☐ No |
| | | ☐ Wet | ☐ BM | ☐ Dry | | ☐ Yes | ☐ BM ☐ Pee | ☐ No | ☐ Yes | ☐ No |
| | | ☐ Wet | ☐ BM | ☐ Dry | | ☐ Yes | ☐ BM ☐ Pee | ☐ No | ☐ Yes | ☐ No |
| | | ☐ Wet | ☐ BM | ☐ Dry | | ☐ Yes | ☐ BM ☐ Pee | ☐ No | ☐ Yes | ☐ No |
| | | ☐ Wet | ☐ BM | ☐ Dry | | ☐ Yes | ☐ BM ☐ Pee | ☐ No | ☐ Yes | ☐ No |
| | | ☐ Wet | ☐ BM | ☐ Dry | | ☐ Yes | ☐ BM ☐ Pee | ☐ No | ☐ Yes | ☐ No |
| | | ☐ Wet | ☐ BM | ☐ Dry | | ☐ Yes | ☐ BM ☐ Pee | ☐ No | ☐ Yes | ☐ No |
| | | ☐ Wet | ☐ BM | ☐ Dry | | ☐ Yes | ☐ BM ☐ Pee | ☐ No | ☐ Yes | ☐ No |

# Speech-Language Record Form

**Name:**                                **Date:**

| New Word or Phrase | Tally | New Word or Phrase | Tally | New Word or Phrase | Tally |
|---|---|---|---|---|---|
|  |  |  |  |  |  |
|  |  |  |  |  |  |
|  |  |  |  |  |  |
|  |  |  |  |  |  |
|  |  |  |  |  |  |
|  |  |  |  |  |  |
|  |  |  |  |  |  |

# Day 81.

## Behavioral Form

Name:                                      Date:

| Before Behavior | Child's Negative Response/Behavior | What Adult Did After Behavior |
|---|---|---|
| | Times Happened: ___ Average Time: ___ | |
| | Times Happened: ___ Average Time: ___ | |
| | Times Happened: ___ Average Time: ___ | |
| | Times Happened: ___ Average Time: ___ | |
| | Times Happened: ___ Average Time: ___ | |
| | Times Happened: ___ Average Time: ___ | |
| | Times Happened: ___ Average Time: ___ | |
| | Times Happened: ___ Average Time: ___ | |
| | Times Happened: ___ Average Time: ___ | |

# POTTY TIME CHART

* BM = bowel movement

| DATE | TIME | CHECK PANTS | | | TIME AT TOLIET | SUCCESS? | | | NEEDED HELP? | |
|------|------|------|------|------|----------------|------|------|------|------|------|
| | | ☐ Wet | ☐ BM | ☐ Dry | | ☐ Yes | ☐ BM<br>☐ Pee | ☐ No | ☐ Yes | ☐ No |
| | | ☐ Wet | ☐ BM | ☐ Dry | | ☐ Yes | ☐ BM<br>☐ Pee | ☐ No | ☐ Yes | ☐ No |
| | | ☐ Wet | ☐ BM | ☐ Dry | | ☐ Yes | ☐ BM<br>☐ Pee | ☐ No | ☐ Yes | ☐ No |
| | | ☐ Wet | ☐ BM | ☐ Dry | | ☐ Yes | ☐ BM<br>☐ Pee | ☐ No | ☐ Yes | ☐ No |
| | | ☐ Wet | ☐ BM | ☐ Dry | | ☐ Yes | ☐ BM<br>☐ Pee | ☐ No | ☐ Yes | ☐ No |
| | | ☐ Wet | ☐ BM | ☐ Dry | | ☐ Yes | ☐ BM<br>☐ Pee | ☐ No | ☐ Yes | ☐ No |
| | | ☐ Wet | ☐ BM | ☐ Dry | | ☐ Yes | ☐ BM<br>☐ Pee | ☐ No | ☐ Yes | ☐ No |
| | | ☐ Wet | ☐ BM | ☐ Dry | | ☐ Yes | ☐ BM<br>☐ Pee | ☐ No | ☐ Yes | ☐ No |
| | | ☐ Wet | ☐ BM | ☐ Dry | | ☐ Yes | ☐ BM<br>☐ Pee | ☐ No | ☐ Yes | ☐ No |
| | | ☐ Wet | ☐ BM | ☐ Dry | | ☐ Yes | ☐ BM<br>☐ Pee | ☐ No | ☐ Yes | ☐ No |
| | | ☐ Wet | ☐ BM | ☐ Dry | | ☐ Yes | ☐ BM<br>☐ Pee | ☐ No | ☐ Yes | ☐ No |
| | | ☐ Wet | ☐ BM | ☐ Dry | | ☐ Yes | ☐ BM<br>☐ Pee | ☐ No | ☐ Yes | ☐ No |
| | | ☐ Wet | ☐ BM | ☐ Dry | | ☐ Yes | ☐ BM<br>☐ Pee | ☐ No | ☐ Yes | ☐ No |
| | | ☐ Wet | ☐ BM | ☐ Dry | | ☐ Yes | ☐ BM<br>☐ Pee | ☐ No | ☐ Yes | ☐ No |
| | | ☐ Wet | ☐ BM | ☐ Dry | | ☐ Yes | ☐ BM<br>☐ Pee | ☐ No | ☐ Yes | ☐ No |
| | | ☐ Wet | ☐ BM | ☐ Dry | | ☐ Yes | ☐ BM<br>☐ Pee | ☐ No | ☐ Yes | ☐ No |
| | | ☐ Wet | ☐ BM | ☐ Dry | | ☐ Yes | ☐ BM<br>☐ Pee | ☐ No | ☐ Yes | ☐ No |
| | | ☐ Wet | ☐ BM | ☐ Dry | | ☐ Yes | ☐ BM<br>☐ Pee | ☐ No | ☐ Yes | ☐ No |
| | | ☐ Wet | ☐ BM | ☐ Dry | | ☐ Yes | ☐ BM<br>☐ Pee | ☐ No | ☐ Yes | ☐ No |
| | | ☐ Wet | ☐ BM | ☐ Dry | | ☐ Yes | ☐ BM<br>☐ Pee | ☐ No | ☐ Yes | ☐ No |
| | | ☐ Wet | ☐ BM | ☐ Dry | | ☐ Yes | ☐ BM<br>☐ Pee | ☐ No | ☐ Yes | ☐ No |

# Speech-Language Record Form

**Name:**                                       **Date:**

| New Word or Phrase | Tally | New Word or Phrase | Tally | New Word or Phrase | Tally |
|---|---|---|---|---|---|
| | | | | | |
| | | | | | |
| | | | | | |
| | | | | | |
| | | | | | |
| | | | | | |
| | | | | | |

## Behavioral Form

Name:                                        Date:

| Before Behavior | Child's Negative Response/Behavior | | What Adult Did After Behavior |
|---|---|---|---|
| | Times Happened: | Average Time: | |
| | Times Happened: | Average Time: | |
| | Times Happened: | Average Time: | |
| | Times Happened: | Average Time: | |
| | Times Happened: | Average Time: | |
| | Times Happened: | Average Time: | |
| | Times Happened: | Average Time: | |
| | Times Happened: | Average Time: | |

# POTTY TIME CHART

* BM = bowel movement

| DATE | TIME | CHECK PANTS | TIME AT TOLIET | SUCCESS? | | | NEEDED HELP? | |
|------|------|-------------|----------------|----------|---|---|--------------|---|
| | | ☐ Wet  ☐ BM  ☐ Dry | | ☐ Yes | ☐ BM ☐ Pee | ☐ No | ☐ Yes | ☐ No |
| | | ☐ Wet  ☐ BM  ☐ Dry | | ☐ Yes | ☐ BM ☐ Pee | ☐ No | ☐ Yes | ☐ No |
| | | ☐ Wet  ☐ BM  ☐ Dry | | ☐ Yes | ☐ BM ☐ Pee | ☐ No | ☐ Yes | ☐ No |
| | | ☐ Wet  ☐ BM  ☐ Dry | | ☐ Yes | ☐ BM ☐ Pee | ☐ No | ☐ Yes | ☐ No |
| | | ☐ Wet  ☐ BM  ☐ Dry | | ☐ Yes | ☐ BM ☐ Pee | ☐ No | ☐ Yes | ☐ No |
| | | ☐ Wet  ☐ BM  ☐ Dry | | ☐ Yes | ☐ BM ☐ Pee | ☐ No | ☐ Yes | ☐ No |
| | | ☐ Wet  ☐ BM  ☐ Dry | | ☐ Yes | ☐ BM ☐ Pee | ☐ No | ☐ Yes | ☐ No |
| | | ☐ Wet  ☐ BM  ☐ Dry | | ☐ Yes | ☐ BM ☐ Pee | ☐ No | ☐ Yes | ☐ No |
| | | ☐ Wet  ☐ BM  ☐ Dry | | ☐ Yes | ☐ BM ☐ Pee | ☐ No | ☐ Yes | ☐ No |
| | | ☐ Wet  ☐ BM  ☐ Dry | | ☐ Yes | ☐ BM ☐ Pee | ☐ No | ☐ Yes | ☐ No |
| | | ☐ Wet  ☐ BM  ☐ Dry | | ☐ Yes | ☐ BM ☐ Pee | ☐ No | ☐ Yes | ☐ No |
| | | ☐ Wet  ☐ BM  ☐ Dry | | ☐ Yes | ☐ BM ☐ Pee | ☐ No | ☐ Yes | ☐ No |
| | | ☐ Wet  ☐ BM  ☐ Dry | | ☐ Yes | ☐ BM ☐ Pee | ☐ No | ☐ Yes | ☐ No |
| | | ☐ Wet  ☐ BM  ☐ Dry | | ☐ Yes | ☐ BM ☐ Pee | ☐ No | ☐ Yes | ☐ No |
| | | ☐ Wet  ☐ BM  ☐ Dry | | ☐ Yes | ☐ BM ☐ Pee | ☐ No | ☐ Yes | ☐ No |
| | | ☐ Wet  ☐ BM  ☐ Dry | | ☐ Yes | ☐ BM ☐ Pee | ☐ No | ☐ Yes | ☐ No |
| | | ☐ Wet  ☐ BM  ☐ Dry | | ☐ Yes | ☐ BM ☐ Pee | ☐ No | ☐ Yes | ☐ No |
| | | ☐ Wet  ☐ BM  ☐ Dry | | ☐ Yes | ☐ BM ☐ Pee | ☐ No | ☐ Yes | ☐ No |
| | | ☐ Wet  ☐ BM  ☐ Dry | | ☐ Yes | ☐ BM ☐ Pee | ☐ No | ☐ Yes | ☐ No |
| | | ☐ Wet  ☐ BM  ☐ Dry | | ☐ Yes | ☐ BM ☐ Pee | ☐ No | ☐ Yes | ☐ No |
| | | ☐ Wet  ☐ BM  ☐ Dry | | ☐ Yes | ☐ BM ☐ Pee | ☐ No | ☐ Yes | ☐ No |

# Speech-Language Record Form

**Name:**                            **Date:**

| New Word or Phrase | Tally | New Word or Phrase | Tally | New Word or Phrase | Tally |
|---|---|---|---|---|---|
|  |  |  |  |  |  |
|  |  |  |  |  |  |
|  |  |  |  |  |  |
|  |  |  |  |  |  |
|  |  |  |  |  |  |
|  |  |  |  |  |  |
|  |  |  |  |  |  |

## Behavioral Form

Name:                                          Date:

| Before Behavior | Child's Negative Response/Behavior | | What Adult Did After Behavior |
|---|---|---|---|
| | Times Happened: | Average Time: | |
| | Times Happened: | Average Time: | |
| | Times Happened: | Average Time: | |
| | Times Happened: | Average Time: | |
| | Times Happened: | Average Time: | |
| | Times Happened: | Average Time: | |
| | Times Happened: | Average Time: | |
| | Times Happened: | Average Time: | |
| | Times Happened: | Average Time: | |

# POTTY TIME CHART

* BM = bowel movement

| DATE | TIME | CHECK PANTS | | | TIME AT TOLIET | SUCCESS? | | | NEEDED HELP? | |
|------|------|------|------|------|------|------|------|------|------|------|
| | | ☐ Wet | ☐ BM | ☐ Dry | | ☐ Yes | ☐ BM ☐ Pee | ☐ No | ☐ Yes | ☐ No |
| | | ☐ Wet | ☐ BM | ☐ Dry | | ☐ Yes | ☐ BM ☐ Pee | ☐ No | ☐ Yes | ☐ No |
| | | ☐ Wet | ☐ BM | ☐ Dry | | ☐ Yes | ☐ BM ☐ Pee | ☐ No | ☐ Yes | ☐ No |
| | | ☐ Wet | ☐ BM | ☐ Dry | | ☐ Yes | ☐ BM ☐ Pee | ☐ No | ☐ Yes | ☐ No |
| | | ☐ Wet | ☐ BM | ☐ Dry | | ☐ Yes | ☐ BM ☐ Pee | ☐ No | ☐ Yes | ☐ No |
| | | ☐ Wet | ☐ BM | ☐ Dry | | ☐ Yes | ☐ BM ☐ Pee | ☐ No | ☐ Yes | ☐ No |
| | | ☐ Wet | ☐ BM | ☐ Dry | | ☐ Yes | ☐ BM ☐ Pee | ☐ No | ☐ Yes | ☐ No |
| | | ☐ Wet | ☐ BM | ☐ Dry | | ☐ Yes | ☐ BM ☐ Pee | ☐ No | ☐ Yes | ☐ No |
| | | ☐ Wet | ☐ BM | ☐ Dry | | ☐ Yes | ☐ BM ☐ Pee | ☐ No | ☐ Yes | ☐ No |
| | | ☐ Wet | ☐ BM | ☐ Dry | | ☐ Yes | ☐ BM ☐ Pee | ☐ No | ☐ Yes | ☐ No |
| | | ☐ Wet | ☐ BM | ☐ Dry | | ☐ Yes | ☐ BM ☐ Pee | ☐ No | ☐ Yes | ☐ No |
| | | ☐ Wet | ☐ BM | ☐ Dry | | ☐ Yes | ☐ BM ☐ Pee | ☐ No | ☐ Yes | ☐ No |
| | | ☐ Wet | ☐ BM | ☐ Dry | | ☐ Yes | ☐ BM ☐ Pee | ☐ No | ☐ Yes | ☐ No |
| | | ☐ Wet | ☐ BM | ☐ Dry | | ☐ Yes | ☐ BM ☐ Pee | ☐ No | ☐ Yes | ☐ No |
| | | ☐ Wet | ☐ BM | ☐ Dry | | ☐ Yes | ☐ BM ☐ Pee | ☐ No | ☐ Yes | ☐ No |
| | | ☐ Wet | ☐ BM | ☐ Dry | | ☐ Yes | ☐ BM ☐ Pee | ☐ No | ☐ Yes | ☐ No |
| | | ☐ Wet | ☐ BM | ☐ Dry | | ☐ Yes | ☐ BM ☐ Pee | ☐ No | ☐ Yes | ☐ No |
| | | ☐ Wet | ☐ BM | ☐ Dry | | ☐ Yes | ☐ BM ☐ Pee | ☐ No | ☐ Yes | ☐ No |
| | | ☐ Wet | ☐ BM | ☐ Dry | | ☐ Yes | ☐ BM ☐ Pee | ☐ No | ☐ Yes | ☐ No |
| | | ☐ Wet | ☐ BM | ☐ Dry | | ☐ Yes | ☐ BM ☐ Pee | ☐ No | ☐ Yes | ☐ No |
| | | ☐ Wet | ☐ BM | ☐ Dry | | ☐ Yes | ☐ BM ☐ Pee | ☐ No | ☐ Yes | ☐ No |
| | | ☐ Wet | ☐ BM | ☐ Dry | | ☐ Yes | ☐ BM ☐ Pee | ☐ No | ☐ Yes | ☐ No |

# Speech-Language Record Form

**Name:**                            **Date:**

| New Word or Phrase | Tally | New Word or Phrase | Tally | New Word or Phrase | Tally |
|---|---|---|---|---|---|
| | | | | | |
| | | | | | |
| | | | | | |
| | | | | | |
| | | | | | |
| | | | | | |
| | | | | | |

# Behavioral Form

Name:                                                    Date:

| Before Behavior | Child's Negative Response/Behavior | | What Adult Did After Behavior |
|---|---|---|---|
| | Times Happened: | Average Time: | |
| | Times Happened: | Average Time: | |
| | Times Happened: | Average Time: | |
| | Times Happened: | Average Time: | |
| | Times Happened: | Average Time: | |
| | Times Happened: | Average Time: | |
| | Times Happened: | Average Time: | |
| | Times Happened: | Average Time: | |

# POTTY TIME CHART

*BM = bowel movement

| DATE | TIME | CHECK PANTS | | | TIME AT TOLIET | SUCCESS? | | | NEEDED HELP? | |
|---|---|---|---|---|---|---|---|---|---|---|
| | | ☐ Wet | ☐ BM | ☐ Dry | | ☐ Yes | ☐ BM<br>☐ Pee | ☐ No | ☐ Yes | ☐ No |
| | | ☐ Wet | ☐ BM | ☐ Dry | | ☐ Yes | ☐ BM<br>☐ Pee | ☐ No | ☐ Yes | ☐ No |
| | | ☐ Wet | ☐ BM | ☐ Dry | | ☐ Yes | ☐ BM<br>☐ Pee | ☐ No | ☐ Yes | ☐ No |
| | | ☐ Wet | ☐ BM | ☐ Dry | | ☐ Yes | ☐ BM<br>☐ Pee | ☐ No | ☐ Yes | ☐ No |
| | | ☐ Wet | ☐ BM | ☐ Dry | | ☐ Yes | ☐ BM<br>☐ Pee | ☐ No | ☐ Yes | ☐ No |
| | | ☐ Wet | ☐ BM | ☐ Dry | | ☐ Yes | ☐ BM<br>☐ Pee | ☐ No | ☐ Yes | ☐ No |
| | | ☐ Wet | ☐ BM | ☐ Dry | | ☐ Yes | ☐ BM<br>☐ Pee | ☐ No | ☐ Yes | ☐ No |
| | | ☐ Wet | ☐ BM | ☐ Dry | | ☐ Yes | ☐ BM<br>☐ Pee | ☐ No | ☐ Yes | ☐ No |
| | | ☐ Wet | ☐ BM | ☐ Dry | | ☐ Yes | ☐ BM<br>☐ Pee | ☐ No | ☐ Yes | ☐ No |
| | | ☐ Wet | ☐ BM | ☐ Dry | | ☐ Yes | ☐ BM<br>☐ Pee | ☐ No | ☐ Yes | ☐ No |
| | | ☐ Wet | ☐ BM | ☐ Dry | | ☐ Yes | ☐ BM<br>☐ Pee | ☐ No | ☐ Yes | ☐ No |
| | | ☐ Wet | ☐ BM | ☐ Dry | | ☐ Yes | ☐ BM<br>☐ Pee | ☐ No | ☐ Yes | ☐ No |
| | | ☐ Wet | ☐ BM | ☐ Dry | | ☐ Yes | ☐ BM<br>☐ Pee | ☐ No | ☐ Yes | ☐ No |
| | | ☐ Wet | ☐ BM | ☐ Dry | | ☐ Yes | ☐ BM<br>☐ Pee | ☐ No | ☐ Yes | ☐ No |
| | | ☐ Wet | ☐ BM | ☐ Dry | | ☐ Yes | ☐ BM<br>☐ Pee | ☐ No | ☐ Yes | ☐ No |
| | | ☐ Wet | ☐ BM | ☐ Dry | | ☐ Yes | ☐ BM<br>☐ Pee | ☐ No | ☐ Yes | ☐ No |
| | | ☐ Wet | ☐ BM | ☐ Dry | | ☐ Yes | ☐ BM<br>☐ Pee | ☐ No | ☐ Yes | ☐ No |
| | | ☐ Wet | ☐ BM | ☐ Dry | | ☐ Yes | ☐ BM<br>☐ Pee | ☐ No | ☐ Yes | ☐ No |
| | | ☐ Wet | ☐ BM | ☐ Dry | | ☐ Yes | ☐ BM<br>☐ Pee | ☐ No | ☐ Yes | ☐ No |
| | | ☐ Wet | ☐ BM | ☐ Dry | | ☐ Yes | ☐ BM<br>☐ Pee | ☐ No | ☐ Yes | ☐ No |
| | | ☐ Wet | ☐ BM | ☐ Dry | | ☐ Yes | ☐ BM<br>☐ Pee | ☐ No | ☐ Yes | ☐ No |

# Speech-Language Record Form

**Name:**                              **Date:**

| New Word or Phrase | Tally | New Word or Phrase | Tally | New Word or Phrase | Tally |
|---|---|---|---|---|---|
|  |  |  |  |  |  |
|  |  |  |  |  |  |
|  |  |  |  |  |  |
|  |  |  |  |  |  |
|  |  |  |  |  |  |
|  |  |  |  |  |  |
|  |  |  |  |  |  |

## Behavioral Form

Name:                                                    Date:

| Before Behavior | Child's Negative Response/Behavior | | What Adult Did After Behavior |
|---|---|---|---|
| | Times Happened: | Average Time: | |
| | Times Happened: | Average Time: | |
| | Times Happened: | Average Time: | |
| | Times Happened: | Average Time: | |
| | Times Happened: | Average Time: | |
| | Times Happened: | Average Time: | |
| | Times Happened: | Average Time: | |
| | Times Happened: | Average Time: | |

# POTTY TIME CHART

\* BM = bowel movement

| DATE | TIME | CHECK PANTS | TIME AT TOLIET | SUCCESS? | | NEEDED HELP? |
|------|------|-------------|----------------|----------|---|--------------|
| | | ☐ Wet ☐ BM ☐ Dry | | ☐ Yes | ☐ BM ☐ Pee ☐ No | ☐ Yes ☐ No |
| | | ☐ Wet ☐ BM ☐ Dry | | ☐ Yes | ☐ BM ☐ Pee ☐ No | ☐ Yes ☐ No |
| | | ☐ Wet ☐ BM ☐ Dry | | ☐ Yes | ☐ BM ☐ Pee ☐ No | ☐ Yes ☐ No |
| | | ☐ Wet ☐ BM ☐ Dry | | ☐ Yes | ☐ BM ☐ Pee ☐ No | ☐ Yes ☐ No |
| | | ☐ Wet ☐ BM ☐ Dry | | ☐ Yes | ☐ BM ☐ Pee ☐ No | ☐ Yes ☐ No |
| | | ☐ Wet ☐ BM ☐ Dry | | ☐ Yes | ☐ BM ☐ Pee ☐ No | ☐ Yes ☐ No |
| | | ☐ Wet ☐ BM ☐ Dry | | ☐ Yes | ☐ BM ☐ Pee ☐ No | ☐ Yes ☐ No |
| | | ☐ Wet ☐ BM ☐ Dry | | ☐ Yes | ☐ BM ☐ Pee ☐ No | ☐ Yes ☐ No |
| | | ☐ Wet ☐ BM ☐ Dry | | ☐ Yes | ☐ BM ☐ Pee ☐ No | ☐ Yes ☐ No |
| | | ☐ Wet ☐ BM ☐ Dry | | ☐ Yes | ☐ BM ☐ Pee ☐ No | ☐ Yes ☐ No |
| | | ☐ Wet ☐ BM ☐ Dry | | ☐ Yes | ☐ BM ☐ Pee ☐ No | ☐ Yes ☐ No |
| | | ☐ Wet ☐ BM ☐ Dry | | ☐ Yes | ☐ BM ☐ Pee ☐ No | ☐ Yes ☐ No |
| | | ☐ Wet ☐ BM ☐ Dry | | ☐ Yes | ☐ BM ☐ Pee ☐ No | ☐ Yes ☐ No |
| | | ☐ Wet ☐ BM ☐ Dry | | ☐ Yes | ☐ BM ☐ Pee ☐ No | ☐ Yes ☐ No |
| | | ☐ Wet ☐ BM ☐ Dry | | ☐ Yes | ☐ BM ☐ Pee ☐ No | ☐ Yes ☐ No |
| | | ☐ Wet ☐ BM ☐ Dry | | ☐ Yes | ☐ BM ☐ Pee ☐ No | ☐ Yes ☐ No |
| | | ☐ Wet ☐ BM ☐ Dry | | ☐ Yes | ☐ BM ☐ Pee ☐ No | ☐ Yes ☐ No |
| | | ☐ Wet ☐ BM ☐ Dry | | ☐ Yes | ☐ BM ☐ Pee ☐ No | ☐ Yes ☐ No |
| | | ☐ Wet ☐ BM ☐ Dry | | ☐ Yes | ☐ BM ☐ Pee ☐ No | ☐ Yes ☐ No |
| | | ☐ Wet ☐ BM ☐ Dry | | ☐ Yes | ☐ BM ☐ Pee ☐ No | ☐ Yes ☐ No |
| | | ☐ Wet ☐ BM ☐ Dry | | ☐ Yes | ☐ BM ☐ Pee ☐ No | ☐ Yes ☐ No |

# Speech-Language Record Form

Name:                                          Date:

| New Word or Phrase | Tally | New Word or Phrase | Tally | New Word or Phrase | Tally |
|---|---|---|---|---|---|
|  |  |  |  |  |  |
|  |  |  |  |  |  |
|  |  |  |  |  |  |
|  |  |  |  |  |  |
|  |  |  |  |  |  |
|  |  |  |  |  |  |
|  |  |  |  |  |  |

## Behavioral Form

Name:                                Date:

| Before Behavior | Child's Negative Response/Behavior | | What Adult Did After Behavior |
|---|---|---|---|
| | Times Happened: | Average Time: | |
| | Times Happened: | Average Time: | |
| | Times Happened: | Average Time: | |
| | Times Happened: | Average Time: | |
| | Times Happened: | Average Time: | |
| | Times Happened: | Average Time: | |
| | Times Happened: | Average Time: | |
| | Times Happened: | Average Time: | |

# POTTY TIME CHART

* BM = bowel movement

| DATE | TIME | CHECK PANTS | | | TIME AT TOLIET | SUCCESS? | | | NEEDED HELP? | |
|------|------|------|------|------|------|------|------|------|------|------|
| | | ☐ Wet | ☐ BM | ☐ Dry | | ☐ Yes | ☐ BM ☐ Pee | ☐ No | ☐ Yes | ☐ No |
| | | ☐ Wet | ☐ BM | ☐ Dry | | ☐ Yes | ☐ BM ☐ Pee | ☐ No | ☐ Yes | ☐ No |
| | | ☐ Wet | ☐ BM | ☐ Dry | | ☐ Yes | ☐ BM ☐ Pee | ☐ No | ☐ Yes | ☐ No |
| | | ☐ Wet | ☐ BM | ☐ Dry | | ☐ Yes | ☐ BM ☐ Pee | ☐ No | ☐ Yes | ☐ No |
| | | ☐ Wet | ☐ BM | ☐ Dry | | ☐ Yes | ☐ BM ☐ Pee | ☐ No | ☐ Yes | ☐ No |
| | | ☐ Wet | ☐ BM | ☐ Dry | | ☐ Yes | ☐ BM ☐ Pee | ☐ No | ☐ Yes | ☐ No |
| | | ☐ Wet | ☐ BM | ☐ Dry | | ☐ Yes | ☐ BM ☐ Pee | ☐ No | ☐ Yes | ☐ No |
| | | ☐ Wet | ☐ BM | ☐ Dry | | ☐ Yes | ☐ BM ☐ Pee | ☐ No | ☐ Yes | ☐ No |
| | | ☐ Wet | ☐ BM | ☐ Dry | | ☐ Yes | ☐ BM ☐ Pee | ☐ No | ☐ Yes | ☐ No |
| | | ☐ Wet | ☐ BM | ☐ Dry | | ☐ Yes | ☐ BM ☐ Pee | ☐ No | ☐ Yes | ☐ No |
| | | ☐ Wet | ☐ BM | ☐ Dry | | ☐ Yes | ☐ BM ☐ Pee | ☐ No | ☐ Yes | ☐ No |
| | | ☐ Wet | ☐ BM | ☐ Dry | | ☐ Yes | ☐ BM ☐ Pee | ☐ No | ☐ Yes | ☐ No |
| | | ☐ Wet | ☐ BM | ☐ Dry | | ☐ Yes | ☐ BM ☐ Pee | ☐ No | ☐ Yes | ☐ No |
| | | ☐ Wet | ☐ BM | ☐ Dry | | ☐ Yes | ☐ BM ☐ Pee | ☐ No | ☐ Yes | ☐ No |
| | | ☐ Wet | ☐ BM | ☐ Dry | | ☐ Yes | ☐ BM ☐ Pee | ☐ No | ☐ Yes | ☐ No |
| | | ☐ Wet | ☐ BM | ☐ Dry | | ☐ Yes | ☐ BM ☐ Pee | ☐ No | ☐ Yes | ☐ No |
| | | ☐ Wet | ☐ BM | ☐ Dry | | ☐ Yes | ☐ BM ☐ Pee | ☐ No | ☐ Yes | ☐ No |
| | | ☐ Wet | ☐ BM | ☐ Dry | | ☐ Yes | ☐ BM ☐ Pee | ☐ No | ☐ Yes | ☐ No |
| | | ☐ Wet | ☐ BM | ☐ Dry | | ☐ Yes | ☐ BM ☐ Pee | ☐ No | ☐ Yes | ☐ No |
| | | ☐ Wet | ☐ BM | ☐ Dry | | ☐ Yes | ☐ BM ☐ Pee | ☐ No | ☐ Yes | ☐ No |
| | | ☐ Wet | ☐ BM | ☐ Dry | | ☐ Yes | ☐ BM ☐ Pee | ☐ No | ☐ Yes | ☐ No |

# Speech-Language Record Form

**Name:**                                                    **Date:**

| New Word or Phrase | Tally | New Word or Phrase | Tally | New Word or Phrase | Tally |
|---|---|---|---|---|---|
|  |  |  |  |  |  |
|  |  |  |  |  |  |
|  |  |  |  |  |  |
|  |  |  |  |  |  |
|  |  |  |  |  |  |
|  |  |  |  |  |  |
|  |  |  |  |  |  |

# Day 87.

## Behavioral Form

Name:                 Date:

| Before Behavior | Child's Negative Response/Behavior | What Adult Did After Behavior |
|---|---|---|
| | Times Happened:    Average Time: | |
| | Times Happened:    Average Time: | |
| | Times Happened:    Average Time: | |
| | Times Happened:    Average Time: | |
| | Times Happened:    Average Time: | |
| | Times Happened:    Average Time: | |
| | Times Happened:    Average Time: | |
| | Times Happened:    Average Time: | |

# POTTY TIME CHART                    * BM = bowel movement

| DATE | TIME | CHECK PANTS | | | TIME AT TOLIET | SUCCESS? | | | NEEDED HELP? | |
|---|---|---|---|---|---|---|---|---|---|---|
| | | ☐ Wet | ☐ BM | ☐ Dry | | ☐ Yes | ☐ BM ☐ Pee | ☐ No | ☐ Yes | ☐ No |
| | | ☐ Wet | ☐ BM | ☐ Dry | | ☐ Yes | ☐ BM ☐ Pee | ☐ No | ☐ Yes | ☐ No |
| | | ☐ Wet | ☐ BM | ☐ Dry | | ☐ Yes | ☐ BM ☐ Pee | ☐ No | ☐ Yes | ☐ No |
| | | ☐ Wet | ☐ BM | ☐ Dry | | ☐ Yes | ☐ BM ☐ Pee | ☐ No | ☐ Yes | ☐ No |
| | | ☐ Wet | ☐ BM | ☐ Dry | | ☐ Yes | ☐ BM ☐ Pee | ☐ No | ☐ Yes | ☐ No |
| | | ☐ Wet | ☐ BM | ☐ Dry | | ☐ Yes | ☐ BM ☐ Pee | ☐ No | ☐ Yes | ☐ No |
| | | ☐ Wet | ☐ BM | ☐ Dry | | ☐ Yes | ☐ BM ☐ Pee | ☐ No | ☐ Yes | ☐ No |
| | | ☐ Wet | ☐ BM | ☐ Dry | | ☐ Yes | ☐ BM ☐ Pee | ☐ No | ☐ Yes | ☐ No |
| | | ☐ Wet | ☐ BM | ☐ Dry | | ☐ Yes | ☐ BM ☐ Pee | ☐ No | ☐ Yes | ☐ No |
| | | ☐ Wet | ☐ BM | ☐ Dry | | ☐ Yes | ☐ BM ☐ Pee | ☐ No | ☐ Yes | ☐ No |
| | | ☐ Wet | ☐ BM | ☐ Dry | | ☐ Yes | ☐ BM ☐ Pee | ☐ No | ☐ Yes | ☐ No |
| | | ☐ Wet | ☐ BM | ☐ Dry | | ☐ Yes | ☐ BM ☐ Pee | ☐ No | ☐ Yes | ☐ No |
| | | ☐ Wet | ☐ BM | ☐ Dry | | ☐ Yes | ☐ BM ☐ Pee | ☐ No | ☐ Yes | ☐ No |
| | | ☐ Wet | ☐ BM | ☐ Dry | | ☐ Yes | ☐ BM ☐ Pee | ☐ No | ☐ Yes | ☐ No |
| | | ☐ Wet | ☐ BM | ☐ Dry | | ☐ Yes | ☐ BM ☐ Pee | ☐ No | ☐ Yes | ☐ No |
| | | ☐ Wet | ☐ BM | ☐ Dry | | ☐ Yes | ☐ BM ☐ Pee | ☐ No | ☐ Yes | ☐ No |
| | | ☐ Wet | ☐ BM | ☐ Dry | | ☐ Yes | ☐ BM ☐ Pee | ☐ No | ☐ Yes | ☐ No |
| | | ☐ Wet | ☐ BM | ☐ Dry | | ☐ Yes | ☐ BM ☐ Pee | ☐ No | ☐ Yes | ☐ No |
| | | ☐ Wet | ☐ BM | ☐ Dry | | ☐ Yes | ☐ BM ☐ Pee | ☐ No | ☐ Yes | ☐ No |
| | | ☐ Wet | ☐ BM | ☐ Dry | | ☐ Yes | ☐ BM ☐ Pee | ☐ No | ☐ Yes | ☐ No |
| | | ☐ Wet | ☐ BM | ☐ Dry | | ☐ Yes | ☐ BM ☐ Pee | ☐ No | ☐ Yes | ☐ No |
| | | ☐ Wet | ☐ BM | ☐ Dry | | ☐ Yes | ☐ BM ☐ Pee | ☐ No | ☐ Yes | ☐ No |

# Speech-Language Record Form

**Name:**                                    **Date:**

| New Word or Phrase | Tally | New Word or Phrase | Tally | New Word or Phrase | Tally |
|---|---|---|---|---|---|
|  |  |  |  |  |  |
|  |  |  |  |  |  |
|  |  |  |  |  |  |
|  |  |  |  |  |  |
|  |  |  |  |  |  |
|  |  |  |  |  |  |
|  |  |  |  |  |  |

## Behavioral Form

Name:                                                      Date:

| Before Behavior | Child's Negative Response/Behavior | What Adult Did After Behavior |
|---|---|---|
|  | Times Happened:   Average Time: |  |
|  | Times Happened:   Average Time: |  |
|  | Times Happened:   Average Time: |  |
|  | Times Happened:   Average Time: |  |
|  | Times Happened:   Average Time: |  |
|  | Times Happened:   Average Time: |  |
|  | Times Happened:   Average Time: |  |
|  | Times Happened:   Average Time: |  |
|  | Times Happened:   Average Time: |  |

# POTTY TIME CHART

* BM = bowel movement

| DATE | TIME | CHECK PANTS | | | TIME AT TOLIET | SUCCESS? | | | NEEDED HELP? | |
|---|---|---|---|---|---|---|---|---|---|---|
| | | ☐ Wet | ☐ BM | ☐ Dry | | ☐ Yes | ☐ BM ☐ Pee | ☐ No | ☐ Yes | ☐ No |
| | | ☐ Wet | ☐ BM | ☐ Dry | | ☐ Yes | ☐ BM ☐ Pee | ☐ No | ☐ Yes | ☐ No |
| | | ☐ Wet | ☐ BM | ☐ Dry | | ☐ Yes | ☐ BM ☐ Pee | ☐ No | ☐ Yes | ☐ No |
| | | ☐ Wet | ☐ BM | ☐ Dry | | ☐ Yes | ☐ BM ☐ Pee | ☐ No | ☐ Yes | ☐ No |
| | | ☐ Wet | ☐ BM | ☐ Dry | | ☐ Yes | ☐ BM ☐ Pee | ☐ No | ☐ Yes | ☐ No |
| | | ☐ Wet | ☐ BM | ☐ Dry | | ☐ Yes | ☐ BM ☐ Pee | ☐ No | ☐ Yes | ☐ No |
| | | ☐ Wet | ☐ BM | ☐ Dry | | ☐ Yes | ☐ BM ☐ Pee | ☐ No | ☐ Yes | ☐ No |
| | | ☐ Wet | ☐ BM | ☐ Dry | | ☐ Yes | ☐ BM ☐ Pee | ☐ No | ☐ Yes | ☐ No |
| | | ☐ Wet | ☐ BM | ☐ Dry | | ☐ Yes | ☐ BM ☐ Pee | ☐ No | ☐ Yes | ☐ No |
| | | ☐ Wet | ☐ BM | ☐ Dry | | ☐ Yes | ☐ BM ☐ Pee | ☐ No | ☐ Yes | ☐ No |
| | | ☐ Wet | ☐ BM | ☐ Dry | | ☐ Yes | ☐ BM ☐ Pee | ☐ No | ☐ Yes | ☐ No |
| | | ☐ Wet | ☐ BM | ☐ Dry | | ☐ Yes | ☐ BM ☐ Pee | ☐ No | ☐ Yes | ☐ No |
| | | ☐ Wet | ☐ BM | ☐ Dry | | ☐ Yes | ☐ BM ☐ Pee | ☐ No | ☐ Yes | ☐ No |
| | | ☐ Wet | ☐ BM | ☐ Dry | | ☐ Yes | ☐ BM ☐ Pee | ☐ No | ☐ Yes | ☐ No |
| | | ☐ Wet | ☐ BM | ☐ Dry | | ☐ Yes | ☐ BM ☐ Pee | ☐ No | ☐ Yes | ☐ No |
| | | ☐ Wet | ☐ BM | ☐ Dry | | ☐ Yes | ☐ BM ☐ Pee | ☐ No | ☐ Yes | ☐ No |
| | | ☐ Wet | ☐ BM | ☐ Dry | | ☐ Yes | ☐ BM ☐ Pee | ☐ No | ☐ Yes | ☐ No |
| | | ☐ Wet | ☐ BM | ☐ Dry | | ☐ Yes | ☐ BM ☐ Pee | ☐ No | ☐ Yes | ☐ No |
| | | ☐ Wet | ☐ BM | ☐ Dry | | ☐ Yes | ☐ BM ☐ Pee | ☐ No | ☐ Yes | ☐ No |
| | | ☐ Wet | ☐ BM | ☐ Dry | | ☐ Yes | ☐ BM ☐ Pee | ☐ No | ☐ Yes | ☐ No |
| | | ☐ Wet | ☐ BM | ☐ Dry | | ☐ Yes | ☐ BM ☐ Pee | ☐ No | ☐ Yes | ☐ No |

# Speech-Language Record Form

**Name:**                                  **Date:**

| New Word or Phrase | Tally | New Word or Phrase | Tally | New Word or Phrase | Tally |
|---|---|---|---|---|---|
|  |  |  |  |  |  |
|  |  |  |  |  |  |
|  |  |  |  |  |  |
|  |  |  |  |  |  |
|  |  |  |  |  |  |
|  |  |  |  |  |  |
|  |  |  |  |  |  |

## Behavioral Form

Name:                               Date:

| Before Behavior | Child's Negative Response/Behavior | | What Adult Did After Behavior |
|---|---|---|---|
| | Times Happened: | Average Time: | |
| | Times Happened: | Average Time: | |
| | Times Happened: | Average Time: | |
| | Times Happened: | Average Time: | |
| | Times Happened: | Average Time: | |
| | Times Happened: | Average Time: | |
| | Times Happened: | Average Time: | |
| | Times Happened: | Average Time: | |
| | Times Happened: | Average Time: | |

# POTTY TIME CHART

* BM = bowel movement

| DATE | TIME | CHECK PANTS | TIME AT TOLIET | SUCCESS? | | | NEEDED HELP? | |
|------|------|-------------|----------------|----------|---|---|--------------|---|
| | | ☐ Wet  ☐ BM  ☐ Dry | | ☐ Yes | ☐ BM ☐ Pee | ☐ No | ☐ Yes | ☐ No |
| | | ☐ Wet  ☐ BM  ☐ Dry | | ☐ Yes | ☐ BM ☐ Pee | ☐ No | ☐ Yes | ☐ No |
| | | ☐ Wet  ☐ BM  ☐ Dry | | ☐ Yes | ☐ BM ☐ Pee | ☐ No | ☐ Yes | ☐ No |
| | | ☐ Wet  ☐ BM  ☐ Dry | | ☐ Yes | ☐ BM ☐ Pee | ☐ No | ☐ Yes | ☐ No |
| | | ☐ Wet  ☐ BM  ☐ Dry | | ☐ Yes | ☐ BM ☐ Pee | ☐ No | ☐ Yes | ☐ No |
| | | ☐ Wet  ☐ BM  ☐ Dry | | ☐ Yes | ☐ BM ☐ Pee | ☐ No | ☐ Yes | ☐ No |
| | | ☐ Wet  ☐ BM  ☐ Dry | | ☐ Yes | ☐ BM ☐ Pee | ☐ No | ☐ Yes | ☐ No |
| | | ☐ Wet  ☐ BM  ☐ Dry | | ☐ Yes | ☐ BM ☐ Pee | ☐ No | ☐ Yes | ☐ No |
| | | ☐ Wet  ☐ BM  ☐ Dry | | ☐ Yes | ☐ BM ☐ Pee | ☐ No | ☐ Yes | ☐ No |
| | | ☐ Wet  ☐ BM  ☐ Dry | | ☐ Yes | ☐ BM ☐ Pee | ☐ No | ☐ Yes | ☐ No |
| | | ☐ Wet  ☐ BM  ☐ Dry | | ☐ Yes | ☐ BM ☐ Pee | ☐ No | ☐ Yes | ☐ No |
| | | ☐ Wet  ☐ BM  ☐ Dry | | ☐ Yes | ☐ BM ☐ Pee | ☐ No | ☐ Yes | ☐ No |
| | | ☐ Wet  ☐ BM  ☐ Dry | | ☐ Yes | ☐ BM ☐ Pee | ☐ No | ☐ Yes | ☐ No |
| | | ☐ Wet  ☐ BM  ☐ Dry | | ☐ Yes | ☐ BM ☐ Pee | ☐ No | ☐ Yes | ☐ No |
| | | ☐ Wet  ☐ BM  ☐ Dry | | ☐ Yes | ☐ BM ☐ Pee | ☐ No | ☐ Yes | ☐ No |
| | | ☐ Wet  ☐ BM  ☐ Dry | | ☐ Yes | ☐ BM ☐ Pee | ☐ No | ☐ Yes | ☐ No |
| | | ☐ Wet  ☐ BM  ☐ Dry | | ☐ Yes | ☐ BM ☐ Pee | ☐ No | ☐ Yes | ☐ No |
| | | ☐ Wet  ☐ BM  ☐ Dry | | ☐ Yes | ☐ BM ☐ Pee | ☐ No | ☐ Yes | ☐ No |
| | | ☐ Wet  ☐ BM  ☐ Dry | | ☐ Yes | ☐ BM ☐ Pee | ☐ No | ☐ Yes | ☐ No |
| | | ☐ Wet  ☐ BM  ☐ Dry | | ☐ Yes | ☐ BM ☐ Pee | ☐ No | ☐ Yes | ☐ No |
| | | ☐ Wet  ☐ BM  ☐ Dry | | ☐ Yes | ☐ BM ☐ Pee | ☐ No | ☐ Yes | ☐ No |
| | | ☐ Wet  ☐ BM  ☐ Dry | | ☐ Yes | ☐ BM ☐ Pee | ☐ No | ☐ Yes | ☐ No |

# Speech-Language Record Form

**Name:**                      **Date:**

| New Word or Phrase | Tally | New Word or Phrase | Tally | New Word or Phrase | Tally |
|---|---|---|---|---|---|
|  |  |  |  |  |  |
|  |  |  |  |  |  |
|  |  |  |  |  |  |
|  |  |  |  |  |  |
|  |  |  |  |  |  |
|  |  |  |  |  |  |
|  |  |  |  |  |  |

## Behavioral Form

Name:                                    Date:

| Before Behavior | Child's Negative Response/Behavior | | What Adult Did After Behavior |
|---|---|---|---|
| | Times Happened: | Average Time: | |
| | Times Happened: | Average Time: | |
| | Times Happened: | Average Time: | |
| | Times Happened: | Average Time: | |
| | Times Happened: | Average Time: | |
| | Times Happened: | Average Time: | |
| | Times Happened: | Average Time: | |
| | Times Happened: | Average Time: | |

# POTTY TIME CHART

*BM = bowel movement

| DATE | TIME | CHECK PANTS | TIME AT TOLIET | SUCCESS? | | | NEEDED HELP? | |
|---|---|---|---|---|---|---|---|---|
| | | ☐ Wet  ☐ BM  ☐ Dry | | ☐ Yes | ☐ BM<br>☐ Pee | ☐ No | ☐ Yes | ☐ No |
| | | ☐ Wet  ☐ BM  ☐ Dry | | ☐ Yes | ☐ BM<br>☐ Pee | ☐ No | ☐ Yes | ☐ No |
| | | ☐ Wet  ☐ BM  ☐ Dry | | ☐ Yes | ☐ BM<br>☐ Pee | ☐ No | ☐ Yes | ☐ No |
| | | ☐ Wet  ☐ BM  ☐ Dry | | ☐ Yes | ☐ BM<br>☐ Pee | ☐ No | ☐ Yes | ☐ No |
| | | ☐ Wet  ☐ BM  ☐ Dry | | ☐ Yes | ☐ BM<br>☐ Pee | ☐ No | ☐ Yes | ☐ No |
| | | ☐ Wet  ☐ BM  ☐ Dry | | ☐ Yes | ☐ BM<br>☐ Pee | ☐ No | ☐ Yes | ☐ No |
| | | ☐ Wet  ☐ BM  ☐ Dry | | ☐ Yes | ☐ BM<br>☐ Pee | ☐ No | ☐ Yes | ☐ No |
| | | ☐ Wet  ☐ BM  ☐ Dry | | ☐ Yes | ☐ BM<br>☐ Pee | ☐ No | ☐ Yes | ☐ No |
| | | ☐ Wet  ☐ BM  ☐ Dry | | ☐ Yes | ☐ BM<br>☐ Pee | ☐ No | ☐ Yes | ☐ No |
| | | ☐ Wet  ☐ BM  ☐ Dry | | ☐ Yes | ☐ BM<br>☐ Pee | ☐ No | ☐ Yes | ☐ No |
| | | ☐ Wet  ☐ BM  ☐ Dry | | ☐ Yes | ☐ BM<br>☐ Pee | ☐ No | ☐ Yes | ☐ No |
| | | ☐ Wet  ☐ BM  ☐ Dry | | ☐ Yes | ☐ BM<br>☐ Pee | ☐ No | ☐ Yes | ☐ No |
| | | ☐ Wet  ☐ BM  ☐ Dry | | ☐ Yes | ☐ BM<br>☐ Pee | ☐ No | ☐ Yes | ☐ No |
| | | ☐ Wet  ☐ BM  ☐ Dry | | ☐ Yes | ☐ BM<br>☐ Pee | ☐ No | ☐ Yes | ☐ No |
| | | ☐ Wet  ☐ BM  ☐ Dry | | ☐ Yes | ☐ BM<br>☐ Pee | ☐ No | ☐ Yes | ☐ No |
| | | ☐ Wet  ☐ BM  ☐ Dry | | ☐ Yes | ☐ BM<br>☐ Pee | ☐ No | ☐ Yes | ☐ No |
| | | ☐ Wet  ☐ BM  ☐ Dry | | ☐ Yes | ☐ BM<br>☐ Pee | ☐ No | ☐ Yes | ☐ No |
| | | ☐ Wet  ☐ BM  ☐ Dry | | ☐ Yes | ☐ BM<br>☐ Pee | ☐ No | ☐ Yes | ☐ No |
| | | ☐ Wet  ☐ BM  ☐ Dry | | ☐ Yes | ☐ BM<br>☐ Pee | ☐ No | ☐ Yes | ☐ No |
| | | ☐ Wet  ☐ BM  ☐ Dry | | ☐ Yes | ☐ BM<br>☐ Pee | ☐ No | ☐ Yes | ☐ No |
| | | ☐ Wet  ☐ BM  ☐ Dry | | ☐ Yes | ☐ BM<br>☐ Pee | ☐ No | ☐ Yes | ☐ No |

# Speech-Language Record Form

**Name:**                                **Date:**

| New Word or Phrase | Tally | New Word or Phrase | Tally | New Word or Phrase | Tally |
|---|---|---|---|---|---|
|  |  |  |  |  |  |
|  |  |  |  |  |  |
|  |  |  |  |  |  |
|  |  |  |  |  |  |
|  |  |  |  |  |  |
|  |  |  |  |  |  |
|  |  |  |  |  |  |

## Behavioral Form

Name:                                             Date:

| Before Behavior | Child's Negative Response/Behavior | What Adult Did After Behavior |
|---|---|---|
| | Times Happened: _____ Average Time: _____ | |
| | Times Happened: _____ Average Time: _____ | |
| | Times Happened: _____ Average Time: _____ | |
| | Times Happened: _____ Average Time: _____ | |
| | Times Happened: _____ Average Time: _____ | |
| | Times Happened: _____ Average Time: _____ | |
| | Times Happened: _____ Average Time: _____ | |
| | Times Happened: _____ Average Time: _____ | |

# POTTY TIME CHART

* BM = bowel movement

| DATE | TIME | CHECK PANTS | | | TIME AT TOLIET | SUCCESS? | | | NEEDED HELP? | |
|---|---|---|---|---|---|---|---|---|---|---|
| | | ☐ Wet | ☐ BM | ☐ Dry | | ☐ Yes | ☐ BM ☐ Pee | ☐ No | ☐ Yes | ☐ No |
| | | ☐ Wet | ☐ BM | ☐ Dry | | ☐ Yes | ☐ BM ☐ Pee | ☐ No | ☐ Yes | ☐ No |
| | | ☐ Wet | ☐ BM | ☐ Dry | | ☐ Yes | ☐ BM ☐ Pee | ☐ No | ☐ Yes | ☐ No |
| | | ☐ Wet | ☐ BM | ☐ Dry | | ☐ Yes | ☐ BM ☐ Pee | ☐ No | ☐ Yes | ☐ No |
| | | ☐ Wet | ☐ BM | ☐ Dry | | ☐ Yes | ☐ BM ☐ Pee | ☐ No | ☐ Yes | ☐ No |
| | | ☐ Wet | ☐ BM | ☐ Dry | | ☐ Yes | ☐ BM ☐ Pee | ☐ No | ☐ Yes | ☐ No |
| | | ☐ Wet | ☐ BM | ☐ Dry | | ☐ Yes | ☐ BM ☐ Pee | ☐ No | ☐ Yes | ☐ No |
| | | ☐ Wet | ☐ BM | ☐ Dry | | ☐ Yes | ☐ BM ☐ Pee | ☐ No | ☐ Yes | ☐ No |
| | | ☐ Wet | ☐ BM | ☐ Dry | | ☐ Yes | ☐ BM ☐ Pee | ☐ No | ☐ Yes | ☐ No |
| | | ☐ Wet | ☐ BM | ☐ Dry | | ☐ Yes | ☐ BM ☐ Pee | ☐ No | ☐ Yes | ☐ No |
| | | ☐ Wet | ☐ BM | ☐ Dry | | ☐ Yes | ☐ BM ☐ Pee | ☐ No | ☐ Yes | ☐ No |
| | | ☐ Wet | ☐ BM | ☐ Dry | | ☐ Yes | ☐ BM ☐ Pee | ☐ No | ☐ Yes | ☐ No |
| | | ☐ Wet | ☐ BM | ☐ Dry | | ☐ Yes | ☐ BM ☐ Pee | ☐ No | ☐ Yes | ☐ No |
| | | ☐ Wet | ☐ BM | ☐ Dry | | ☐ Yes | ☐ BM ☐ Pee | ☐ No | ☐ Yes | ☐ No |
| | | ☐ Wet | ☐ BM | ☐ Dry | | ☐ Yes | ☐ BM ☐ Pee | ☐ No | ☐ Yes | ☐ No |
| | | ☐ Wet | ☐ BM | ☐ Dry | | ☐ Yes | ☐ BM ☐ Pee | ☐ No | ☐ Yes | ☐ No |
| | | ☐ Wet | ☐ BM | ☐ Dry | | ☐ Yes | ☐ BM ☐ Pee | ☐ No | ☐ Yes | ☐ No |
| | | ☐ Wet | ☐ BM | ☐ Dry | | ☐ Yes | ☐ BM ☐ Pee | ☐ No | ☐ Yes | ☐ No |
| | | ☐ Wet | ☐ BM | ☐ Dry | | ☐ Yes | ☐ BM ☐ Pee | ☐ No | ☐ Yes | ☐ No |
| | | ☐ Wet | ☐ BM | ☐ Dry | | ☐ Yes | ☐ BM ☐ Pee | ☐ No | ☐ Yes | ☐ No |
| | | ☐ Wet | ☐ BM | ☐ Dry | | ☐ Yes | ☐ BM ☐ Pee | ☐ No | ☐ Yes | ☐ No |

# Speech-Language Record Form

**Name:**                                   **Date:**

| New Word or Phrase | Tally | New Word or Phrase | Tally | New Word or Phrase | Tally |
|---|---|---|---|---|---|
|  |  |  |  |  |  |
|  |  |  |  |  |  |
|  |  |  |  |  |  |
|  |  |  |  |  |  |
|  |  |  |  |  |  |
|  |  |  |  |  |  |
|  |  |  |  |  |  |

## Behavioral Form

Name:                                                    Date:

| Before Behavior | Child's Negative Response/Behavior | | What Adult Did After Behavior |
|---|---|---|---|
| | Times Happened: | Average Time: | |
| | Times Happened: | Average Time: | |
| | Times Happened: | Average Time: | |
| | Times Happened: | Average Time: | |
| | Times Happened: | Average Time: | |
| | Times Happened: | Average Time: | |
| | Times Happened: | Average Time: | |
| | Times Happened: | Average Time: | |

# POTTY TIME CHART

*BM = bowel movement

| DATE | TIME | CHECK PANTS | | | TIME AT TOLIET | SUCCESS? | | | NEEDED HELP? | |
|------|------|-------------|---|---|----------------|----------|---|---|--------------|---|
| | | ☐ Wet | ☐ BM | ☐ Dry | | ☐ Yes | ☐ BM ☐ Pee | ☐ No | ☐ Yes | ☐ No |
| | | ☐ Wet | ☐ BM | ☐ Dry | | ☐ Yes | ☐ BM ☐ Pee | ☐ No | ☐ Yes | ☐ No |
| | | ☐ Wet | ☐ BM | ☐ Dry | | ☐ Yes | ☐ BM ☐ Pee | ☐ No | ☐ Yes | ☐ No |
| | | ☐ Wet | ☐ BM | ☐ Dry | | ☐ Yes | ☐ BM ☐ Pee | ☐ No | ☐ Yes | ☐ No |
| | | ☐ Wet | ☐ BM | ☐ Dry | | ☐ Yes | ☐ BM ☐ Pee | ☐ No | ☐ Yes | ☐ No |
| | | ☐ Wet | ☐ BM | ☐ Dry | | ☐ Yes | ☐ BM ☐ Pee | ☐ No | ☐ Yes | ☐ No |
| | | ☐ Wet | ☐ BM | ☐ Dry | | ☐ Yes | ☐ BM ☐ Pee | ☐ No | ☐ Yes | ☐ No |
| | | ☐ Wet | ☐ BM | ☐ Dry | | ☐ Yes | ☐ BM ☐ Pee | ☐ No | ☐ Yes | ☐ No |
| | | ☐ Wet | ☐ BM | ☐ Dry | | ☐ Yes | ☐ BM ☐ Pee | ☐ No | ☐ Yes | ☐ No |
| | | ☐ Wet | ☐ BM | ☐ Dry | | ☐ Yes | ☐ BM ☐ Pee | ☐ No | ☐ Yes | ☐ No |
| | | ☐ Wet | ☐ BM | ☐ Dry | | ☐ Yes | ☐ BM ☐ Pee | ☐ No | ☐ Yes | ☐ No |
| | | ☐ Wet | ☐ BM | ☐ Dry | | ☐ Yes | ☐ BM ☐ Pee | ☐ No | ☐ Yes | ☐ No |
| | | ☐ Wet | ☐ BM | ☐ Dry | | ☐ Yes | ☐ BM ☐ Pee | ☐ No | ☐ Yes | ☐ No |
| | | ☐ Wet | ☐ BM | ☐ Dry | | ☐ Yes | ☐ BM ☐ Pee | ☐ No | ☐ Yes | ☐ No |
| | | ☐ Wet | ☐ BM | ☐ Dry | | ☐ Yes | ☐ BM ☐ Pee | ☐ No | ☐ Yes | ☐ No |
| | | ☐ Wet | ☐ BM | ☐ Dry | | ☐ Yes | ☐ BM ☐ Pee | ☐ No | ☐ Yes | ☐ No |
| | | ☐ Wet | ☐ BM | ☐ Dry | | ☐ Yes | ☐ BM ☐ Pee | ☐ No | ☐ Yes | ☐ No |
| | | ☐ Wet | ☐ BM | ☐ Dry | | ☐ Yes | ☐ BM ☐ Pee | ☐ No | ☐ Yes | ☐ No |
| | | ☐ Wet | ☐ BM | ☐ Dry | | ☐ Yes | ☐ BM ☐ Pee | ☐ No | ☐ Yes | ☐ No |
| | | ☐ Wet | ☐ BM | ☐ Dry | | ☐ Yes | ☐ BM ☐ Pee | ☐ No | ☐ Yes | ☐ No |

# Speech-Language Record Form

Name:                                    Date:

| New Word or Phrase | Tally | New Word or Phrase | Tally | New Word or Phrase | Tally |
|---|---|---|---|---|---|
| | | | | | |
| | | | | | |
| | | | | | |
| | | | | | |
| | | | | | |
| | | | | | |
| | | | | | |

## Behavioral Form

Name:                                                    Date:

| Before Behavior | Child's Negative Response/Behavior | | What Adult Did After Behavior |
|---|---|---|---|
| | Times Happened: | Average Time: | |
| | Times Happened: | Average Time: | |
| | Times Happened: | Average Time: | |
| | Times Happened: | Average Time: | |
| | Times Happened: | Average Time: | |
| | Times Happened: | Average Time: | |
| | Times Happened: | Average Time: | |
| | Times Happened: | Average Time: | |
| | Times Happened: | Average Time: | |

# POTTY TIME CHART

*BM = bowel movement

| DATE | TIME | CHECK PANTS | TIME AT TOLIET | SUCCESS? | | | NEEDED HELP? | |
|---|---|---|---|---|---|---|---|---|
| | | ☐ Wet  ☐ BM  ☐ Dry | | ☐ Yes | ☐ BM<br>☐ Pee | ☐ No | ☐ Yes | ☐ No |
| | | ☐ Wet  ☐ BM  ☐ Dry | | ☐ Yes | ☐ BM<br>☐ Pee | ☐ No | ☐ Yes | ☐ No |
| | | ☐ Wet  ☐ BM  ☐ Dry | | ☐ Yes | ☐ BM<br>☐ Pee | ☐ No | ☐ Yes | ☐ No |
| | | ☐ Wet  ☐ BM  ☐ Dry | | ☐ Yes | ☐ BM<br>☐ Pee | ☐ No | ☐ Yes | ☐ No |
| | | ☐ Wet  ☐ BM  ☐ Dry | | ☐ Yes | ☐ BM<br>☐ Pee | ☐ No | ☐ Yes | ☐ No |
| | | ☐ Wet  ☐ BM  ☐ Dry | | ☐ Yes | ☐ BM<br>☐ Pee | ☐ No | ☐ Yes | ☐ No |
| | | ☐ Wet  ☐ BM  ☐ Dry | | ☐ Yes | ☐ BM<br>☐ Pee | ☐ No | ☐ Yes | ☐ No |
| | | ☐ Wet  ☐ BM  ☐ Dry | | ☐ Yes | ☐ BM<br>☐ Pee | ☐ No | ☐ Yes | ☐ No |
| | | ☐ Wet  ☐ BM  ☐ Dry | | ☐ Yes | ☐ BM<br>☐ Pee | ☐ No | ☐ Yes | ☐ No |
| | | ☐ Wet  ☐ BM  ☐ Dry | | ☐ Yes | ☐ BM<br>☐ Pee | ☐ No | ☐ Yes | ☐ No |
| | | ☐ Wet  ☐ BM  ☐ Dry | | ☐ Yes | ☐ BM<br>☐ Pee | ☐ No | ☐ Yes | ☐ No |
| | | ☐ Wet  ☐ BM  ☐ Dry | | ☐ Yes | ☐ BM<br>☐ Pee | ☐ No | ☐ Yes | ☐ No |
| | | ☐ Wet  ☐ BM  ☐ Dry | | ☐ Yes | ☐ BM<br>☐ Pee | ☐ No | ☐ Yes | ☐ No |
| | | ☐ Wet  ☐ BM  ☐ Dry | | ☐ Yes | ☐ BM<br>☐ Pee | ☐ No | ☐ Yes | ☐ No |
| | | ☐ Wet  ☐ BM  ☐ Dry | | ☐ Yes | ☐ BM<br>☐ Pee | ☐ No | ☐ Yes | ☐ No |
| | | ☐ Wet  ☐ BM  ☐ Dry | | ☐ Yes | ☐ BM<br>☐ Pee | ☐ No | ☐ Yes | ☐ No |
| | | ☐ Wet  ☐ BM  ☐ Dry | | ☐ Yes | ☐ BM<br>☐ Pee | ☐ No | ☐ Yes | ☐ No |
| | | ☐ Wet  ☐ BM  ☐ Dry | | ☐ Yes | ☐ BM<br>☐ Pee | ☐ No | ☐ Yes | ☐ No |
| | | ☐ Wet  ☐ BM  ☐ Dry | | ☐ Yes | ☐ BM<br>☐ Pee | ☐ No | ☐ Yes | ☐ No |
| | | ☐ Wet  ☐ BM  ☐ Dry | | ☐ Yes | ☐ BM<br>☐ Pee | ☐ No | ☐ Yes | ☐ No |
| | | ☐ Wet  ☐ BM  ☐ Dry | | ☐ Yes | ☐ BM<br>☐ Pee | ☐ No | ☐ Yes | ☐ No |

# Speech-Language Record Form

**Name:**                                       **Date:**

| New Word or Phrase | Tally | New Word or Phrase | Tally | New Word or Phrase | Tally |
|---|---|---|---|---|---|
|  |  |  |  |  |  |
|  |  |  |  |  |  |
|  |  |  |  |  |  |
|  |  |  |  |  |  |
|  |  |  |  |  |  |
|  |  |  |  |  |  |
|  |  |  |  |  |  |

## Behavioral Form

Name:                                        Date:

| Before Behavior | Child's Negative Response/Behavior | | What Adult Did After Behavior |
|---|---|---|---|
| | Times Happened: | Average Time: | |
| | Times Happened: | Average Time: | |
| | Times Happened: | Average Time: | |
| | Times Happened: | Average Time: | |
| | Times Happened: | Average Time: | |
| | Times Happened: | Average Time: | |
| | Times Happened: | Average Time: | |
| | Times Happened: | Average Time: | |

# POTTY TIME CHART

* BM = bowel movement

| DATE | TIME | CHECK PANTS | TIME AT TOLIET | SUCCESS? | | | NEEDED HELP? | |
|------|------|-------------|----------------|----------|---|---|--------------|---|
| | | ☐ Wet  ☐ BM  ☐ Dry | | ☐ Yes | ☐ BM<br>☐ Pee | ☐ No | ☐ Yes | ☐ No |
| | | ☐ Wet  ☐ BM  ☐ Dry | | ☐ Yes | ☐ BM<br>☐ Pee | ☐ No | ☐ Yes | ☐ No |
| | | ☐ Wet  ☐ BM  ☐ Dry | | ☐ Yes | ☐ BM<br>☐ Pee | ☐ No | ☐ Yes | ☐ No |
| | | ☐ Wet  ☐ BM  ☐ Dry | | ☐ Yes | ☐ BM<br>☐ Pee | ☐ No | ☐ Yes | ☐ No |
| | | ☐ Wet  ☐ BM  ☐ Dry | | ☐ Yes | ☐ BM<br>☐ Pee | ☐ No | ☐ Yes | ☐ No |
| | | ☐ Wet  ☐ BM  ☐ Dry | | ☐ Yes | ☐ BM<br>☐ Pee | ☐ No | ☐ Yes | ☐ No |
| | | ☐ Wet  ☐ BM  ☐ Dry | | ☐ Yes | ☐ BM<br>☐ Pee | ☐ No | ☐ Yes | ☐ No |
| | | ☐ Wet  ☐ BM  ☐ Dry | | ☐ Yes | ☐ BM<br>☐ Pee | ☐ No | ☐ Yes | ☐ No |
| | | ☐ Wet  ☐ BM  ☐ Dry | | ☐ Yes | ☐ BM<br>☐ Pee | ☐ No | ☐ Yes | ☐ No |
| | | ☐ Wet  ☐ BM  ☐ Dry | | ☐ Yes | ☐ BM<br>☐ Pee | ☐ No | ☐ Yes | ☐ No |
| | | ☐ Wet  ☐ BM  ☐ Dry | | ☐ Yes | ☐ BM<br>☐ Pee | ☐ No | ☐ Yes | ☐ No |
| | | ☐ Wet  ☐ BM  ☐ Dry | | ☐ Yes | ☐ BM<br>☐ Pee | ☐ No | ☐ Yes | ☐ No |
| | | ☐ Wet  ☐ BM  ☐ Dry | | ☐ Yes | ☐ BM<br>☐ Pee | ☐ No | ☐ Yes | ☐ No |
| | | ☐ Wet  ☐ BM  ☐ Dry | | ☐ Yes | ☐ BM<br>☐ Pee | ☐ No | ☐ Yes | ☐ No |
| | | ☐ Wet  ☐ BM  ☐ Dry | | ☐ Yes | ☐ BM<br>☐ Pee | ☐ No | ☐ Yes | ☐ No |
| | | ☐ Wet  ☐ BM  ☐ Dry | | ☐ Yes | ☐ BM<br>☐ Pee | ☐ No | ☐ Yes | ☐ No |
| | | ☐ Wet  ☐ BM  ☐ Dry | | ☐ Yes | ☐ BM<br>☐ Pee | ☐ No | ☐ Yes | ☐ No |
| | | ☐ Wet  ☐ BM  ☐ Dry | | ☐ Yes | ☐ BM<br>☐ Pee | ☐ No | ☐ Yes | ☐ No |
| | | ☐ Wet  ☐ BM  ☐ Dry | | ☐ Yes | ☐ BM<br>☐ Pee | ☐ No | ☐ Yes | ☐ No |
| | | ☐ Wet  ☐ BM  ☐ Dry | | ☐ Yes | ☐ BM<br>☐ Pee | ☐ No | ☐ Yes | ☐ No |
| | | ☐ Wet  ☐ BM  ☐ Dry | | ☐ Yes | ☐ BM<br>☐ Pee | ☐ No | ☐ Yes | ☐ No |

# Speech-Language Record Form

Name:                              Date:

| New Word or Phrase | Tally | New Word or Phrase | Tally | New Word or Phrase | Tally |
|---|---|---|---|---|---|
| | | | | | |
| | | | | | |
| | | | | | |
| | | | | | |
| | | | | | |
| | | | | | |
| | | | | | |

## Day 95.
## Behavioral Form

Name:                                        Date:

| Before Behavior | Child's Negative Response/Behavior | | What Adult Did After Behavior |
|---|---|---|---|
| | Times Happened: | Average Time: | |
| | Times Happened: | Average Time: | |
| | Times Happened: | Average Time: | |
| | Times Happened: | Average Time: | |
| | Times Happened: | Average Time: | |
| | Times Happened: | Average Time: | |
| | Times Happened: | Average Time: | |
| | Times Happened: | Average Time: | |
| | Times Happened: | Average Time: | |

# POTTY TIME CHART

\* BM = bowel movement

| DATE | TIME | CHECK PANTS | | | TIME AT TOLIET | SUCCESS? | | | NEEDED HELP? | |
|---|---|---|---|---|---|---|---|---|---|---|
| | | ☐ Wet | ☐ BM | ☐ Dry | | ☐ Yes | ☐ BM ☐ Pee | ☐ No | ☐ Yes | ☐ No |
| | | ☐ Wet | ☐ BM | ☐ Dry | | ☐ Yes | ☐ BM ☐ Pee | ☐ No | ☐ Yes | ☐ No |
| | | ☐ Wet | ☐ BM | ☐ Dry | | ☐ Yes | ☐ BM ☐ Pee | ☐ No | ☐ Yes | ☐ No |
| | | ☐ Wet | ☐ BM | ☐ Dry | | ☐ Yes | ☐ BM ☐ Pee | ☐ No | ☐ Yes | ☐ No |
| | | ☐ Wet | ☐ BM | ☐ Dry | | ☐ Yes | ☐ BM ☐ Pee | ☐ No | ☐ Yes | ☐ No |
| | | ☐ Wet | ☐ BM | ☐ Dry | | ☐ Yes | ☐ BM ☐ Pee | ☐ No | ☐ Yes | ☐ No |
| | | ☐ Wet | ☐ BM | ☐ Dry | | ☐ Yes | ☐ BM ☐ Pee | ☐ No | ☐ Yes | ☐ No |
| | | ☐ Wet | ☐ BM | ☐ Dry | | ☐ Yes | ☐ BM ☐ Pee | ☐ No | ☐ Yes | ☐ No |
| | | ☐ Wet | ☐ BM | ☐ Dry | | ☐ Yes | ☐ BM ☐ Pee | ☐ No | ☐ Yes | ☐ No |
| | | ☐ Wet | ☐ BM | ☐ Dry | | ☐ Yes | ☐ BM ☐ Pee | ☐ No | ☐ Yes | ☐ No |
| | | ☐ Wet | ☐ BM | ☐ Dry | | ☐ Yes | ☐ BM ☐ Pee | ☐ No | ☐ Yes | ☐ No |
| | | ☐ Wet | ☐ BM | ☐ Dry | | ☐ Yes | ☐ BM ☐ Pee | ☐ No | ☐ Yes | ☐ No |
| | | ☐ Wet | ☐ BM | ☐ Dry | | ☐ Yes | ☐ BM ☐ Pee | ☐ No | ☐ Yes | ☐ No |
| | | ☐ Wet | ☐ BM | ☐ Dry | | ☐ Yes | ☐ BM ☐ Pee | ☐ No | ☐ Yes | ☐ No |
| | | ☐ Wet | ☐ BM | ☐ Dry | | ☐ Yes | ☐ BM ☐ Pee | ☐ No | ☐ Yes | ☐ No |
| | | ☐ Wet | ☐ BM | ☐ Dry | | ☐ Yes | ☐ BM ☐ Pee | ☐ No | ☐ Yes | ☐ No |
| | | ☐ Wet | ☐ BM | ☐ Dry | | ☐ Yes | ☐ BM ☐ Pee | ☐ No | ☐ Yes | ☐ No |
| | | ☐ Wet | ☐ BM | ☐ Dry | | ☐ Yes | ☐ BM ☐ Pee | ☐ No | ☐ Yes | ☐ No |
| | | ☐ Wet | ☐ BM | ☐ Dry | | ☐ Yes | ☐ BM ☐ Pee | ☐ No | ☐ Yes | ☐ No |
| | | ☐ Wet | ☐ BM | ☐ Dry | | ☐ Yes | ☐ BM ☐ Pee | ☐ No | ☐ Yes | ☐ No |
| | | ☐ Wet | ☐ BM | ☐ Dry | | ☐ Yes | ☐ BM ☐ Pee | ☐ No | ☐ Yes | ☐ No |
| | | ☐ Wet | ☐ BM | ☐ Dry | | ☐ Yes | ☐ BM ☐ Pee | ☐ No | ☐ Yes | ☐ No |

# Speech-Language Record Form

**Name:**                                          **Date:**

| New Word or Phrase | Tally | New Word or Phrase | Tally | New Word or Phrase | Tally |
|---|---|---|---|---|---|
| | | | | | |
| | | | | | |
| | | | | | |
| | | | | | |
| | | | | | |
| | | | | | |
| | | | | | |

## Behavioral Form

Name:                                          Date:

| Before Behavior | Child's Negative Response/Behavior | What Adult Did After Behavior |
|---|---|---|
| | Times Happened: ___  Average Time: ___ | |
| | Times Happened: ___  Average Time: ___ | |
| | Times Happened: ___  Average Time: ___ | |
| | Times Happened: ___  Average Time: ___ | |
| | Times Happened: ___  Average Time: ___ | |
| | Times Happened: ___  Average Time: ___ | |
| | Times Happened: ___  Average Time: ___ | |
| | Times Happened: ___  Average Time: ___ | |

# POTTY TIME CHART

* BM = bowel movement

| DATE | TIME | CHECK PANTS | | | TIME AT TOLIET | SUCCESS? | | | NEEDED HELP? | |
|---|---|---|---|---|---|---|---|---|---|---|
| | | ☐ Wet | ☐ BM | ☐ Dry | | ☐ Yes | ☐ BM ☐ Pee | ☐ No | ☐ Yes | ☐ No |
| | | ☐ Wet | ☐ BM | ☐ Dry | | ☐ Yes | ☐ BM ☐ Pee | ☐ No | ☐ Yes | ☐ No |
| | | ☐ Wet | ☐ BM | ☐ Dry | | ☐ Yes | ☐ BM ☐ Pee | ☐ No | ☐ Yes | ☐ No |
| | | ☐ Wet | ☐ BM | ☐ Dry | | ☐ Yes | ☐ BM ☐ Pee | ☐ No | ☐ Yes | ☐ No |
| | | ☐ Wet | ☐ BM | ☐ Dry | | ☐ Yes | ☐ BM ☐ Pee | ☐ No | ☐ Yes | ☐ No |
| | | ☐ Wet | ☐ BM | ☐ Dry | | ☐ Yes | ☐ BM ☐ Pee | ☐ No | ☐ Yes | ☐ No |
| | | ☐ Wet | ☐ BM | ☐ Dry | | ☐ Yes | ☐ BM ☐ Pee | ☐ No | ☐ Yes | ☐ No |
| | | ☐ Wet | ☐ BM | ☐ Dry | | ☐ Yes | ☐ BM ☐ Pee | ☐ No | ☐ Yes | ☐ No |
| | | ☐ Wet | ☐ BM | ☐ Dry | | ☐ Yes | ☐ BM ☐ Pee | ☐ No | ☐ Yes | ☐ No |
| | | ☐ Wet | ☐ BM | ☐ Dry | | ☐ Yes | ☐ BM ☐ Pee | ☐ No | ☐ Yes | ☐ No |
| | | ☐ Wet | ☐ BM | ☐ Dry | | ☐ Yes | ☐ BM ☐ Pee | ☐ No | ☐ Yes | ☐ No |
| | | ☐ Wet | ☐ BM | ☐ Dry | | ☐ Yes | ☐ BM ☐ Pee | ☐ No | ☐ Yes | ☐ No |
| | | ☐ Wet | ☐ BM | ☐ Dry | | ☐ Yes | ☐ BM ☐ Pee | ☐ No | ☐ Yes | ☐ No |
| | | ☐ Wet | ☐ BM | ☐ Dry | | ☐ Yes | ☐ BM ☐ Pee | ☐ No | ☐ Yes | ☐ No |
| | | ☐ Wet | ☐ BM | ☐ Dry | | ☐ Yes | ☐ BM ☐ Pee | ☐ No | ☐ Yes | ☐ No |
| | | ☐ Wet | ☐ BM | ☐ Dry | | ☐ Yes | ☐ BM ☐ Pee | ☐ No | ☐ Yes | ☐ No |
| | | ☐ Wet | ☐ BM | ☐ Dry | | ☐ Yes | ☐ BM ☐ Pee | ☐ No | ☐ Yes | ☐ No |
| | | ☐ Wet | ☐ BM | ☐ Dry | | ☐ Yes | ☐ BM ☐ Pee | ☐ No | ☐ Yes | ☐ No |
| | | ☐ Wet | ☐ BM | ☐ Dry | | ☐ Yes | ☐ BM ☐ Pee | ☐ No | ☐ Yes | ☐ No |
| | | ☐ Wet | ☐ BM | ☐ Dry | | ☐ Yes | ☐ BM ☐ Pee | ☐ No | ☐ Yes | ☐ No |
| | | ☐ Wet | ☐ BM | ☐ Dry | | ☐ Yes | ☐ BM ☐ Pee | ☐ No | ☐ Yes | ☐ No |

# Speech-Language Record Form

**Name:**                                    **Date:**

| New Word or Phrase | Tally | New Word or Phrase | Tally | New Word or Phrase | Tally |
|---|---|---|---|---|---|
|  |  |  |  |  |  |
|  |  |  |  |  |  |
|  |  |  |  |  |  |
|  |  |  |  |  |  |
|  |  |  |  |  |  |
|  |  |  |  |  |  |
|  |  |  |  |  |  |

## Behavioral Form

Name:                                              Date:

| Before Behavior | Child's Negative Response/Behavior | | What Adult Did After Behavior |
|---|---|---|---|
| | Times Happened: | Average Time: | |
| | Times Happened: | Average Time: | |
| | Times Happened: | Average Time: | |
| | Times Happened: | Average Time: | |
| | Times Happened: | Average Time: | |
| | Times Happened: | Average Time: | |
| | Times Happened: | Average Time: | |
| | Times Happened: | Average Time: | |
| | Times Happened: | Average Time: | |

# POTTY TIME CHART

* BM = bowel movement

| DATE | TIME | CHECK PANTS | TIME AT TOLIET | SUCCESS? | | | NEEDED HELP? | |
|------|------|-------------|----------------|----------|---|----|--------------|----|
| | | ☐ Wet  ☐ BM  ☐ Dry | | ☐ Yes | ☐ BM ☐ Pee | ☐ No | ☐ Yes | ☐ No |
| | | ☐ Wet  ☐ BM  ☐ Dry | | ☐ Yes | ☐ BM ☐ Pee | ☐ No | ☐ Yes | ☐ No |
| | | ☐ Wet  ☐ BM  ☐ Dry | | ☐ Yes | ☐ BM ☐ Pee | ☐ No | ☐ Yes | ☐ No |
| | | ☐ Wet  ☐ BM  ☐ Dry | | ☐ Yes | ☐ BM ☐ Pee | ☐ No | ☐ Yes | ☐ No |
| | | ☐ Wet  ☐ BM  ☐ Dry | | ☐ Yes | ☐ BM ☐ Pee | ☐ No | ☐ Yes | ☐ No |
| | | ☐ Wet  ☐ BM  ☐ Dry | | ☐ Yes | ☐ BM ☐ Pee | ☐ No | ☐ Yes | ☐ No |
| | | ☐ Wet  ☐ BM  ☐ Dry | | ☐ Yes | ☐ BM ☐ Pee | ☐ No | ☐ Yes | ☐ No |
| | | ☐ Wet  ☐ BM  ☐ Dry | | ☐ Yes | ☐ BM ☐ Pee | ☐ No | ☐ Yes | ☐ No |
| | | ☐ Wet  ☐ BM  ☐ Dry | | ☐ Yes | ☐ BM ☐ Pee | ☐ No | ☐ Yes | ☐ No |
| | | ☐ Wet  ☐ BM  ☐ Dry | | ☐ Yes | ☐ BM ☐ Pee | ☐ No | ☐ Yes | ☐ No |
| | | ☐ Wet  ☐ BM  ☐ Dry | | ☐ Yes | ☐ BM ☐ Pee | ☐ No | ☐ Yes | ☐ No |
| | | ☐ Wet  ☐ BM  ☐ Dry | | ☐ Yes | ☐ BM ☐ Pee | ☐ No | ☐ Yes | ☐ No |
| | | ☐ Wet  ☐ BM  ☐ Dry | | ☐ Yes | ☐ BM ☐ Pee | ☐ No | ☐ Yes | ☐ No |
| | | ☐ Wet  ☐ BM  ☐ Dry | | ☐ Yes | ☐ BM ☐ Pee | ☐ No | ☐ Yes | ☐ No |
| | | ☐ Wet  ☐ BM  ☐ Dry | | ☐ Yes | ☐ BM ☐ Pee | ☐ No | ☐ Yes | ☐ No |
| | | ☐ Wet  ☐ BM  ☐ Dry | | ☐ Yes | ☐ BM ☐ Pee | ☐ No | ☐ Yes | ☐ No |
| | | ☐ Wet  ☐ BM  ☐ Dry | | ☐ Yes | ☐ BM ☐ Pee | ☐ No | ☐ Yes | ☐ No |
| | | ☐ Wet  ☐ BM  ☐ Dry | | ☐ Yes | ☐ BM ☐ Pee | ☐ No | ☐ Yes | ☐ No |
| | | ☐ Wet  ☐ BM  ☐ Dry | | ☐ Yes | ☐ BM ☐ Pee | ☐ No | ☐ Yes | ☐ No |
| | | ☐ Wet  ☐ BM  ☐ Dry | | ☐ Yes | ☐ BM ☐ Pee | ☐ No | ☐ Yes | ☐ No |
| | | ☐ Wet  ☐ BM  ☐ Dry | | ☐ Yes | ☐ BM ☐ Pee | ☐ No | ☐ Yes | ☐ No |

# Speech-Language Record Form

**Name:**                                **Date:**

| New Word or Phrase | Tally | New Word or Phrase | Tally | New Word or Phrase | Tally |
|---|---|---|---|---|---|
| | | | | | |
| | | | | | |
| | | | | | |
| | | | | | |
| | | | | | |
| | | | | | |
| | | | | | |

# Behavioral Form

Name:                                          Date:

| Before Behavior | Child's Negative Response/Behavior | | What Adult Did After Behavior |
|---|---|---|---|
| | Times Happened: | Average Time: | |
| | Times Happened: | Average Time: | |
| | Times Happened: | Average Time: | |
| | Times Happened: | Average Time: | |
| | Times Happened: | Average Time: | |
| | Times Happened: | Average Time: | |
| | Times Happened: | Average Time: | |
| | Times Happened: | Average Time: | |

# POTTY TIME CHART

\* BM = bowel movement

| DATE | TIME | CHECK PANTS | | | TIME AT TOLIET | SUCCESS? | | | NEEDED HELP? | |
|---|---|---|---|---|---|---|---|---|---|---|
| | | ☐ Wet | ☐ BM | ☐ Dry | | ☐ Yes | ☐ BM ☐ Pee | ☐ No | ☐ Yes | ☐ No |
| | | ☐ Wet | ☐ BM | ☐ Dry | | ☐ Yes | ☐ BM ☐ Pee | ☐ No | ☐ Yes | ☐ No |
| | | ☐ Wet | ☐ BM | ☐ Dry | | ☐ Yes | ☐ BM ☐ Pee | ☐ No | ☐ Yes | ☐ No |
| | | ☐ Wet | ☐ BM | ☐ Dry | | ☐ Yes | ☐ BM ☐ Pee | ☐ No | ☐ Yes | ☐ No |
| | | ☐ Wet | ☐ BM | ☐ Dry | | ☐ Yes | ☐ BM ☐ Pee | ☐ No | ☐ Yes | ☐ No |
| | | ☐ Wet | ☐ BM | ☐ Dry | | ☐ Yes | ☐ BM ☐ Pee | ☐ No | ☐ Yes | ☐ No |
| | | ☐ Wet | ☐ BM | ☐ Dry | | ☐ Yes | ☐ BM ☐ Pee | ☐ No | ☐ Yes | ☐ No |
| | | ☐ Wet | ☐ BM | ☐ Dry | | ☐ Yes | ☐ BM ☐ Pee | ☐ No | ☐ Yes | ☐ No |
| | | ☐ Wet | ☐ BM | ☐ Dry | | ☐ Yes | ☐ BM ☐ Pee | ☐ No | ☐ Yes | ☐ No |
| | | ☐ Wet | ☐ BM | ☐ Dry | | ☐ Yes | ☐ BM ☐ Pee | ☐ No | ☐ Yes | ☐ No |
| | | ☐ Wet | ☐ BM | ☐ Dry | | ☐ Yes | ☐ BM ☐ Pee | ☐ No | ☐ Yes | ☐ No |
| | | ☐ Wet | ☐ BM | ☐ Dry | | ☐ Yes | ☐ BM ☐ Pee | ☐ No | ☐ Yes | ☐ No |
| | | ☐ Wet | ☐ BM | ☐ Dry | | ☐ Yes | ☐ BM ☐ Pee | ☐ No | ☐ Yes | ☐ No |
| | | ☐ Wet | ☐ BM | ☐ Dry | | ☐ Yes | ☐ BM ☐ Pee | ☐ No | ☐ Yes | ☐ No |
| | | ☐ Wet | ☐ BM | ☐ Dry | | ☐ Yes | ☐ BM ☐ Pee | ☐ No | ☐ Yes | ☐ No |
| | | ☐ Wet | ☐ BM | ☐ Dry | | ☐ Yes | ☐ BM ☐ Pee | ☐ No | ☐ Yes | ☐ No |
| | | ☐ Wet | ☐ BM | ☐ Dry | | ☐ Yes | ☐ BM ☐ Pee | ☐ No | ☐ Yes | ☐ No |
| | | ☐ Wet | ☐ BM | ☐ Dry | | ☐ Yes | ☐ BM ☐ Pee | ☐ No | ☐ Yes | ☐ No |
| | | ☐ Wet | ☐ BM | ☐ Dry | | ☐ Yes | ☐ BM ☐ Pee | ☐ No | ☐ Yes | ☐ No |
| | | ☐ Wet | ☐ BM | ☐ Dry | | ☐ Yes | ☐ BM ☐ Pee | ☐ No | ☐ Yes | ☐ No |

## Speech-Language Record Form

Name:                                             Date:

| New Word or Phrase | Tally | New Word or Phrase | Tally | New Word or Phrase | Tally |
|---|---|---|---|---|---|
| | | | | | |
| | | | | | |
| | | | | | |
| | | | | | |
| | | | | | |
| | | | | | |
| | | | | | |

## Behavioral Form

Name:                                    Date:

| Before Behavior | Child's Negative Response/Behavior | | What Adult Did After Behavior |
|---|---|---|---|
| | Times Happened: | Average Time: | |
| | Times Happened: | Average Time: | |
| | Times Happened: | Average Time: | |
| | Times Happened: | Average Time: | |
| | Times Happened: | Average Time: | |
| | Times Happened: | Average Time: | |
| | Times Happened: | Average Time: | |
| | Times Happened: | Average Time: | |

# POTTY TIME CHART

* BM = bowel movement

| DATE | TIME | CHECK PANTS | | | TIME AT TOLIET | SUCCESS? | | | NEEDED HELP? | |
|---|---|---|---|---|---|---|---|---|---|---|
| | | ☐ Wet | ☐ BM | ☐ Dry | | ☐ Yes | ☐ BM ☐ Pee | ☐ No | ☐ Yes | ☐ No |
| | | ☐ Wet | ☐ BM | ☐ Dry | | ☐ Yes | ☐ BM ☐ Pee | ☐ No | ☐ Yes | ☐ No |
| | | ☐ Wet | ☐ BM | ☐ Dry | | ☐ Yes | ☐ BM ☐ Pee | ☐ No | ☐ Yes | ☐ No |
| | | ☐ Wet | ☐ BM | ☐ Dry | | ☐ Yes | ☐ BM ☐ Pee | ☐ No | ☐ Yes | ☐ No |
| | | ☐ Wet | ☐ BM | ☐ Dry | | ☐ Yes | ☐ BM ☐ Pee | ☐ No | ☐ Yes | ☐ No |
| | | ☐ Wet | ☐ BM | ☐ Dry | | ☐ Yes | ☐ BM ☐ Pee | ☐ No | ☐ Yes | ☐ No |
| | | ☐ Wet | ☐ BM | ☐ Dry | | ☐ Yes | ☐ BM ☐ Pee | ☐ No | ☐ Yes | ☐ No |
| | | ☐ Wet | ☐ BM | ☐ Dry | | ☐ Yes | ☐ BM ☐ Pee | ☐ No | ☐ Yes | ☐ No |
| | | ☐ Wet | ☐ BM | ☐ Dry | | ☐ Yes | ☐ BM ☐ Pee | ☐ No | ☐ Yes | ☐ No |
| | | ☐ Wet | ☐ BM | ☐ Dry | | ☐ Yes | ☐ BM ☐ Pee | ☐ No | ☐ Yes | ☐ No |
| | | ☐ Wet | ☐ BM | ☐ Dry | | ☐ Yes | ☐ BM ☐ Pee | ☐ No | ☐ Yes | ☐ No |
| | | ☐ Wet | ☐ BM | ☐ Dry | | ☐ Yes | ☐ BM ☐ Pee | ☐ No | ☐ Yes | ☐ No |
| | | ☐ Wet | ☐ BM | ☐ Dry | | ☐ Yes | ☐ BM ☐ Pee | ☐ No | ☐ Yes | ☐ No |
| | | ☐ Wet | ☐ BM | ☐ Dry | | ☐ Yes | ☐ BM ☐ Pee | ☐ No | ☐ Yes | ☐ No |
| | | ☐ Wet | ☐ BM | ☐ Dry | | ☐ Yes | ☐ BM ☐ Pee | ☐ No | ☐ Yes | ☐ No |
| | | ☐ Wet | ☐ BM | ☐ Dry | | ☐ Yes | ☐ BM ☐ Pee | ☐ No | ☐ Yes | ☐ No |
| | | ☐ Wet | ☐ BM | ☐ Dry | | ☐ Yes | ☐ BM ☐ Pee | ☐ No | ☐ Yes | ☐ No |
| | | ☐ Wet | ☐ BM | ☐ Dry | | ☐ Yes | ☐ BM ☐ Pee | ☐ No | ☐ Yes | ☐ No |
| | | ☐ Wet | ☐ BM | ☐ Dry | | ☐ Yes | ☐ BM ☐ Pee | ☐ No | ☐ Yes | ☐ No |
| | | ☐ Wet | ☐ BM | ☐ Dry | | ☐ Yes | ☐ BM ☐ Pee | ☐ No | ☐ Yes | ☐ No |
| | | ☐ Wet | ☐ BM | ☐ Dry | | ☐ Yes | ☐ BM ☐ Pee | ☐ No | ☐ Yes | ☐ No |
| | | ☐ Wet | ☐ BM | ☐ Dry | | ☐ Yes | ☐ BM ☐ Pee | ☐ No | ☐ Yes | ☐ No |

# Speech-Language Record Form

**Name:**                                    **Date:**

| New Word or Phrase | Tally | New Word or Phrase | Tally | New Word or Phrase | Tally |
|---|---|---|---|---|---|
|  |  |  |  |  |  |
|  |  |  |  |  |  |
|  |  |  |  |  |  |
|  |  |  |  |  |  |
|  |  |  |  |  |  |
|  |  |  |  |  |  |
|  |  |  |  |  |  |

## Behavioral Form

Name:                                    Date:

| Before Behavior | Child's Negative Response/Behavior | | What Adult Did After Behavior |
|---|---|---|---|
| | Times Happened: | Average Time: | |
| | Times Happened: | Average Time: | |
| | Times Happened: | Average Time: | |
| | Times Happened: | Average Time: | |
| | Times Happened: | Average Time: | |
| | Times Happened: | Average Time: | |
| | Times Happened: | Average Time: | |
| | Times Happened: | Average Time: | |

# POTTY TIME CHART

\* BM = bowel movement

| DATE | TIME | CHECK PANTS | | | TIME AT TOLIET | SUCCESS? | | | NEEDED HELP? | |
|---|---|---|---|---|---|---|---|---|---|---|
| | | ☐ Wet | ☐ BM | ☐ Dry | | ☐ Yes | ☐ BM<br>☐ Pee | ☐ No | ☐ Yes | ☐ No |
| | | ☐ Wet | ☐ BM | ☐ Dry | | ☐ Yes | ☐ BM<br>☐ Pee | ☐ No | ☐ Yes | ☐ No |
| | | ☐ Wet | ☐ BM | ☐ Dry | | ☐ Yes | ☐ BM<br>☐ Pee | ☐ No | ☐ Yes | ☐ No |
| | | ☐ Wet | ☐ BM | ☐ Dry | | ☐ Yes | ☐ BM<br>☐ Pee | ☐ No | ☐ Yes | ☐ No |
| | | ☐ Wet | ☐ BM | ☐ Dry | | ☐ Yes | ☐ BM<br>☐ Pee | ☐ No | ☐ Yes | ☐ No |
| | | ☐ Wet | ☐ BM | ☐ Dry | | ☐ Yes | ☐ BM<br>☐ Pee | ☐ No | ☐ Yes | ☐ No |
| | | ☐ Wet | ☐ BM | ☐ Dry | | ☐ Yes | ☐ BM<br>☐ Pee | ☐ No | ☐ Yes | ☐ No |
| | | ☐ Wet | ☐ BM | ☐ Dry | | ☐ Yes | ☐ BM<br>☐ Pee | ☐ No | ☐ Yes | ☐ No |
| | | ☐ Wet | ☐ BM | ☐ Dry | | ☐ Yes | ☐ BM<br>☐ Pee | ☐ No | ☐ Yes | ☐ No |
| | | ☐ Wet | ☐ BM | ☐ Dry | | ☐ Yes | ☐ BM<br>☐ Pee | ☐ No | ☐ Yes | ☐ No |
| | | ☐ Wet | ☐ BM | ☐ Dry | | ☐ Yes | ☐ BM<br>☐ Pee | ☐ No | ☐ Yes | ☐ No |
| | | ☐ Wet | ☐ BM | ☐ Dry | | ☐ Yes | ☐ BM<br>☐ Pee | ☐ No | ☐ Yes | ☐ No |
| | | ☐ Wet | ☐ BM | ☐ Dry | | ☐ Yes | ☐ BM<br>☐ Pee | ☐ No | ☐ Yes | ☐ No |
| | | ☐ Wet | ☐ BM | ☐ Dry | | ☐ Yes | ☐ BM<br>☐ Pee | ☐ No | ☐ Yes | ☐ No |
| | | ☐ Wet | ☐ BM | ☐ Dry | | ☐ Yes | ☐ BM<br>☐ Pee | ☐ No | ☐ Yes | ☐ No |
| | | ☐ Wet | ☐ BM | ☐ Dry | | ☐ Yes | ☐ BM<br>☐ Pee | ☐ No | ☐ Yes | ☐ No |
| | | ☐ Wet | ☐ BM | ☐ Dry | | ☐ Yes | ☐ BM<br>☐ Pee | ☐ No | ☐ Yes | ☐ No |
| | | ☐ Wet | ☐ BM | ☐ Dry | | ☐ Yes | ☐ BM<br>☐ Pee | ☐ No | ☐ Yes | ☐ No |
| | | ☐ Wet | ☐ BM | ☐ Dry | | ☐ Yes | ☐ BM<br>☐ Pee | ☐ No | ☐ Yes | ☐ No |
| | | ☐ Wet | ☐ BM | ☐ Dry | | ☐ Yes | ☐ BM<br>☐ Pee | ☐ No | ☐ Yes | ☐ No |
| | | ☐ Wet | ☐ BM | ☐ Dry | | ☐ Yes | ☐ BM<br>☐ Pee | ☐ No | ☐ Yes | ☐ No |

# Speech-Language Record Form

**Name:**                                                    **Date:**

| New Word or Phrase | Tally | New Word or Phrase | Tally | New Word or Phrase | Tally |
|---|---|---|---|---|---|
|  |  |  |  |  |  |
|  |  |  |  |  |  |
|  |  |  |  |  |  |
|  |  |  |  |  |  |
|  |  |  |  |  |  |
|  |  |  |  |  |  |
|  |  |  |  |  |  |

# Behavioral Form

Name:                                                    Date:

| Before Behavior | Child's Negative Response/Behavior | What Adult Did After Behavior |
|---|---|---|
| | Times Happened: ____    Average Time: ____ | |
| | Times Happened: ____    Average Time: ____ | |
| | Times Happened: ____    Average Time: ____ | |
| | Times Happened: ____    Average Time: ____ | |
| | Times Happened: ____    Average Time: ____ | |
| | Times Happened: ____    Average Time: ____ | |
| | Times Happened: ____    Average Time: ____ | |
| | Times Happened: ____    Average Time: ____ | |

# POTTY TIME CHART

* BM = bowel movement

| DATE | TIME | CHECK PANTS | | | TIME AT TOLIET | SUCCESS? | | | NEEDED HELP? | |
|---|---|---|---|---|---|---|---|---|---|---|
| | | ☐ Wet | ☐ BM | ☐ Dry | | ☐ Yes | ☐ BM<br>☐ Pee | ☐ No | ☐ Yes | ☐ No |
| | | ☐ Wet | ☐ BM | ☐ Dry | | ☐ Yes | ☐ BM<br>☐ Pee | ☐ No | ☐ Yes | ☐ No |
| | | ☐ Wet | ☐ BM | ☐ Dry | | ☐ Yes | ☐ BM<br>☐ Pee | ☐ No | ☐ Yes | ☐ No |
| | | ☐ Wet | ☐ BM | ☐ Dry | | ☐ Yes | ☐ BM<br>☐ Pee | ☐ No | ☐ Yes | ☐ No |
| | | ☐ Wet | ☐ BM | ☐ Dry | | ☐ Yes | ☐ BM<br>☐ Pee | ☐ No | ☐ Yes | ☐ No |
| | | ☐ Wet | ☐ BM | ☐ Dry | | ☐ Yes | ☐ BM<br>☐ Pee | ☐ No | ☐ Yes | ☐ No |
| | | ☐ Wet | ☐ BM | ☐ Dry | | ☐ Yes | ☐ BM<br>☐ Pee | ☐ No | ☐ Yes | ☐ No |
| | | ☐ Wet | ☐ BM | ☐ Dry | | ☐ Yes | ☐ BM<br>☐ Pee | ☐ No | ☐ Yes | ☐ No |
| | | ☐ Wet | ☐ BM | ☐ Dry | | ☐ Yes | ☐ BM<br>☐ Pee | ☐ No | ☐ Yes | ☐ No |
| | | ☐ Wet | ☐ BM | ☐ Dry | | ☐ Yes | ☐ BM<br>☐ Pee | ☐ No | ☐ Yes | ☐ No |
| | | ☐ Wet | ☐ BM | ☐ Dry | | ☐ Yes | ☐ BM<br>☐ Pee | ☐ No | ☐ Yes | ☐ No |
| | | ☐ Wet | ☐ BM | ☐ Dry | | ☐ Yes | ☐ BM<br>☐ Pee | ☐ No | ☐ Yes | ☐ No |
| | | ☐ Wet | ☐ BM | ☐ Dry | | ☐ Yes | ☐ BM<br>☐ Pee | ☐ No | ☐ Yes | ☐ No |
| | | ☐ Wet | ☐ BM | ☐ Dry | | ☐ Yes | ☐ BM<br>☐ Pee | ☐ No | ☐ Yes | ☐ No |
| | | ☐ Wet | ☐ BM | ☐ Dry | | ☐ Yes | ☐ BM<br>☐ Pee | ☐ No | ☐ Yes | ☐ No |
| | | ☐ Wet | ☐ BM | ☐ Dry | | ☐ Yes | ☐ BM<br>☐ Pee | ☐ No | ☐ Yes | ☐ No |
| | | ☐ Wet | ☐ BM | ☐ Dry | | ☐ Yes | ☐ BM<br>☐ Pee | ☐ No | ☐ Yes | ☐ No |
| | | ☐ Wet | ☐ BM | ☐ Dry | | ☐ Yes | ☐ BM<br>☐ Pee | ☐ No | ☐ Yes | ☐ No |
| | | ☐ Wet | ☐ BM | ☐ Dry | | ☐ Yes | ☐ BM<br>☐ Pee | ☐ No | ☐ Yes | ☐ No |
| | | ☐ Wet | ☐ BM | ☐ Dry | | ☐ Yes | ☐ BM<br>☐ Pee | ☐ No | ☐ Yes | ☐ No |

# Speech-Language Record Form

**Name:**                             **Date:**

| New Word or Phrase | Tally | New Word or Phrase | Tally | New Word or Phrase | Tally |
|---|---|---|---|---|---|
| | | | | | |
| | | | | | |
| | | | | | |
| | | | | | |
| | | | | | |
| | | | | | |
| | | | | | |

## Behavioral Form

Name:                                    Date:

| Before Behavior | Child's Negative Response/Behavior | | What Adult Did After Behavior |
|---|---|---|---|
| | Times Happened: | Average Time: | |
| | Times Happened: | Average Time: | |
| | Times Happened: | Average Time: | |
| | Times Happened: | Average Time: | |
| | Times Happened: | Average Time: | |
| | Times Happened: | Average Time: | |
| | Times Happened: | Average Time: | |
| | Times Happened: | Average Time: | |

# POTTY TIME CHART

*\* BM = bowel movement*

| DATE | TIME | CHECK PANTS | | | TIME AT TOLIET | SUCCESS? | | | NEEDED HELP? | |
|---|---|---|---|---|---|---|---|---|---|---|
| | | ☐ Wet | ☐ BM | ☐ Dry | | ☐ Yes | ☐ BM<br>☐ Pee | ☐ No | ☐ Yes | ☐ No |
| | | ☐ Wet | ☐ BM | ☐ Dry | | ☐ Yes | ☐ BM<br>☐ Pee | ☐ No | ☐ Yes | ☐ No |
| | | ☐ Wet | ☐ BM | ☐ Dry | | ☐ Yes | ☐ BM<br>☐ Pee | ☐ No | ☐ Yes | ☐ No |
| | | ☐ Wet | ☐ BM | ☐ Dry | | ☐ Yes | ☐ BM<br>☐ Pee | ☐ No | ☐ Yes | ☐ No |
| | | ☐ Wet | ☐ BM | ☐ Dry | | ☐ Yes | ☐ BM<br>☐ Pee | ☐ No | ☐ Yes | ☐ No |
| | | ☐ Wet | ☐ BM | ☐ Dry | | ☐ Yes | ☐ BM<br>☐ Pee | ☐ No | ☐ Yes | ☐ No |
| | | ☐ Wet | ☐ BM | ☐ Dry | | ☐ Yes | ☐ BM<br>☐ Pee | ☐ No | ☐ Yes | ☐ No |
| | | ☐ Wet | ☐ BM | ☐ Dry | | ☐ Yes | ☐ BM<br>☐ Pee | ☐ No | ☐ Yes | ☐ No |
| | | ☐ Wet | ☐ BM | ☐ Dry | | ☐ Yes | ☐ BM<br>☐ Pee | ☐ No | ☐ Yes | ☐ No |
| | | ☐ Wet | ☐ BM | ☐ Dry | | ☐ Yes | ☐ BM<br>☐ Pee | ☐ No | ☐ Yes | ☐ No |
| | | ☐ Wet | ☐ BM | ☐ Dry | | ☐ Yes | ☐ BM<br>☐ Pee | ☐ No | ☐ Yes | ☐ No |
| | | ☐ Wet | ☐ BM | ☐ Dry | | ☐ Yes | ☐ BM<br>☐ Pee | ☐ No | ☐ Yes | ☐ No |
| | | ☐ Wet | ☐ BM | ☐ Dry | | ☐ Yes | ☐ BM<br>☐ Pee | ☐ No | ☐ Yes | ☐ No |
| | | ☐ Wet | ☐ BM | ☐ Dry | | ☐ Yes | ☐ BM<br>☐ Pee | ☐ No | ☐ Yes | ☐ No |
| | | ☐ Wet | ☐ BM | ☐ Dry | | ☐ Yes | ☐ BM<br>☐ Pee | ☐ No | ☐ Yes | ☐ No |
| | | ☐ Wet | ☐ BM | ☐ Dry | | ☐ Yes | ☐ BM<br>☐ Pee | ☐ No | ☐ Yes | ☐ No |
| | | ☐ Wet | ☐ BM | ☐ Dry | | ☐ Yes | ☐ BM<br>☐ Pee | ☐ No | ☐ Yes | ☐ No |
| | | ☐ Wet | ☐ BM | ☐ Dry | | ☐ Yes | ☐ BM<br>☐ Pee | ☐ No | ☐ Yes | ☐ No |
| | | ☐ Wet | ☐ BM | ☐ Dry | | ☐ Yes | ☐ BM<br>☐ Pee | ☐ No | ☐ Yes | ☐ No |
| | | ☐ Wet | ☐ BM | ☐ Dry | | ☐ Yes | ☐ BM<br>☐ Pee | ☐ No | ☐ Yes | ☐ No |
| | | ☐ Wet | ☐ BM | ☐ Dry | | ☐ Yes | ☐ BM<br>☐ Pee | ☐ No | ☐ Yes | ☐ No |

# Speech-Language Record Form

**Name:**                               **Date:**

| New Word or Phrase | Tally | New Word or Phrase | Tally | New Word or Phrase | Tally |
|---|---|---|---|---|---|
|  |  |  |  |  |  |
|  |  |  |  |  |  |
|  |  |  |  |  |  |
|  |  |  |  |  |  |
|  |  |  |  |  |  |
|  |  |  |  |  |  |
|  |  |  |  |  |  |

## Behavioral Form

Name:                                                    Date:

| Before Behavior | Child's Negative Response/Behavior | | What Adult Did After Behavior |
|---|---|---|---|
| | Times Happened: | Average Time: | |
| | Times Happened: | Average Time: | |
| | Times Happened: | Average Time: | |
| | Times Happened: | Average Time: | |
| | Times Happened: | Average Time: | |
| | Times Happened: | Average Time: | |
| | Times Happened: | Average Time: | |
| | Times Happened: | Average Time: | |

# POTTY TIME CHART

\* BM = bowel movement

| DATE | TIME | CHECK PANTS | TIME AT TOLIET | SUCCESS? | | | NEEDED HELP? | |
|------|------|-------------|----------------|----------|---|---|--------------|---|
| | | ☐ Wet ☐ BM ☐ Dry | | ☐ Yes | ☐ BM ☐ Pee | ☐ No | ☐ Yes | ☐ No |
| | | ☐ Wet ☐ BM ☐ Dry | | ☐ Yes | ☐ BM ☐ Pee | ☐ No | ☐ Yes | ☐ No |
| | | ☐ Wet ☐ BM ☐ Dry | | ☐ Yes | ☐ BM ☐ Pee | ☐ No | ☐ Yes | ☐ No |
| | | ☐ Wet ☐ BM ☐ Dry | | ☐ Yes | ☐ BM ☐ Pee | ☐ No | ☐ Yes | ☐ No |
| | | ☐ Wet ☐ BM ☐ Dry | | ☐ Yes | ☐ BM ☐ Pee | ☐ No | ☐ Yes | ☐ No |
| | | ☐ Wet ☐ BM ☐ Dry | | ☐ Yes | ☐ BM ☐ Pee | ☐ No | ☐ Yes | ☐ No |
| | | ☐ Wet ☐ BM ☐ Dry | | ☐ Yes | ☐ BM ☐ Pee | ☐ No | ☐ Yes | ☐ No |
| | | ☐ Wet ☐ BM ☐ Dry | | ☐ Yes | ☐ BM ☐ Pee | ☐ No | ☐ Yes | ☐ No |
| | | ☐ Wet ☐ BM ☐ Dry | | ☐ Yes | ☐ BM ☐ Pee | ☐ No | ☐ Yes | ☐ No |
| | | ☐ Wet ☐ BM ☐ Dry | | ☐ Yes | ☐ BM ☐ Pee | ☐ No | ☐ Yes | ☐ No |
| | | ☐ Wet ☐ BM ☐ Dry | | ☐ Yes | ☐ BM ☐ Pee | ☐ No | ☐ Yes | ☐ No |
| | | ☐ Wet ☐ BM ☐ Dry | | ☐ Yes | ☐ BM ☐ Pee | ☐ No | ☐ Yes | ☐ No |
| | | ☐ Wet ☐ BM ☐ Dry | | ☐ Yes | ☐ BM ☐ Pee | ☐ No | ☐ Yes | ☐ No |
| | | ☐ Wet ☐ BM ☐ Dry | | ☐ Yes | ☐ BM ☐ Pee | ☐ No | ☐ Yes | ☐ No |
| | | ☐ Wet ☐ BM ☐ Dry | | ☐ Yes | ☐ BM ☐ Pee | ☐ No | ☐ Yes | ☐ No |
| | | ☐ Wet ☐ BM ☐ Dry | | ☐ Yes | ☐ BM ☐ Pee | ☐ No | ☐ Yes | ☐ No |
| | | ☐ Wet ☐ BM ☐ Dry | | ☐ Yes | ☐ BM ☐ Pee | ☐ No | ☐ Yes | ☐ No |
| | | ☐ Wet ☐ BM ☐ Dry | | ☐ Yes | ☐ BM ☐ Pee | ☐ No | ☐ Yes | ☐ No |
| | | ☐ Wet ☐ BM ☐ Dry | | ☐ Yes | ☐ BM ☐ Pee | ☐ No | ☐ Yes | ☐ No |
| | | ☐ Wet ☐ BM ☐ Dry | | ☐ Yes | ☐ BM ☐ Pee | ☐ No | ☐ Yes | ☐ No |
| | | ☐ Wet ☐ BM ☐ Dry | | ☐ Yes | ☐ BM ☐ Pee | ☐ No | ☐ Yes | ☐ No |

# Speech-Language Record Form

**Name:**                             **Date:**

| New Word or Phrase | Tally | New Word or Phrase | Tally | New Word or Phrase | Tally |
|---|---|---|---|---|---|
|  |  |  |  |  |  |
|  |  |  |  |  |  |
|  |  |  |  |  |  |
|  |  |  |  |  |  |
|  |  |  |  |  |  |
|  |  |  |  |  |  |
|  |  |  |  |  |  |

# Day 104.

## Behavioral Form

Name:                                    Date:

| Before Behavior | Child's Negative Response/Behavior | | What Adult Did After Behavior |
|---|---|---|---|
| | Times Happened: | Average Time: | |
| | Times Happened: | Average Time: | |
| | Times Happened: | Average Time: | |
| | Times Happened: | Average Time: | |
| | Times Happened: | Average Time: | |
| | Times Happened: | Average Time: | |
| | Times Happened: | Average Time: | |
| | Times Happened: | Average Time: | |

# POTTY TIME CHART

\* BM = bowel movement

| DATE | TIME | CHECK PANTS | | | TIME AT TOLIET | SUCCESS? | | | NEEDED HELP? | |
|---|---|---|---|---|---|---|---|---|---|---|
| | | ☐ Wet | ☐ BM | ☐ Dry | | ☐ Yes | ☐ BM ☐ Pee | ☐ No | ☐ Yes | ☐ No |
| | | ☐ Wet | ☐ BM | ☐ Dry | | ☐ Yes | ☐ BM ☐ Pee | ☐ No | ☐ Yes | ☐ No |
| | | ☐ Wet | ☐ BM | ☐ Dry | | ☐ Yes | ☐ BM ☐ Pee | ☐ No | ☐ Yes | ☐ No |
| | | ☐ Wet | ☐ BM | ☐ Dry | | ☐ Yes | ☐ BM ☐ Pee | ☐ No | ☐ Yes | ☐ No |
| | | ☐ Wet | ☐ BM | ☐ Dry | | ☐ Yes | ☐ BM ☐ Pee | ☐ No | ☐ Yes | ☐ No |
| | | ☐ Wet | ☐ BM | ☐ Dry | | ☐ Yes | ☐ BM ☐ Pee | ☐ No | ☐ Yes | ☐ No |
| | | ☐ Wet | ☐ BM | ☐ Dry | | ☐ Yes | ☐ BM ☐ Pee | ☐ No | ☐ Yes | ☐ No |
| | | ☐ Wet | ☐ BM | ☐ Dry | | ☐ Yes | ☐ BM ☐ Pee | ☐ No | ☐ Yes | ☐ No |
| | | ☐ Wet | ☐ BM | ☐ Dry | | ☐ Yes | ☐ BM ☐ Pee | ☐ No | ☐ Yes | ☐ No |
| | | ☐ Wet | ☐ BM | ☐ Dry | | ☐ Yes | ☐ BM ☐ Pee | ☐ No | ☐ Yes | ☐ No |
| | | ☐ Wet | ☐ BM | ☐ Dry | | ☐ Yes | ☐ BM ☐ Pee | ☐ No | ☐ Yes | ☐ No |
| | | ☐ Wet | ☐ BM | ☐ Dry | | ☐ Yes | ☐ BM ☐ Pee | ☐ No | ☐ Yes | ☐ No |
| | | ☐ Wet | ☐ BM | ☐ Dry | | ☐ Yes | ☐ BM ☐ Pee | ☐ No | ☐ Yes | ☐ No |
| | | ☐ Wet | ☐ BM | ☐ Dry | | ☐ Yes | ☐ BM ☐ Pee | ☐ No | ☐ Yes | ☐ No |
| | | ☐ Wet | ☐ BM | ☐ Dry | | ☐ Yes | ☐ BM ☐ Pee | ☐ No | ☐ Yes | ☐ No |
| | | ☐ Wet | ☐ BM | ☐ Dry | | ☐ Yes | ☐ BM ☐ Pee | ☐ No | ☐ Yes | ☐ No |
| | | ☐ Wet | ☐ BM | ☐ Dry | | ☐ Yes | ☐ BM ☐ Pee | ☐ No | ☐ Yes | ☐ No |
| | | ☐ Wet | ☐ BM | ☐ Dry | | ☐ Yes | ☐ BM ☐ Pee | ☐ No | ☐ Yes | ☐ No |
| | | ☐ Wet | ☐ BM | ☐ Dry | | ☐ Yes | ☐ BM ☐ Pee | ☐ No | ☐ Yes | ☐ No |
| | | ☐ Wet | ☐ BM | ☐ Dry | | ☐ Yes | ☐ BM ☐ Pee | ☐ No | ☐ Yes | ☐ No |
| | | ☐ Wet | ☐ BM | ☐ Dry | | ☐ Yes | ☐ BM ☐ Pee | ☐ No | ☐ Yes | ☐ No |

# Speech-Language Record Form

Name:                                    Date:

| New Word or Phrase | Tally | New Word or Phrase | Tally | New Word or Phrase | Tally |
|---|---|---|---|---|---|
| | | | | | |
| | | | | | |
| | | | | | |
| | | | | | |
| | | | | | |
| | | | | | |
| | | | | | |

### Behavioral Form

Name:                                                    Date:

| Before Behavior | Child's Negative Response/Behavior | | What Adult Did After Behavior |
|---|---|---|---|
| | Times Happened: | Average Time: | |
| | Times Happened: | Average Time: | |
| | Times Happened: | Average Time: | |
| | Times Happened: | Average Time: | |
| | Times Happened: | Average Time: | |
| | Times Happened: | Average Time: | |
| | Times Happened: | Average Time: | |
| | Times Happened: | Average Time: | |

# POTTY TIME CHART

\* BM = bowel movement

| DATE | TIME | CHECK PANTS | TIME AT TOLIET | SUCCESS? | | | NEEDED HELP? | |
|---|---|---|---|---|---|---|---|---|
| | | ☐ Wet  ☐ BM  ☐ Dry | | ☐ Yes | ☐ BM ☐ Pee | ☐ No | ☐ Yes | ☐ No |
| | | ☐ Wet  ☐ BM  ☐ Dry | | ☐ Yes | ☐ BM ☐ Pee | ☐ No | ☐ Yes | ☐ No |
| | | ☐ Wet  ☐ BM  ☐ Dry | | ☐ Yes | ☐ BM ☐ Pee | ☐ No | ☐ Yes | ☐ No |
| | | ☐ Wet  ☐ BM  ☐ Dry | | ☐ Yes | ☐ BM ☐ Pee | ☐ No | ☐ Yes | ☐ No |
| | | ☐ Wet  ☐ BM  ☐ Dry | | ☐ Yes | ☐ BM ☐ Pee | ☐ No | ☐ Yes | ☐ No |
| | | ☐ Wet  ☐ BM  ☐ Dry | | ☐ Yes | ☐ BM ☐ Pee | ☐ No | ☐ Yes | ☐ No |
| | | ☐ Wet  ☐ BM  ☐ Dry | | ☐ Yes | ☐ BM ☐ Pee | ☐ No | ☐ Yes | ☐ No |
| | | ☐ Wet  ☐ BM  ☐ Dry | | ☐ Yes | ☐ BM ☐ Pee | ☐ No | ☐ Yes | ☐ No |
| | | ☐ Wet  ☐ BM  ☐ Dry | | ☐ Yes | ☐ BM ☐ Pee | ☐ No | ☐ Yes | ☐ No |
| | | ☐ Wet  ☐ BM  ☐ Dry | | ☐ Yes | ☐ BM ☐ Pee | ☐ No | ☐ Yes | ☐ No |
| | | ☐ Wet  ☐ BM  ☐ Dry | | ☐ Yes | ☐ BM ☐ Pee | ☐ No | ☐ Yes | ☐ No |
| | | ☐ Wet  ☐ BM  ☐ Dry | | ☐ Yes | ☐ BM ☐ Pee | ☐ No | ☐ Yes | ☐ No |
| | | ☐ Wet  ☐ BM  ☐ Dry | | ☐ Yes | ☐ BM ☐ Pee | ☐ No | ☐ Yes | ☐ No |
| | | ☐ Wet  ☐ BM  ☐ Dry | | ☐ Yes | ☐ BM ☐ Pee | ☐ No | ☐ Yes | ☐ No |
| | | ☐ Wet  ☐ BM  ☐ Dry | | ☐ Yes | ☐ BM ☐ Pee | ☐ No | ☐ Yes | ☐ No |
| | | ☐ Wet  ☐ BM  ☐ Dry | | ☐ Yes | ☐ BM ☐ Pee | ☐ No | ☐ Yes | ☐ No |
| | | ☐ Wet  ☐ BM  ☐ Dry | | ☐ Yes | ☐ BM ☐ Pee | ☐ No | ☐ Yes | ☐ No |
| | | ☐ Wet  ☐ BM  ☐ Dry | | ☐ Yes | ☐ BM ☐ Pee | ☐ No | ☐ Yes | ☐ No |
| | | ☐ Wet  ☐ BM  ☐ Dry | | ☐ Yes | ☐ BM ☐ Pee | ☐ No | ☐ Yes | ☐ No |
| | | ☐ Wet  ☐ BM  ☐ Dry | | ☐ Yes | ☐ BM ☐ Pee | ☐ No | ☐ Yes | ☐ No |
| | | ☐ Wet  ☐ BM  ☐ Dry | | ☐ Yes | ☐ BM ☐ Pee | ☐ No | ☐ Yes | ☐ No |

# Speech-Language Record Form

**Name:**                               **Date:**

| New Word or Phrase | Tally | New Word or Phrase | Tally | New Word or Phrase | Tally |
|---|---|---|---|---|---|
|  |  |  |  |  |  |
|  |  |  |  |  |  |
|  |  |  |  |  |  |
|  |  |  |  |  |  |
|  |  |  |  |  |  |
|  |  |  |  |  |  |
|  |  |  |  |  |  |

# Day 106.
## Behavioral Form

Name:                               Date:

| Before Behavior | Child's Negative Response/Behavior | What Adult Did After Behavior |
|---|---|---|
| | Times Happened: ___   Average Time: ___ | |
| | Times Happened: ___   Average Time: ___ | |
| | Times Happened: ___   Average Time: ___ | |
| | Times Happened: ___   Average Time: ___ | |
| | Times Happened: ___   Average Time: ___ | |
| | Times Happened: ___   Average Time: ___ | |
| | Times Happened: ___   Average Time: ___ | |
| | Times Happened: ___   Average Time: ___ | |
| | Times Happened: ___   Average Time: ___ | |

# POTTY TIME CHART

* BM = bowel movement

| DATE | TIME | CHECK PANTS | | | TIME AT TOLIET | SUCCESS? | | | NEEDED HELP? | |
|------|------|------|------|------|------|------|------|------|------|------|
| | | ☐ Wet | ☐ BM | ☐ Dry | | ☐ Yes | ☐ BM<br>☐ Pee | ☐ No | ☐ Yes | ☐ No |
| | | ☐ Wet | ☐ BM | ☐ Dry | | ☐ Yes | ☐ BM<br>☐ Pee | ☐ No | ☐ Yes | ☐ No |
| | | ☐ Wet | ☐ BM | ☐ Dry | | ☐ Yes | ☐ BM<br>☐ Pee | ☐ No | ☐ Yes | ☐ No |
| | | ☐ Wet | ☐ BM | ☐ Dry | | ☐ Yes | ☐ BM<br>☐ Pee | ☐ No | ☐ Yes | ☐ No |
| | | ☐ Wet | ☐ BM | ☐ Dry | | ☐ Yes | ☐ BM<br>☐ Pee | ☐ No | ☐ Yes | ☐ No |
| | | ☐ Wet | ☐ BM | ☐ Dry | | ☐ Yes | ☐ BM<br>☐ Pee | ☐ No | ☐ Yes | ☐ No |
| | | ☐ Wet | ☐ BM | ☐ Dry | | ☐ Yes | ☐ BM<br>☐ Pee | ☐ No | ☐ Yes | ☐ No |
| | | ☐ Wet | ☐ BM | ☐ Dry | | ☐ Yes | ☐ BM<br>☐ Pee | ☐ No | ☐ Yes | ☐ No |
| | | ☐ Wet | ☐ BM | ☐ Dry | | ☐ Yes | ☐ BM<br>☐ Pee | ☐ No | ☐ Yes | ☐ No |
| | | ☐ Wet | ☐ BM | ☐ Dry | | ☐ Yes | ☐ BM<br>☐ Pee | ☐ No | ☐ Yes | ☐ No |
| | | ☐ Wet | ☐ BM | ☐ Dry | | ☐ Yes | ☐ BM<br>☐ Pee | ☐ No | ☐ Yes | ☐ No |
| | | ☐ Wet | ☐ BM | ☐ Dry | | ☐ Yes | ☐ BM<br>☐ Pee | ☐ No | ☐ Yes | ☐ No |
| | | ☐ Wet | ☐ BM | ☐ Dry | | ☐ Yes | ☐ BM<br>☐ Pee | ☐ No | ☐ Yes | ☐ No |
| | | ☐ Wet | ☐ BM | ☐ Dry | | ☐ Yes | ☐ BM<br>☐ Pee | ☐ No | ☐ Yes | ☐ No |
| | | ☐ Wet | ☐ BM | ☐ Dry | | ☐ Yes | ☐ BM<br>☐ Pee | ☐ No | ☐ Yes | ☐ No |
| | | ☐ Wet | ☐ BM | ☐ Dry | | ☐ Yes | ☐ BM<br>☐ Pee | ☐ No | ☐ Yes | ☐ No |
| | | ☐ Wet | ☐ BM | ☐ Dry | | ☐ Yes | ☐ BM<br>☐ Pee | ☐ No | ☐ Yes | ☐ No |
| | | ☐ Wet | ☐ BM | ☐ Dry | | ☐ Yes | ☐ BM<br>☐ Pee | ☐ No | ☐ Yes | ☐ No |
| | | ☐ Wet | ☐ BM | ☐ Dry | | ☐ Yes | ☐ BM<br>☐ Pee | ☐ No | ☐ Yes | ☐ No |
| | | ☐ Wet | ☐ BM | ☐ Dry | | ☐ Yes | ☐ BM<br>☐ Pee | ☐ No | ☐ Yes | ☐ No |

# Speech-Language Record Form

**Name:**                                             **Date:**

| New Word or Phrase | Tally | New Word or Phrase | Tally | New Word or Phrase | Tally |
|---|---|---|---|---|---|
| | | | | | |
| | | | | | |
| | | | | | |
| | | | | | |
| | | | | | |
| | | | | | |
| | | | | | |

## Behavioral Form

Name:                                                    Date:

| Before Behavior | Child's Negative Response/Behavior | | What Adult Did After Behavior |
|---|---|---|---|
| | Times Happened: | Average Time: | |
| | Times Happened: | Average Time: | |
| | Times Happened: | Average Time: | |
| | Times Happened: | Average Time: | |
| | Times Happened: | Average Time: | |
| | Times Happened: | Average Time: | |
| | Times Happened: | Average Time: | |
| | Times Happened: | Average Time: | |
| | Times Happened: | Average Time: | |

# POTTY TIME CHART

* BM = bowel movement

| DATE | TIME | CHECK PANTS | | | TIME AT TOLIET | SUCCESS? | | | NEEDED HELP? | |
|------|------|------|------|------|------|------|------|------|------|------|
| | | ☐ Wet | ☐ BM | ☐ Dry | | ☐ Yes | ☐ BM ☐ Pee | ☐ No | ☐ Yes | ☐ No |
| | | ☐ Wet | ☐ BM | ☐ Dry | | ☐ Yes | ☐ BM ☐ Pee | ☐ No | ☐ Yes | ☐ No |
| | | ☐ Wet | ☐ BM | ☐ Dry | | ☐ Yes | ☐ BM ☐ Pee | ☐ No | ☐ Yes | ☐ No |
| | | ☐ Wet | ☐ BM | ☐ Dry | | ☐ Yes | ☐ BM ☐ Pee | ☐ No | ☐ Yes | ☐ No |
| | | ☐ Wet | ☐ BM | ☐ Dry | | ☐ Yes | ☐ BM ☐ Pee | ☐ No | ☐ Yes | ☐ No |
| | | ☐ Wet | ☐ BM | ☐ Dry | | ☐ Yes | ☐ BM ☐ Pee | ☐ No | ☐ Yes | ☐ No |
| | | ☐ Wet | ☐ BM | ☐ Dry | | ☐ Yes | ☐ BM ☐ Pee | ☐ No | ☐ Yes | ☐ No |
| | | ☐ Wet | ☐ BM | ☐ Dry | | ☐ Yes | ☐ BM ☐ Pee | ☐ No | ☐ Yes | ☐ No |
| | | ☐ Wet | ☐ BM | ☐ Dry | | ☐ Yes | ☐ BM ☐ Pee | ☐ No | ☐ Yes | ☐ No |
| | | ☐ Wet | ☐ BM | ☐ Dry | | ☐ Yes | ☐ BM ☐ Pee | ☐ No | ☐ Yes | ☐ No |
| | | ☐ Wet | ☐ BM | ☐ Dry | | ☐ Yes | ☐ BM ☐ Pee | ☐ No | ☐ Yes | ☐ No |
| | | ☐ Wet | ☐ BM | ☐ Dry | | ☐ Yes | ☐ BM ☐ Pee | ☐ No | ☐ Yes | ☐ No |
| | | ☐ Wet | ☐ BM | ☐ Dry | | ☐ Yes | ☐ BM ☐ Pee | ☐ No | ☐ Yes | ☐ No |
| | | ☐ Wet | ☐ BM | ☐ Dry | | ☐ Yes | ☐ BM ☐ Pee | ☐ No | ☐ Yes | ☐ No |
| | | ☐ Wet | ☐ BM | ☐ Dry | | ☐ Yes | ☐ BM ☐ Pee | ☐ No | ☐ Yes | ☐ No |
| | | ☐ Wet | ☐ BM | ☐ Dry | | ☐ Yes | ☐ BM ☐ Pee | ☐ No | ☐ Yes | ☐ No |
| | | ☐ Wet | ☐ BM | ☐ Dry | | ☐ Yes | ☐ BM ☐ Pee | ☐ No | ☐ Yes | ☐ No |
| | | ☐ Wet | ☐ BM | ☐ Dry | | ☐ Yes | ☐ BM ☐ Pee | ☐ No | ☐ Yes | ☐ No |
| | | ☐ Wet | ☐ BM | ☐ Dry | | ☐ Yes | ☐ BM ☐ Pee | ☐ No | ☐ Yes | ☐ No |
| | | ☐ Wet | ☐ BM | ☐ Dry | | ☐ Yes | ☐ BM ☐ Pee | ☐ No | ☐ Yes | ☐ No |
| | | ☐ Wet | ☐ BM | ☐ Dry | | ☐ Yes | ☐ BM ☐ Pee | ☐ No | ☐ Yes | ☐ No |
| | | ☐ Wet | ☐ BM | ☐ Dry | | ☐ Yes | ☐ BM ☐ Pee | ☐ No | ☐ Yes | ☐ No |

# Speech-Language Record Form

**Name:**                                          **Date:**

| New Word or Phrase | Tally | New Word or Phrase | Tally | New Word or Phrase | Tally |
|---|---|---|---|---|---|
|  |  |  |  |  |  |
|  |  |  |  |  |  |
|  |  |  |  |  |  |
|  |  |  |  |  |  |
|  |  |  |  |  |  |
|  |  |  |  |  |  |
|  |  |  |  |  |  |

## Behavioral Form

Name:                                          Date:

| Before Behavior | Child's Negative Response/Behavior | | What Adult Did After Behavior |
|---|---|---|---|
| | Times Happened: | Average Time: | |
| | Times Happened: | Average Time: | |
| | Times Happened: | Average Time: | |
| | Times Happened: | Average Time: | |
| | Times Happened: | Average Time: | |
| | Times Happened: | Average Time: | |
| | Times Happened: | Average Time: | |
| | Times Happened: | Average Time: | |

# POTTY TIME CHART

* BM = bowel movement

| DATE | TIME | CHECK PANTS | | | TIME AT TOLIET | SUCCESS? | | | NEEDED HELP? | |
|---|---|---|---|---|---|---|---|---|---|---|
| | | ☐ Wet | ☐ BM | ☐ Dry | | ☐ Yes | ☐ BM<br>☐ Pee | ☐ No | ☐ Yes | ☐ No |
| | | ☐ Wet | ☐ BM | ☐ Dry | | ☐ Yes | ☐ BM<br>☐ Pee | ☐ No | ☐ Yes | ☐ No |
| | | ☐ Wet | ☐ BM | ☐ Dry | | ☐ Yes | ☐ BM<br>☐ Pee | ☐ No | ☐ Yes | ☐ No |
| | | ☐ Wet | ☐ BM | ☐ Dry | | ☐ Yes | ☐ BM<br>☐ Pee | ☐ No | ☐ Yes | ☐ No |
| | | ☐ Wet | ☐ BM | ☐ Dry | | ☐ Yes | ☐ BM<br>☐ Pee | ☐ No | ☐ Yes | ☐ No |
| | | ☐ Wet | ☐ BM | ☐ Dry | | ☐ Yes | ☐ BM<br>☐ Pee | ☐ No | ☐ Yes | ☐ No |
| | | ☐ Wet | ☐ BM | ☐ Dry | | ☐ Yes | ☐ BM<br>☐ Pee | ☐ No | ☐ Yes | ☐ No |
| | | ☐ Wet | ☐ BM | ☐ Dry | | ☐ Yes | ☐ BM<br>☐ Pee | ☐ No | ☐ Yes | ☐ No |
| | | ☐ Wet | ☐ BM | ☐ Dry | | ☐ Yes | ☐ BM<br>☐ Pee | ☐ No | ☐ Yes | ☐ No |
| | | ☐ Wet | ☐ BM | ☐ Dry | | ☐ Yes | ☐ BM<br>☐ Pee | ☐ No | ☐ Yes | ☐ No |
| | | ☐ Wet | ☐ BM | ☐ Dry | | ☐ Yes | ☐ BM<br>☐ Pee | ☐ No | ☐ Yes | ☐ No |
| | | ☐ Wet | ☐ BM | ☐ Dry | | ☐ Yes | ☐ BM<br>☐ Pee | ☐ No | ☐ Yes | ☐ No |
| | | ☐ Wet | ☐ BM | ☐ Dry | | ☐ Yes | ☐ BM<br>☐ Pee | ☐ No | ☐ Yes | ☐ No |
| | | ☐ Wet | ☐ BM | ☐ Dry | | ☐ Yes | ☐ BM<br>☐ Pee | ☐ No | ☐ Yes | ☐ No |
| | | ☐ Wet | ☐ BM | ☐ Dry | | ☐ Yes | ☐ BM<br>☐ Pee | ☐ No | ☐ Yes | ☐ No |
| | | ☐ Wet | ☐ BM | ☐ Dry | | ☐ Yes | ☐ BM<br>☐ Pee | ☐ No | ☐ Yes | ☐ No |
| | | ☐ Wet | ☐ BM | ☐ Dry | | ☐ Yes | ☐ BM<br>☐ Pee | ☐ No | ☐ Yes | ☐ No |
| | | ☐ Wet | ☐ BM | ☐ Dry | | ☐ Yes | ☐ BM<br>☐ Pee | ☐ No | ☐ Yes | ☐ No |
| | | ☐ Wet | ☐ BM | ☐ Dry | | ☐ Yes | ☐ BM<br>☐ Pee | ☐ No | ☐ Yes | ☐ No |
| | | ☐ Wet | ☐ BM | ☐ Dry | | ☐ Yes | ☐ BM<br>☐ Pee | ☐ No | ☐ Yes | ☐ No |

# Speech-Language Record Form

**Name:**                                        **Date:**

| New Word or Phrase | Tally | New Word or Phrase | Tally | New Word or Phrase | Tally |
|---|---|---|---|---|---|
|  |  |  |  |  |  |
|  |  |  |  |  |  |
|  |  |  |  |  |  |
|  |  |  |  |  |  |
|  |  |  |  |  |  |
|  |  |  |  |  |  |
|  |  |  |  |  |  |

## Behavioral Form

Name:                                                    Date:

| Before Behavior | Child's Negative Response/Behavior | | What Adult Did After Behavior |
|---|---|---|---|
| | Times Happened: | Average Time: | |
| | Times Happened: | Average Time: | |
| | Times Happened: | Average Time: | |
| | Times Happened: | Average Time: | |
| | Times Happened: | Average Time: | |
| | Times Happened: | Average Time: | |
| | Times Happened: | Average Time: | |
| | Times Happened: | Average Time: | |

# POTTY TIME CHART

* BM = bowel movement

| DATE | TIME | CHECK PANTS | | | TIME AT TOLIET | SUCCESS? | | | NEEDED HELP? | |
|------|------|------|------|------|------|------|------|------|------|------|
| | | ☐ Wet | ☐ BM | ☐ Dry | | ☐ Yes | ☐ BM ☐ Pee | ☐ No | ☐ Yes | ☐ No |
| | | ☐ Wet | ☐ BM | ☐ Dry | | ☐ Yes | ☐ BM ☐ Pee | ☐ No | ☐ Yes | ☐ No |
| | | ☐ Wet | ☐ BM | ☐ Dry | | ☐ Yes | ☐ BM ☐ Pee | ☐ No | ☐ Yes | ☐ No |
| | | ☐ Wet | ☐ BM | ☐ Dry | | ☐ Yes | ☐ BM ☐ Pee | ☐ No | ☐ Yes | ☐ No |
| | | ☐ Wet | ☐ BM | ☐ Dry | | ☐ Yes | ☐ BM ☐ Pee | ☐ No | ☐ Yes | ☐ No |
| | | ☐ Wet | ☐ BM | ☐ Dry | | ☐ Yes | ☐ BM ☐ Pee | ☐ No | ☐ Yes | ☐ No |
| | | ☐ Wet | ☐ BM | ☐ Dry | | ☐ Yes | ☐ BM ☐ Pee | ☐ No | ☐ Yes | ☐ No |
| | | ☐ Wet | ☐ BM | ☐ Dry | | ☐ Yes | ☐ BM ☐ Pee | ☐ No | ☐ Yes | ☐ No |
| | | ☐ Wet | ☐ BM | ☐ Dry | | ☐ Yes | ☐ BM ☐ Pee | ☐ No | ☐ Yes | ☐ No |
| | | ☐ Wet | ☐ BM | ☐ Dry | | ☐ Yes | ☐ BM ☐ Pee | ☐ No | ☐ Yes | ☐ No |
| | | ☐ Wet | ☐ BM | ☐ Dry | | ☐ Yes | ☐ BM ☐ Pee | ☐ No | ☐ Yes | ☐ No |
| | | ☐ Wet | ☐ BM | ☐ Dry | | ☐ Yes | ☐ BM ☐ Pee | ☐ No | ☐ Yes | ☐ No |
| | | ☐ Wet | ☐ BM | ☐ Dry | | ☐ Yes | ☐ BM ☐ Pee | ☐ No | ☐ Yes | ☐ No |
| | | ☐ Wet | ☐ BM | ☐ Dry | | ☐ Yes | ☐ BM ☐ Pee | ☐ No | ☐ Yes | ☐ No |
| | | ☐ Wet | ☐ BM | ☐ Dry | | ☐ Yes | ☐ BM ☐ Pee | ☐ No | ☐ Yes | ☐ No |
| | | ☐ Wet | ☐ BM | ☐ Dry | | ☐ Yes | ☐ BM ☐ Pee | ☐ No | ☐ Yes | ☐ No |
| | | ☐ Wet | ☐ BM | ☐ Dry | | ☐ Yes | ☐ BM ☐ Pee | ☐ No | ☐ Yes | ☐ No |
| | | ☐ Wet | ☐ BM | ☐ Dry | | ☐ Yes | ☐ BM ☐ Pee | ☐ No | ☐ Yes | ☐ No |
| | | ☐ Wet | ☐ BM | ☐ Dry | | ☐ Yes | ☐ BM ☐ Pee | ☐ No | ☐ Yes | ☐ No |
| | | ☐ Wet | ☐ BM | ☐ Dry | | ☐ Yes | ☐ BM ☐ Pee | ☐ No | ☐ Yes | ☐ No |
| | | ☐ Wet | ☐ BM | ☐ Dry | | ☐ Yes | ☐ BM ☐ Pee | ☐ No | ☐ Yes | ☐ No |

# Speech-Language Record Form

**Name:**                               **Date:**

| New Word or Phrase | Tally | New Word or Phrase | Tally | New Word or Phrase | Tally |
|---|---|---|---|---|---|
| | | | | | |
| | | | | | |
| | | | | | |
| | | | | | |
| | | | | | |
| | | | | | |
| | | | | | |

## Behavioral Form

Name:                                                   Date:

| Before Behavior | Child's Negative Response/Behavior | | What Adult Did After Behavior |
|---|---|---|---|
| | Times Happened: | Average Time: | |
| | Times Happened: | Average Time: | |
| | Times Happened: | Average Time: | |
| | Times Happened: | Average Time: | |
| | Times Happened: | Average Time: | |
| | Times Happened: | Average Time: | |
| | Times Happened: | Average Time: | |
| | Times Happened: | Average Time: | |

# POTTY TIME CHART

* BM = bowel movement

| DATE | TIME | CHECK PANTS | | | TIME AT TOLIET | SUCCESS? | | | NEEDED HELP? | |
|---|---|---|---|---|---|---|---|---|---|---|
| | | ☐ Wet | ☐ BM | ☐ Dry | | ☐ Yes | ☐ BM ☐ Pee | ☐ No | ☐ Yes | ☐ No |
| | | ☐ Wet | ☐ BM | ☐ Dry | | ☐ Yes | ☐ BM ☐ Pee | ☐ No | ☐ Yes | ☐ No |
| | | ☐ Wet | ☐ BM | ☐ Dry | | ☐ Yes | ☐ BM ☐ Pee | ☐ No | ☐ Yes | ☐ No |
| | | ☐ Wet | ☐ BM | ☐ Dry | | ☐ Yes | ☐ BM ☐ Pee | ☐ No | ☐ Yes | ☐ No |
| | | ☐ Wet | ☐ BM | ☐ Dry | | ☐ Yes | ☐ BM ☐ Pee | ☐ No | ☐ Yes | ☐ No |
| | | ☐ Wet | ☐ BM | ☐ Dry | | ☐ Yes | ☐ BM ☐ Pee | ☐ No | ☐ Yes | ☐ No |
| | | ☐ Wet | ☐ BM | ☐ Dry | | ☐ Yes | ☐ BM ☐ Pee | ☐ No | ☐ Yes | ☐ No |
| | | ☐ Wet | ☐ BM | ☐ Dry | | ☐ Yes | ☐ BM ☐ Pee | ☐ No | ☐ Yes | ☐ No |
| | | ☐ Wet | ☐ BM | ☐ Dry | | ☐ Yes | ☐ BM ☐ Pee | ☐ No | ☐ Yes | ☐ No |
| | | ☐ Wet | ☐ BM | ☐ Dry | | ☐ Yes | ☐ BM ☐ Pee | ☐ No | ☐ Yes | ☐ No |
| | | ☐ Wet | ☐ BM | ☐ Dry | | ☐ Yes | ☐ BM ☐ Pee | ☐ No | ☐ Yes | ☐ No |
| | | ☐ Wet | ☐ BM | ☐ Dry | | ☐ Yes | ☐ BM ☐ Pee | ☐ No | ☐ Yes | ☐ No |
| | | ☐ Wet | ☐ BM | ☐ Dry | | ☐ Yes | ☐ BM ☐ Pee | ☐ No | ☐ Yes | ☐ No |
| | | ☐ Wet | ☐ BM | ☐ Dry | | ☐ Yes | ☐ BM ☐ Pee | ☐ No | ☐ Yes | ☐ No |
| | | ☐ Wet | ☐ BM | ☐ Dry | | ☐ Yes | ☐ BM ☐ Pee | ☐ No | ☐ Yes | ☐ No |
| | | ☐ Wet | ☐ BM | ☐ Dry | | ☐ Yes | ☐ BM ☐ Pee | ☐ No | ☐ Yes | ☐ No |
| | | ☐ Wet | ☐ BM | ☐ Dry | | ☐ Yes | ☐ BM ☐ Pee | ☐ No | ☐ Yes | ☐ No |
| | | ☐ Wet | ☐ BM | ☐ Dry | | ☐ Yes | ☐ BM ☐ Pee | ☐ No | ☐ Yes | ☐ No |
| | | ☐ Wet | ☐ BM | ☐ Dry | | ☐ Yes | ☐ BM ☐ Pee | ☐ No | ☐ Yes | ☐ No |
| | | ☐ Wet | ☐ BM | ☐ Dry | | ☐ Yes | ☐ BM ☐ Pee | ☐ No | ☐ Yes | ☐ No |
| | | ☐ Wet | ☐ BM | ☐ Dry | | ☐ Yes | ☐ BM ☐ Pee | ☐ No | ☐ Yes | ☐ No |
| | | ☐ Wet | ☐ BM | ☐ Dry | | ☐ Yes | ☐ BM ☐ Pee | ☐ No | ☐ Yes | ☐ No |

# Speech-Language Record Form

**Name:**                                                    **Date:**

| New Word or Phrase | Tally | New Word or Phrase | Tally | New Word or Phrase | Tally |
|---|---|---|---|---|---|
|  |  |  |  |  |  |
|  |  |  |  |  |  |
|  |  |  |  |  |  |
|  |  |  |  |  |  |
|  |  |  |  |  |  |
|  |  |  |  |  |  |
|  |  |  |  |  |  |

## Behavioral Form

Name:                                        Date:

| Before Behavior | Child's Negative Response/Behavior | | What Adult Did After Behavior |
|---|---|---|---|
| | Times Happened: | Average Time: | |
| | Times Happened: | Average Time: | |
| | Times Happened: | Average Time: | |
| | Times Happened: | Average Time: | |
| | Times Happened: | Average Time: | |
| | Times Happened: | Average Time: | |
| | Times Happened: | Average Time: | |
| | Times Happened: | Average Time: | |

# POTTY TIME CHART

* BM = bowel movement

| DATE | TIME | CHECK PANTS | TIME AT TOLIET | SUCCESS? | | | NEEDED HELP? | |
|------|------|-------------|----------------|----------|---|---|--------------|---|
| | | ☐ Wet  ☐ BM  ☐ Dry | | ☐ Yes | ☐ BM ☐ Pee | ☐ No | ☐ Yes | ☐ No |
| | | ☐ Wet  ☐ BM  ☐ Dry | | ☐ Yes | ☐ BM ☐ Pee | ☐ No | ☐ Yes | ☐ No |
| | | ☐ Wet  ☐ BM  ☐ Dry | | ☐ Yes | ☐ BM ☐ Pee | ☐ No | ☐ Yes | ☐ No |
| | | ☐ Wet  ☐ BM  ☐ Dry | | ☐ Yes | ☐ BM ☐ Pee | ☐ No | ☐ Yes | ☐ No |
| | | ☐ Wet  ☐ BM  ☐ Dry | | ☐ Yes | ☐ BM ☐ Pee | ☐ No | ☐ Yes | ☐ No |
| | | ☐ Wet  ☐ BM  ☐ Dry | | ☐ Yes | ☐ BM ☐ Pee | ☐ No | ☐ Yes | ☐ No |
| | | ☐ Wet  ☐ BM  ☐ Dry | | ☐ Yes | ☐ BM ☐ Pee | ☐ No | ☐ Yes | ☐ No |
| | | ☐ Wet  ☐ BM  ☐ Dry | | ☐ Yes | ☐ BM ☐ Pee | ☐ No | ☐ Yes | ☐ No |
| | | ☐ Wet  ☐ BM  ☐ Dry | | ☐ Yes | ☐ BM ☐ Pee | ☐ No | ☐ Yes | ☐ No |
| | | ☐ Wet  ☐ BM  ☐ Dry | | ☐ Yes | ☐ BM ☐ Pee | ☐ No | ☐ Yes | ☐ No |
| | | ☐ Wet  ☐ BM  ☐ Dry | | ☐ Yes | ☐ BM ☐ Pee | ☐ No | ☐ Yes | ☐ No |
| | | ☐ Wet  ☐ BM  ☐ Dry | | ☐ Yes | ☐ BM ☐ Pee | ☐ No | ☐ Yes | ☐ No |
| | | ☐ Wet  ☐ BM  ☐ Dry | | ☐ Yes | ☐ BM ☐ Pee | ☐ No | ☐ Yes | ☐ No |
| | | ☐ Wet  ☐ BM  ☐ Dry | | ☐ Yes | ☐ BM ☐ Pee | ☐ No | ☐ Yes | ☐ No |
| | | ☐ Wet  ☐ BM  ☐ Dry | | ☐ Yes | ☐ BM ☐ Pee | ☐ No | ☐ Yes | ☐ No |
| | | ☐ Wet  ☐ BM  ☐ Dry | | ☐ Yes | ☐ BM ☐ Pee | ☐ No | ☐ Yes | ☐ No |
| | | ☐ Wet  ☐ BM  ☐ Dry | | ☐ Yes | ☐ BM ☐ Pee | ☐ No | ☐ Yes | ☐ No |
| | | ☐ Wet  ☐ BM  ☐ Dry | | ☐ Yes | ☐ BM ☐ Pee | ☐ No | ☐ Yes | ☐ No |
| | | ☐ Wet  ☐ BM  ☐ Dry | | ☐ Yes | ☐ BM ☐ Pee | ☐ No | ☐ Yes | ☐ No |
| | | ☐ Wet  ☐ BM  ☐ Dry | | ☐ Yes | ☐ BM ☐ Pee | ☐ No | ☐ Yes | ☐ No |
| | | ☐ Wet  ☐ BM  ☐ Dry | | ☐ Yes | ☐ BM ☐ Pee | ☐ No | ☐ Yes | ☐ No |
| | | ☐ Wet  ☐ BM  ☐ Dry | | ☐ Yes | ☐ BM ☐ Pee | ☐ No | ☐ Yes | ☐ No |

# Speech-Language Record Form

**Name:**                                       **Date:**

| New Word or Phrase | Tally | New Word or Phrase | Tally | New Word or Phrase | Tally |
|---|---|---|---|---|---|
|  |  |  |  |  |  |
|  |  |  |  |  |  |
|  |  |  |  |  |  |
|  |  |  |  |  |  |
|  |  |  |  |  |  |
|  |  |  |  |  |  |
|  |  |  |  |  |  |

## Behavioral Form

Name:                             Date:

| Before Behavior | Child's Negative Response/Behavior | What Adult Did After Behavior |
|---|---|---|
| | Times Happened:    Average Time: | |
| | Times Happened:    Average Time: | |
| | Times Happened:    Average Time: | |
| | Times Happened:    Average Time: | |
| | Times Happened:    Average Time: | |
| | Times Happened:    Average Time: | |
| | Times Happened:    Average Time: | |
| | Times Happened:    Average Time: | |
| | Times Happened:    Average Time: | |

# POTTY TIME CHART

\* BM = bowel movement

| DATE | TIME | CHECK PANTS | | | TIME AT TOLIET | SUCCESS? | | | NEEDED HELP? | |
|---|---|---|---|---|---|---|---|---|---|---|
| | | ☐ Wet | ☐ BM | ☐ Dry | | ☐ Yes | ☐ BM<br>☐ Pee | ☐ No | ☐ Yes | ☐ No |
| | | ☐ Wet | ☐ BM | ☐ Dry | | ☐ Yes | ☐ BM<br>☐ Pee | ☐ No | ☐ Yes | ☐ No |
| | | ☐ Wet | ☐ BM | ☐ Dry | | ☐ Yes | ☐ BM<br>☐ Pee | ☐ No | ☐ Yes | ☐ No |
| | | ☐ Wet | ☐ BM | ☐ Dry | | ☐ Yes | ☐ BM<br>☐ Pee | ☐ No | ☐ Yes | ☐ No |
| | | ☐ Wet | ☐ BM | ☐ Dry | | ☐ Yes | ☐ BM<br>☐ Pee | ☐ No | ☐ Yes | ☐ No |
| | | ☐ Wet | ☐ BM | ☐ Dry | | ☐ Yes | ☐ BM<br>☐ Pee | ☐ No | ☐ Yes | ☐ No |
| | | ☐ Wet | ☐ BM | ☐ Dry | | ☐ Yes | ☐ BM<br>☐ Pee | ☐ No | ☐ Yes | ☐ No |
| | | ☐ Wet | ☐ BM | ☐ Dry | | ☐ Yes | ☐ BM<br>☐ Pee | ☐ No | ☐ Yes | ☐ No |
| | | ☐ Wet | ☐ BM | ☐ Dry | | ☐ Yes | ☐ BM<br>☐ Pee | ☐ No | ☐ Yes | ☐ No |
| | | ☐ Wet | ☐ BM | ☐ Dry | | ☐ Yes | ☐ BM<br>☐ Pee | ☐ No | ☐ Yes | ☐ No |
| | | ☐ Wet | ☐ BM | ☐ Dry | | ☐ Yes | ☐ BM<br>☐ Pee | ☐ No | ☐ Yes | ☐ No |
| | | ☐ Wet | ☐ BM | ☐ Dry | | ☐ Yes | ☐ BM<br>☐ Pee | ☐ No | ☐ Yes | ☐ No |
| | | ☐ Wet | ☐ BM | ☐ Dry | | ☐ Yes | ☐ BM<br>☐ Pee | ☐ No | ☐ Yes | ☐ No |
| | | ☐ Wet | ☐ BM | ☐ Dry | | ☐ Yes | ☐ BM<br>☐ Pee | ☐ No | ☐ Yes | ☐ No |
| | | ☐ Wet | ☐ BM | ☐ Dry | | ☐ Yes | ☐ BM<br>☐ Pee | ☐ No | ☐ Yes | ☐ No |
| | | ☐ Wet | ☐ BM | ☐ Dry | | ☐ Yes | ☐ BM<br>☐ Pee | ☐ No | ☐ Yes | ☐ No |
| | | ☐ Wet | ☐ BM | ☐ Dry | | ☐ Yes | ☐ BM<br>☐ Pee | ☐ No | ☐ Yes | ☐ No |
| | | ☐ Wet | ☐ BM | ☐ Dry | | ☐ Yes | ☐ BM<br>☐ Pee | ☐ No | ☐ Yes | ☐ No |
| | | ☐ Wet | ☐ BM | ☐ Dry | | ☐ Yes | ☐ BM<br>☐ Pee | ☐ No | ☐ Yes | ☐ No |
| | | ☐ Wet | ☐ BM | ☐ Dry | | ☐ Yes | ☐ BM<br>☐ Pee | ☐ No | ☐ Yes | ☐ No |
| | | ☐ Wet | ☐ BM | ☐ Dry | | ☐ Yes | ☐ BM<br>☐ Pee | ☐ No | ☐ Yes | ☐ No |

# Speech-Language Record Form

**Name:**                                   **Date:**

| New Word or Phrase | Tally | New Word or Phrase | Tally | New Word or Phrase | Tally |
|---|---|---|---|---|---|
| | | | | | |
| | | | | | |
| | | | | | |
| | | | | | |
| | | | | | |
| | | | | | |
| | | | | | |

## Behavioral Form

Name:                                                    Date:

| Before Behavior | Child's Negative Response/Behavior | | What Adult Did After Behavior |
|---|---|---|---|
| | Times Happened: | Average Time: | |
| | Times Happened: | Average Time: | |
| | Times Happened: | Average Time: | |
| | Times Happened: | Average Time: | |
| | Times Happened: | Average Time: | |
| | Times Happened: | Average Time: | |
| | Times Happened: | Average Time: | |
| | Times Happened: | Average Time: | |

# POTTY TIME CHART

* BM = bowel movement

| DATE | TIME | CHECK PANTS | | | TIME AT TOLIET | SUCCESS? | | | NEEDED HELP? | |
|---|---|---|---|---|---|---|---|---|---|---|
| | | ☐ Wet | ☐ BM | ☐ Dry | | ☐ Yes | ☐ BM ☐ Pee | ☐ No | ☐ Yes | ☐ No |
| | | ☐ Wet | ☐ BM | ☐ Dry | | ☐ Yes | ☐ BM ☐ Pee | ☐ No | ☐ Yes | ☐ No |
| | | ☐ Wet | ☐ BM | ☐ Dry | | ☐ Yes | ☐ BM ☐ Pee | ☐ No | ☐ Yes | ☐ No |
| | | ☐ Wet | ☐ BM | ☐ Dry | | ☐ Yes | ☐ BM ☐ Pee | ☐ No | ☐ Yes | ☐ No |
| | | ☐ Wet | ☐ BM | ☐ Dry | | ☐ Yes | ☐ BM ☐ Pee | ☐ No | ☐ Yes | ☐ No |
| | | ☐ Wet | ☐ BM | ☐ Dry | | ☐ Yes | ☐ BM ☐ Pee | ☐ No | ☐ Yes | ☐ No |
| | | ☐ Wet | ☐ BM | ☐ Dry | | ☐ Yes | ☐ BM ☐ Pee | ☐ No | ☐ Yes | ☐ No |
| | | ☐ Wet | ☐ BM | ☐ Dry | | ☐ Yes | ☐ BM ☐ Pee | ☐ No | ☐ Yes | ☐ No |
| | | ☐ Wet | ☐ BM | ☐ Dry | | ☐ Yes | ☐ BM ☐ Pee | ☐ No | ☐ Yes | ☐ No |
| | | ☐ Wet | ☐ BM | ☐ Dry | | ☐ Yes | ☐ BM ☐ Pee | ☐ No | ☐ Yes | ☐ No |
| | | ☐ Wet | ☐ BM | ☐ Dry | | ☐ Yes | ☐ BM ☐ Pee | ☐ No | ☐ Yes | ☐ No |
| | | ☐ Wet | ☐ BM | ☐ Dry | | ☐ Yes | ☐ BM ☐ Pee | ☐ No | ☐ Yes | ☐ No |
| | | ☐ Wet | ☐ BM | ☐ Dry | | ☐ Yes | ☐ BM ☐ Pee | ☐ No | ☐ Yes | ☐ No |
| | | ☐ Wet | ☐ BM | ☐ Dry | | ☐ Yes | ☐ BM ☐ Pee | ☐ No | ☐ Yes | ☐ No |
| | | ☐ Wet | ☐ BM | ☐ Dry | | ☐ Yes | ☐ BM ☐ Pee | ☐ No | ☐ Yes | ☐ No |
| | | ☐ Wet | ☐ BM | ☐ Dry | | ☐ Yes | ☐ BM ☐ Pee | ☐ No | ☐ Yes | ☐ No |
| | | ☐ Wet | ☐ BM | ☐ Dry | | ☐ Yes | ☐ BM ☐ Pee | ☐ No | ☐ Yes | ☐ No |
| | | ☐ Wet | ☐ BM | ☐ Dry | | ☐ Yes | ☐ BM ☐ Pee | ☐ No | ☐ Yes | ☐ No |
| | | ☐ Wet | ☐ BM | ☐ Dry | | ☐ Yes | ☐ BM ☐ Pee | ☐ No | ☐ Yes | ☐ No |
| | | ☐ Wet | ☐ BM | ☐ Dry | | ☐ Yes | ☐ BM ☐ Pee | ☐ No | ☐ Yes | ☐ No |
| | | ☐ Wet | ☐ BM | ☐ Dry | | ☐ Yes | ☐ BM ☐ Pee | ☐ No | ☐ Yes | ☐ No |

# Speech-Language Record Form

**Name:**                          **Date:**

| New Word or Phrase | Tally | New Word or Phrase | Tally | New Word or Phrase | Tally |
|---|---|---|---|---|---|
|  |  |  |  |  |  |
|  |  |  |  |  |  |
|  |  |  |  |  |  |
|  |  |  |  |  |  |
|  |  |  |  |  |  |
|  |  |  |  |  |  |
|  |  |  |  |  |  |

## Behavioral Form

Name:                                                    Date:

| Before Behavior | Child's Negative Response/Behavior | | What Adult Did After Behavior |
|---|---|---|---|
| | Times Happened: | Average Time: | |
| | Times Happened: | Average Time: | |
| | Times Happened: | Average Time: | |
| | Times Happened: | Average Time: | |
| | Times Happened: | Average Time: | |
| | Times Happened: | Average Time: | |
| | Times Happened: | Average Time: | |
| | Times Happened: | Average Time: | |
| | Times Happened: | Average Time: | |

# POTTY TIME CHART

* BM = bowel movement

| DATE | TIME | CHECK PANTS | | | TIME AT TOLIET | SUCCESS? | | | NEEDED HELP? | |
|---|---|---|---|---|---|---|---|---|---|---|
| | | ☐ Wet | ☐ BM | ☐ Dry | | ☐ Yes | ☐ BM ☐ Pee | ☐ No | ☐ Yes | ☐ No |
| | | ☐ Wet | ☐ BM | ☐ Dry | | ☐ Yes | ☐ BM ☐ Pee | ☐ No | ☐ Yes | ☐ No |
| | | ☐ Wet | ☐ BM | ☐ Dry | | ☐ Yes | ☐ BM ☐ Pee | ☐ No | ☐ Yes | ☐ No |
| | | ☐ Wet | ☐ BM | ☐ Dry | | ☐ Yes | ☐ BM ☐ Pee | ☐ No | ☐ Yes | ☐ No |
| | | ☐ Wet | ☐ BM | ☐ Dry | | ☐ Yes | ☐ BM ☐ Pee | ☐ No | ☐ Yes | ☐ No |
| | | ☐ Wet | ☐ BM | ☐ Dry | | ☐ Yes | ☐ BM ☐ Pee | ☐ No | ☐ Yes | ☐ No |
| | | ☐ Wet | ☐ BM | ☐ Dry | | ☐ Yes | ☐ BM ☐ Pee | ☐ No | ☐ Yes | ☐ No |
| | | ☐ Wet | ☐ BM | ☐ Dry | | ☐ Yes | ☐ BM ☐ Pee | ☐ No | ☐ Yes | ☐ No |
| | | ☐ Wet | ☐ BM | ☐ Dry | | ☐ Yes | ☐ BM ☐ Pee | ☐ No | ☐ Yes | ☐ No |
| | | ☐ Wet | ☐ BM | ☐ Dry | | ☐ Yes | ☐ BM ☐ Pee | ☐ No | ☐ Yes | ☐ No |
| | | ☐ Wet | ☐ BM | ☐ Dry | | ☐ Yes | ☐ BM ☐ Pee | ☐ No | ☐ Yes | ☐ No |
| | | ☐ Wet | ☐ BM | ☐ Dry | | ☐ Yes | ☐ BM ☐ Pee | ☐ No | ☐ Yes | ☐ No |
| | | ☐ Wet | ☐ BM | ☐ Dry | | ☐ Yes | ☐ BM ☐ Pee | ☐ No | ☐ Yes | ☐ No |
| | | ☐ Wet | ☐ BM | ☐ Dry | | ☐ Yes | ☐ BM ☐ Pee | ☐ No | ☐ Yes | ☐ No |
| | | ☐ Wet | ☐ BM | ☐ Dry | | ☐ Yes | ☐ BM ☐ Pee | ☐ No | ☐ Yes | ☐ No |
| | | ☐ Wet | ☐ BM | ☐ Dry | | ☐ Yes | ☐ BM ☐ Pee | ☐ No | ☐ Yes | ☐ No |
| | | ☐ Wet | ☐ BM | ☐ Dry | | ☐ Yes | ☐ BM ☐ Pee | ☐ No | ☐ Yes | ☐ No |
| | | ☐ Wet | ☐ BM | ☐ Dry | | ☐ Yes | ☐ BM ☐ Pee | ☐ No | ☐ Yes | ☐ No |
| | | ☐ Wet | ☐ BM | ☐ Dry | | ☐ Yes | ☐ BM ☐ Pee | ☐ No | ☐ Yes | ☐ No |
| | | ☐ Wet | ☐ BM | ☐ Dry | | ☐ Yes | ☐ BM ☐ Pee | ☐ No | ☐ Yes | ☐ No |
| | | ☐ Wet | ☐ BM | ☐ Dry | | ☐ Yes | ☐ BM ☐ Pee | ☐ No | ☐ Yes | ☐ No |

# Speech-Language Record Form

**Name:**                                        **Date:**

| New Word or Phrase | Tally | New Word or Phrase | Tally | New Word or Phrase | Tally |
|---|---|---|---|---|---|
|  |  |  |  |  |  |
|  |  |  |  |  |  |
|  |  |  |  |  |  |
|  |  |  |  |  |  |
|  |  |  |  |  |  |
|  |  |  |  |  |  |
|  |  |  |  |  |  |

# Behavioral Form

Name:                                                    Date:

| Before Behavior | Child's Negative Response/Behavior | | What Adult Did After Behavior |
|---|---|---|---|
| | Times Happened: | Average Time: | |
| | Times Happened: | Average Time: | |
| | Times Happened: | Average Time: | |
| | Times Happened: | Average Time: | |
| | Times Happened: | Average Time: | |
| | Times Happened: | Average Time: | |
| | Times Happened: | Average Time: | |
| | Times Happened: | Average Time: | |

# POTTY TIME CHART

* BM = bowel movement

| DATE | TIME | CHECK PANTS | | | TIME AT TOLIET | SUCCESS? | | | NEEDED HELP? | |
|------|------|------|------|------|------|------|------|------|------|------|
| | | ☐ Wet | ☐ BM | ☐ Dry | | ☐ Yes | ☐ BM ☐ Pee | ☐ No | ☐ Yes | ☐ No |
| | | ☐ Wet | ☐ BM | ☐ Dry | | ☐ Yes | ☐ BM ☐ Pee | ☐ No | ☐ Yes | ☐ No |
| | | ☐ Wet | ☐ BM | ☐ Dry | | ☐ Yes | ☐ BM ☐ Pee | ☐ No | ☐ Yes | ☐ No |
| | | ☐ Wet | ☐ BM | ☐ Dry | | ☐ Yes | ☐ BM ☐ Pee | ☐ No | ☐ Yes | ☐ No |
| | | ☐ Wet | ☐ BM | ☐ Dry | | ☐ Yes | ☐ BM ☐ Pee | ☐ No | ☐ Yes | ☐ No |
| | | ☐ Wet | ☐ BM | ☐ Dry | | ☐ Yes | ☐ BM ☐ Pee | ☐ No | ☐ Yes | ☐ No |
| | | ☐ Wet | ☐ BM | ☐ Dry | | ☐ Yes | ☐ BM ☐ Pee | ☐ No | ☐ Yes | ☐ No |
| | | ☐ Wet | ☐ BM | ☐ Dry | | ☐ Yes | ☐ BM ☐ Pee | ☐ No | ☐ Yes | ☐ No |
| | | ☐ Wet | ☐ BM | ☐ Dry | | ☐ Yes | ☐ BM ☐ Pee | ☐ No | ☐ Yes | ☐ No |
| | | ☐ Wet | ☐ BM | ☐ Dry | | ☐ Yes | ☐ BM ☐ Pee | ☐ No | ☐ Yes | ☐ No |
| | | ☐ Wet | ☐ BM | ☐ Dry | | ☐ Yes | ☐ BM ☐ Pee | ☐ No | ☐ Yes | ☐ No |
| | | ☐ Wet | ☐ BM | ☐ Dry | | ☐ Yes | ☐ BM ☐ Pee | ☐ No | ☐ Yes | ☐ No |
| | | ☐ Wet | ☐ BM | ☐ Dry | | ☐ Yes | ☐ BM ☐ Pee | ☐ No | ☐ Yes | ☐ No |
| | | ☐ Wet | ☐ BM | ☐ Dry | | ☐ Yes | ☐ BM ☐ Pee | ☐ No | ☐ Yes | ☐ No |
| | | ☐ Wet | ☐ BM | ☐ Dry | | ☐ Yes | ☐ BM ☐ Pee | ☐ No | ☐ Yes | ☐ No |
| | | ☐ Wet | ☐ BM | ☐ Dry | | ☐ Yes | ☐ BM ☐ Pee | ☐ No | ☐ Yes | ☐ No |
| | | ☐ Wet | ☐ BM | ☐ Dry | | ☐ Yes | ☐ BM ☐ Pee | ☐ No | ☐ Yes | ☐ No |
| | | ☐ Wet | ☐ BM | ☐ Dry | | ☐ Yes | ☐ BM ☐ Pee | ☐ No | ☐ Yes | ☐ No |
| | | ☐ Wet | ☐ BM | ☐ Dry | | ☐ Yes | ☐ BM ☐ Pee | ☐ No | ☐ Yes | ☐ No |
| | | ☐ Wet | ☐ BM | ☐ Dry | | ☐ Yes | ☐ BM ☐ Pee | ☐ No | ☐ Yes | ☐ No |
| | | ☐ Wet | ☐ BM | ☐ Dry | | ☐ Yes | ☐ BM ☐ Pee | ☐ No | ☐ Yes | ☐ No |

# Speech-Language Record Form

**Name:**                             **Date:**

| New Word or Phrase | Tally | New Word or Phrase | Tally | New Word or Phrase | Tally |
|---|---|---|---|---|---|
|  |  |  |  |  |  |
|  |  |  |  |  |  |
|  |  |  |  |  |  |
|  |  |  |  |  |  |
|  |  |  |  |  |  |
|  |  |  |  |  |  |
|  |  |  |  |  |  |

## Behavioral Form

Name:                                    Date:

| Before Behavior | Child's Negative Response/Behavior | What Adult Did After Behavior |
|---|---|---|
|  | Times Happened: ☐    Average Time: ☐ |  |
|  | Times Happened: ☐    Average Time: ☐ |  |
|  | Times Happened: ☐    Average Time: ☐ |  |
|  | Times Happened: ☐    Average Time: ☐ |  |
|  | Times Happened: ☐    Average Time: ☐ |  |
|  | Times Happened: ☐    Average Time: ☐ |  |
|  | Times Happened: ☐    Average Time: ☐ |  |
|  | Times Happened: ☐    Average Time: ☐ |  |

# POTTY TIME CHART

* BM = bowel movement

| DATE | TIME | CHECK PANTS | | | TIME AT TOLIET | SUCCESS? | | | NEEDED HELP? | |
|---|---|---|---|---|---|---|---|---|---|---|
| | | ☐ Wet | ☐ BM | ☐ Dry | | ☐ Yes | ☐ BM<br>☐ Pee | ☐ No | ☐ Yes | ☐ No |
| | | ☐ Wet | ☐ BM | ☐ Dry | | ☐ Yes | ☐ BM<br>☐ Pee | ☐ No | ☐ Yes | ☐ No |
| | | ☐ Wet | ☐ BM | ☐ Dry | | ☐ Yes | ☐ BM<br>☐ Pee | ☐ No | ☐ Yes | ☐ No |
| | | ☐ Wet | ☐ BM | ☐ Dry | | ☐ Yes | ☐ BM<br>☐ Pee | ☐ No | ☐ Yes | ☐ No |
| | | ☐ Wet | ☐ BM | ☐ Dry | | ☐ Yes | ☐ BM<br>☐ Pee | ☐ No | ☐ Yes | ☐ No |
| | | ☐ Wet | ☐ BM | ☐ Dry | | ☐ Yes | ☐ BM<br>☐ Pee | ☐ No | ☐ Yes | ☐ No |
| | | ☐ Wet | ☐ BM | ☐ Dry | | ☐ Yes | ☐ BM<br>☐ Pee | ☐ No | ☐ Yes | ☐ No |
| | | ☐ Wet | ☐ BM | ☐ Dry | | ☐ Yes | ☐ BM<br>☐ Pee | ☐ No | ☐ Yes | ☐ No |
| | | ☐ Wet | ☐ BM | ☐ Dry | | ☐ Yes | ☐ BM<br>☐ Pee | ☐ No | ☐ Yes | ☐ No |
| | | ☐ Wet | ☐ BM | ☐ Dry | | ☐ Yes | ☐ BM<br>☐ Pee | ☐ No | ☐ Yes | ☐ No |
| | | ☐ Wet | ☐ BM | ☐ Dry | | ☐ Yes | ☐ BM<br>☐ Pee | ☐ No | ☐ Yes | ☐ No |
| | | ☐ Wet | ☐ BM | ☐ Dry | | ☐ Yes | ☐ BM<br>☐ Pee | ☐ No | ☐ Yes | ☐ No |
| | | ☐ Wet | ☐ BM | ☐ Dry | | ☐ Yes | ☐ BM<br>☐ Pee | ☐ No | ☐ Yes | ☐ No |
| | | ☐ Wet | ☐ BM | ☐ Dry | | ☐ Yes | ☐ BM<br>☐ Pee | ☐ No | ☐ Yes | ☐ No |
| | | ☐ Wet | ☐ BM | ☐ Dry | | ☐ Yes | ☐ BM<br>☐ Pee | ☐ No | ☐ Yes | ☐ No |
| | | ☐ Wet | ☐ BM | ☐ Dry | | ☐ Yes | ☐ BM<br>☐ Pee | ☐ No | ☐ Yes | ☐ No |
| | | ☐ Wet | ☐ BM | ☐ Dry | | ☐ Yes | ☐ BM<br>☐ Pee | ☐ No | ☐ Yes | ☐ No |
| | | ☐ Wet | ☐ BM | ☐ Dry | | ☐ Yes | ☐ BM<br>☐ Pee | ☐ No | ☐ Yes | ☐ No |
| | | ☐ Wet | ☐ BM | ☐ Dry | | ☐ Yes | ☐ BM<br>☐ Pee | ☐ No | ☐ Yes | ☐ No |
| | | ☐ Wet | ☐ BM | ☐ Dry | | ☐ Yes | ☐ BM<br>☐ Pee | ☐ No | ☐ Yes | ☐ No |
| | | ☐ Wet | ☐ BM | ☐ Dry | | ☐ Yes | ☐ BM<br>☐ Pee | ☐ No | ☐ Yes | ☐ No |

# Speech-Language Record Form

**Name:**                      **Date:**

| New Word or Phrase | Tally | New Word or Phrase | Tally | New Word or Phrase | Tally |
|---|---|---|---|---|---|
| | | | | | |
| | | | | | |
| | | | | | |
| | | | | | |
| | | | | | |
| | | | | | |
| | | | | | |

# Day 117.
## Behavioral Form

Name:                                          Date:

| Before Behavior | Child's Negative Response/Behavior | What Adult Did After Behavior |
|---|---|---|
|  | Times Happened: _____ Average Time: _____ |  |
|  | Times Happened: _____ Average Time: _____ |  |
|  | Times Happened: _____ Average Time: _____ |  |
|  | Times Happened: _____ Average Time: _____ |  |
|  | Times Happened: _____ Average Time: _____ |  |
|  | Times Happened: _____ Average Time: _____ |  |
|  | Times Happened: _____ Average Time: _____ |  |
|  | Times Happened: _____ Average Time: _____ |  |

# POTTY TIME CHART

* BM = bowel movement

| DATE | TIME | CHECK PANTS | TIME AT TOLIET | SUCCESS? | | | NEEDED HELP? | |
|------|------|-------------|----------------|----------|---|---|--------------|---|
| | | ☐ Wet  ☐ BM  ☐ Dry | | ☐ Yes | ☐ BM ☐ Pee | ☐ No | ☐ Yes | ☐ No |
| | | ☐ Wet  ☐ BM  ☐ Dry | | ☐ Yes | ☐ BM ☐ Pee | ☐ No | ☐ Yes | ☐ No |
| | | ☐ Wet  ☐ BM  ☐ Dry | | ☐ Yes | ☐ BM ☐ Pee | ☐ No | ☐ Yes | ☐ No |
| | | ☐ Wet  ☐ BM  ☐ Dry | | ☐ Yes | ☐ BM ☐ Pee | ☐ No | ☐ Yes | ☐ No |
| | | ☐ Wet  ☐ BM  ☐ Dry | | ☐ Yes | ☐ BM ☐ Pee | ☐ No | ☐ Yes | ☐ No |
| | | ☐ Wet  ☐ BM  ☐ Dry | | ☐ Yes | ☐ BM ☐ Pee | ☐ No | ☐ Yes | ☐ No |
| | | ☐ Wet  ☐ BM  ☐ Dry | | ☐ Yes | ☐ BM ☐ Pee | ☐ No | ☐ Yes | ☐ No |
| | | ☐ Wet  ☐ BM  ☐ Dry | | ☐ Yes | ☐ BM ☐ Pee | ☐ No | ☐ Yes | ☐ No |
| | | ☐ Wet  ☐ BM  ☐ Dry | | ☐ Yes | ☐ BM ☐ Pee | ☐ No | ☐ Yes | ☐ No |
| | | ☐ Wet  ☐ BM  ☐ Dry | | ☐ Yes | ☐ BM ☐ Pee | ☐ No | ☐ Yes | ☐ No |
| | | ☐ Wet  ☐ BM  ☐ Dry | | ☐ Yes | ☐ BM ☐ Pee | ☐ No | ☐ Yes | ☐ No |
| | | ☐ Wet  ☐ BM  ☐ Dry | | ☐ Yes | ☐ BM ☐ Pee | ☐ No | ☐ Yes | ☐ No |
| | | ☐ Wet  ☐ BM  ☐ Dry | | ☐ Yes | ☐ BM ☐ Pee | ☐ No | ☐ Yes | ☐ No |
| | | ☐ Wet  ☐ BM  ☐ Dry | | ☐ Yes | ☐ BM ☐ Pee | ☐ No | ☐ Yes | ☐ No |
| | | ☐ Wet  ☐ BM  ☐ Dry | | ☐ Yes | ☐ BM ☐ Pee | ☐ No | ☐ Yes | ☐ No |
| | | ☐ Wet  ☐ BM  ☐ Dry | | ☐ Yes | ☐ BM ☐ Pee | ☐ No | ☐ Yes | ☐ No |
| | | ☐ Wet  ☐ BM  ☐ Dry | | ☐ Yes | ☐ BM ☐ Pee | ☐ No | ☐ Yes | ☐ No |
| | | ☐ Wet  ☐ BM  ☐ Dry | | ☐ Yes | ☐ BM ☐ Pee | ☐ No | ☐ Yes | ☐ No |
| | | ☐ Wet  ☐ BM  ☐ Dry | | ☐ Yes | ☐ BM ☐ Pee | ☐ No | ☐ Yes | ☐ No |
| | | ☐ Wet  ☐ BM  ☐ Dry | | ☐ Yes | ☐ BM ☐ Pee | ☐ No | ☐ Yes | ☐ No |
| | | ☐ Wet  ☐ BM  ☐ Dry | | ☐ Yes | ☐ BM ☐ Pee | ☐ No | ☐ Yes | ☐ No |

# Speech-Language Record Form

**Name:**           **Date:**

| New Word or Phrase | Tally | New Word or Phrase | Tally | New Word or Phrase | Tally |
|---|---|---|---|---|---|
|  |  |  |  |  |  |
|  |  |  |  |  |  |
|  |  |  |  |  |  |
|  |  |  |  |  |  |
|  |  |  |  |  |  |
|  |  |  |  |  |  |
|  |  |  |  |  |  |

## Behavioral Form

Name:                                         Date:

| Before Behavior | Child's Negative Response/Behavior | | What Adult Did After Behavior |
|---|---|---|---|
| | Times Happened: | Average Time: | |
| | Times Happened: | Average Time: | |
| | Times Happened: | Average Time: | |
| | Times Happened: | Average Time: | |
| | Times Happened: | Average Time: | |
| | Times Happened: | Average Time: | |
| | Times Happened: | Average Time: | |
| | Times Happened: | Average Time: | |
| | Times Happened: | Average Time: | |

# POTTY TIME CHART

* BM = bowel movement

| DATE | TIME | CHECK PANTS | | | TIME AT TOLIET | SUCCESS? | | | NEEDED HELP? | |
|------|------|------|------|------|------|------|------|------|------|------|
| | | ☐ Wet | ☐ BM | ☐ Dry | | ☐ Yes | ☐ BM ☐ Pee | ☐ No | ☐ Yes | ☐ No |
| | | ☐ Wet | ☐ BM | ☐ Dry | | ☐ Yes | ☐ BM ☐ Pee | ☐ No | ☐ Yes | ☐ No |
| | | ☐ Wet | ☐ BM | ☐ Dry | | ☐ Yes | ☐ BM ☐ Pee | ☐ No | ☐ Yes | ☐ No |
| | | ☐ Wet | ☐ BM | ☐ Dry | | ☐ Yes | ☐ BM ☐ Pee | ☐ No | ☐ Yes | ☐ No |
| | | ☐ Wet | ☐ BM | ☐ Dry | | ☐ Yes | ☐ BM ☐ Pee | ☐ No | ☐ Yes | ☐ No |
| | | ☐ Wet | ☐ BM | ☐ Dry | | ☐ Yes | ☐ BM ☐ Pee | ☐ No | ☐ Yes | ☐ No |
| | | ☐ Wet | ☐ BM | ☐ Dry | | ☐ Yes | ☐ BM ☐ Pee | ☐ No | ☐ Yes | ☐ No |
| | | ☐ Wet | ☐ BM | ☐ Dry | | ☐ Yes | ☐ BM ☐ Pee | ☐ No | ☐ Yes | ☐ No |
| | | ☐ Wet | ☐ BM | ☐ Dry | | ☐ Yes | ☐ BM ☐ Pee | ☐ No | ☐ Yes | ☐ No |
| | | ☐ Wet | ☐ BM | ☐ Dry | | ☐ Yes | ☐ BM ☐ Pee | ☐ No | ☐ Yes | ☐ No |
| | | ☐ Wet | ☐ BM | ☐ Dry | | ☐ Yes | ☐ BM ☐ Pee | ☐ No | ☐ Yes | ☐ No |
| | | ☐ Wet | ☐ BM | ☐ Dry | | ☐ Yes | ☐ BM ☐ Pee | ☐ No | ☐ Yes | ☐ No |
| | | ☐ Wet | ☐ BM | ☐ Dry | | ☐ Yes | ☐ BM ☐ Pee | ☐ No | ☐ Yes | ☐ No |
| | | ☐ Wet | ☐ BM | ☐ Dry | | ☐ Yes | ☐ BM ☐ Pee | ☐ No | ☐ Yes | ☐ No |
| | | ☐ Wet | ☐ BM | ☐ Dry | | ☐ Yes | ☐ BM ☐ Pee | ☐ No | ☐ Yes | ☐ No |
| | | ☐ Wet | ☐ BM | ☐ Dry | | ☐ Yes | ☐ BM ☐ Pee | ☐ No | ☐ Yes | ☐ No |
| | | ☐ Wet | ☐ BM | ☐ Dry | | ☐ Yes | ☐ BM ☐ Pee | ☐ No | ☐ Yes | ☐ No |
| | | ☐ Wet | ☐ BM | ☐ Dry | | ☐ Yes | ☐ BM ☐ Pee | ☐ No | ☐ Yes | ☐ No |
| | | ☐ Wet | ☐ BM | ☐ Dry | | ☐ Yes | ☐ BM ☐ Pee | ☐ No | ☐ Yes | ☐ No |
| | | ☐ Wet | ☐ BM | ☐ Dry | | ☐ Yes | ☐ BM ☐ Pee | ☐ No | ☐ Yes | ☐ No |
| | | ☐ Wet | ☐ BM | ☐ Dry | | ☐ Yes | ☐ BM ☐ Pee | ☐ No | ☐ Yes | ☐ No |

# Speech-Language Record Form

**Name:**                           **Date:**

| New Word or Phrase | Tally | New Word or Phrase | Tally | New Word or Phrase | Tally |
|---|---|---|---|---|---|
|  |  |  |  |  |  |
|  |  |  |  |  |  |
|  |  |  |  |  |  |
|  |  |  |  |  |  |
|  |  |  |  |  |  |
|  |  |  |  |  |  |
|  |  |  |  |  |  |

# Behavioral Form

Name:                                                    Date:

| Before Behavior | Child's Negative Response/Behavior | What Adult Did After Behavior |
|---|---|---|
| | Times Happened:    Average Time: | |
| | Times Happened:    Average Time: | |
| | Times Happened:    Average Time: | |
| | Times Happened:    Average Time: | |
| | Times Happened:    Average Time: | |
| | Times Happened:    Average Time: | |
| | Times Happened:    Average Time: | |
| | Times Happened:    Average Time: | |

# POTTY TIME CHART

\* BM = bowel movement

| DATE | TIME | CHECK PANTS | | | TIME AT TOLIET | SUCCESS? | | | NEEDED HELP? | |
|---|---|---|---|---|---|---|---|---|---|---|
| | | ☐ Wet | ☐ BM | ☐ Dry | | ☐ Yes | ☐ BM ☐ Pee | ☐ No | ☐ Yes | ☐ No |
| | | ☐ Wet | ☐ BM | ☐ Dry | | ☐ Yes | ☐ BM ☐ Pee | ☐ No | ☐ Yes | ☐ No |
| | | ☐ Wet | ☐ BM | ☐ Dry | | ☐ Yes | ☐ BM ☐ Pee | ☐ No | ☐ Yes | ☐ No |
| | | ☐ Wet | ☐ BM | ☐ Dry | | ☐ Yes | ☐ BM ☐ Pee | ☐ No | ☐ Yes | ☐ No |
| | | ☐ Wet | ☐ BM | ☐ Dry | | ☐ Yes | ☐ BM ☐ Pee | ☐ No | ☐ Yes | ☐ No |
| | | ☐ Wet | ☐ BM | ☐ Dry | | ☐ Yes | ☐ BM ☐ Pee | ☐ No | ☐ Yes | ☐ No |
| | | ☐ Wet | ☐ BM | ☐ Dry | | ☐ Yes | ☐ BM ☐ Pee | ☐ No | ☐ Yes | ☐ No |
| | | ☐ Wet | ☐ BM | ☐ Dry | | ☐ Yes | ☐ BM ☐ Pee | ☐ No | ☐ Yes | ☐ No |
| | | ☐ Wet | ☐ BM | ☐ Dry | | ☐ Yes | ☐ BM ☐ Pee | ☐ No | ☐ Yes | ☐ No |
| | | ☐ Wet | ☐ BM | ☐ Dry | | ☐ Yes | ☐ BM ☐ Pee | ☐ No | ☐ Yes | ☐ No |
| | | ☐ Wet | ☐ BM | ☐ Dry | | ☐ Yes | ☐ BM ☐ Pee | ☐ No | ☐ Yes | ☐ No |
| | | ☐ Wet | ☐ BM | ☐ Dry | | ☐ Yes | ☐ BM ☐ Pee | ☐ No | ☐ Yes | ☐ No |
| | | ☐ Wet | ☐ BM | ☐ Dry | | ☐ Yes | ☐ BM ☐ Pee | ☐ No | ☐ Yes | ☐ No |
| | | ☐ Wet | ☐ BM | ☐ Dry | | ☐ Yes | ☐ BM ☐ Pee | ☐ No | ☐ Yes | ☐ No |
| | | ☐ Wet | ☐ BM | ☐ Dry | | ☐ Yes | ☐ BM ☐ Pee | ☐ No | ☐ Yes | ☐ No |
| | | ☐ Wet | ☐ BM | ☐ Dry | | ☐ Yes | ☐ BM ☐ Pee | ☐ No | ☐ Yes | ☐ No |
| | | ☐ Wet | ☐ BM | ☐ Dry | | ☐ Yes | ☐ BM ☐ Pee | ☐ No | ☐ Yes | ☐ No |
| | | ☐ Wet | ☐ BM | ☐ Dry | | ☐ Yes | ☐ BM ☐ Pee | ☐ No | ☐ Yes | ☐ No |
| | | ☐ Wet | ☐ BM | ☐ Dry | | ☐ Yes | ☐ BM ☐ Pee | ☐ No | ☐ Yes | ☐ No |
| | | ☐ Wet | ☐ BM | ☐ Dry | | ☐ Yes | ☐ BM ☐ Pee | ☐ No | ☐ Yes | ☐ No |
| | | ☐ Wet | ☐ BM | ☐ Dry | | ☐ Yes | ☐ BM ☐ Pee | ☐ No | ☐ Yes | ☐ No |
| | | ☐ Wet | ☐ BM | ☐ Dry | | ☐ Yes | ☐ BM ☐ Pee | ☐ No | ☐ Yes | ☐ No |

# Speech-Language Record Form

**Name:**                                **Date:**

| New Word or Phrase | Tally | New Word or Phrase | Tally | New Word or Phrase | Tally |
|---|---|---|---|---|---|
|  |  |  |  |  |  |
|  |  |  |  |  |  |
|  |  |  |  |  |  |
|  |  |  |  |  |  |
|  |  |  |  |  |  |
|  |  |  |  |  |  |
|  |  |  |  |  |  |

## Behavioral Form

Name:                      Date:

| Before Behavior | Child's Negative Response/Behavior | What Adult Did After Behavior |
|---|---|---|
| | Times Happened:   Average Time: | |
| | Times Happened:   Average Time: | |
| | Times Happened:   Average Time: | |
| | Times Happened:   Average Time: | |
| | Times Happened:   Average Time: | |
| | Times Happened:   Average Time: | |
| | Times Happened:   Average Time: | |
| | Times Happened:   Average Time: | |

# POTTY TIME CHART

*\* BM = bowel movement*

| DATE | TIME | CHECK PANTS | TIME AT TOLIET | SUCCESS? | | | NEEDED HELP? | |
|---|---|---|---|---|---|---|---|---|
| | | ☐ Wet  ☐ BM  ☐ Dry | | ☐ Yes | ☐ BM ☐ Pee | ☐ No | ☐ Yes | ☐ No |
| | | ☐ Wet  ☐ BM  ☐ Dry | | ☐ Yes | ☐ BM ☐ Pee | ☐ No | ☐ Yes | ☐ No |
| | | ☐ Wet  ☐ BM  ☐ Dry | | ☐ Yes | ☐ BM ☐ Pee | ☐ No | ☐ Yes | ☐ No |
| | | ☐ Wet  ☐ BM  ☐ Dry | | ☐ Yes | ☐ BM ☐ Pee | ☐ No | ☐ Yes | ☐ No |
| | | ☐ Wet  ☐ BM  ☐ Dry | | ☐ Yes | ☐ BM ☐ Pee | ☐ No | ☐ Yes | ☐ No |
| | | ☐ Wet  ☐ BM  ☐ Dry | | ☐ Yes | ☐ BM ☐ Pee | ☐ No | ☐ Yes | ☐ No |
| | | ☐ Wet  ☐ BM  ☐ Dry | | ☐ Yes | ☐ BM ☐ Pee | ☐ No | ☐ Yes | ☐ No |
| | | ☐ Wet  ☐ BM  ☐ Dry | | ☐ Yes | ☐ BM ☐ Pee | ☐ No | ☐ Yes | ☐ No |
| | | ☐ Wet  ☐ BM  ☐ Dry | | ☐ Yes | ☐ BM ☐ Pee | ☐ No | ☐ Yes | ☐ No |
| | | ☐ Wet  ☐ BM  ☐ Dry | | ☐ Yes | ☐ BM ☐ Pee | ☐ No | ☐ Yes | ☐ No |
| | | ☐ Wet  ☐ BM  ☐ Dry | | ☐ Yes | ☐ BM ☐ Pee | ☐ No | ☐ Yes | ☐ No |
| | | ☐ Wet  ☐ BM  ☐ Dry | | ☐ Yes | ☐ BM ☐ Pee | ☐ No | ☐ Yes | ☐ No |
| | | ☐ Wet  ☐ BM  ☐ Dry | | ☐ Yes | ☐ BM ☐ Pee | ☐ No | ☐ Yes | ☐ No |
| | | ☐ Wet  ☐ BM  ☐ Dry | | ☐ Yes | ☐ BM ☐ Pee | ☐ No | ☐ Yes | ☐ No |
| | | ☐ Wet  ☐ BM  ☐ Dry | | ☐ Yes | ☐ BM ☐ Pee | ☐ No | ☐ Yes | ☐ No |
| | | ☐ Wet  ☐ BM  ☐ Dry | | ☐ Yes | ☐ BM ☐ Pee | ☐ No | ☐ Yes | ☐ No |
| | | ☐ Wet  ☐ BM  ☐ Dry | | ☐ Yes | ☐ BM ☐ Pee | ☐ No | ☐ Yes | ☐ No |
| | | ☐ Wet  ☐ BM  ☐ Dry | | ☐ Yes | ☐ BM ☐ Pee | ☐ No | ☐ Yes | ☐ No |
| | | ☐ Wet  ☐ BM  ☐ Dry | | ☐ Yes | ☐ BM ☐ Pee | ☐ No | ☐ Yes | ☐ No |
| | | ☐ Wet  ☐ BM  ☐ Dry | | ☐ Yes | ☐ BM ☐ Pee | ☐ No | ☐ Yes | ☐ No |
| | | ☐ Wet  ☐ BM  ☐ Dry | | ☐ Yes | ☐ BM ☐ Pee | ☐ No | ☐ Yes | ☐ No |
| | | ☐ Wet  ☐ BM  ☐ Dry | | ☐ Yes | ☐ BM ☐ Pee | ☐ No | ☐ Yes | ☐ No |

# Speech-Language Record Form

**Name:**                           **Date:**

| New Word or Phrase | Tally | New Word or Phrase | Tally | New Word or Phrase | Tally |
|---|---|---|---|---|---|
| | | | | | |
| | | | | | |
| | | | | | |
| | | | | | |
| | | | | | |
| | | | | | |
| | | | | | |

## Behavioral Form

Name:                                    Date:

| Before Behavior | Child's Negative Response/Behavior | | What Adult Did After Behavior |
|---|---|---|---|
| | Times Happened: | Average Time: | |
| | Times Happened: | Average Time: | |
| | Times Happened: | Average Time: | |
| | Times Happened: | Average Time: | |
| | Times Happened: | Average Time: | |
| | Times Happened: | Average Time: | |
| | Times Happened: | Average Time: | |
| | Times Happened: | Average Time: | |
| | Times Happened: | Average Time: | |

# POTTY TIME CHART

\* BM = bowel movement

| DATE | TIME | CHECK PANTS | TIME AT TOLIET | SUCCESS? | | | NEEDED HELP? | |
|------|------|-------------|----------------|----------|---|---|--------------|---|
| | | ☐ Wet ☐ BM ☐ Dry | | ☐ Yes | ☐ BM ☐ Pee | ☐ No | ☐ Yes | ☐ No |
| | | ☐ Wet ☐ BM ☐ Dry | | ☐ Yes | ☐ BM ☐ Pee | ☐ No | ☐ Yes | ☐ No |
| | | ☐ Wet ☐ BM ☐ Dry | | ☐ Yes | ☐ BM ☐ Pee | ☐ No | ☐ Yes | ☐ No |
| | | ☐ Wet ☐ BM ☐ Dry | | ☐ Yes | ☐ BM ☐ Pee | ☐ No | ☐ Yes | ☐ No |
| | | ☐ Wet ☐ BM ☐ Dry | | ☐ Yes | ☐ BM ☐ Pee | ☐ No | ☐ Yes | ☐ No |
| | | ☐ Wet ☐ BM ☐ Dry | | ☐ Yes | ☐ BM ☐ Pee | ☐ No | ☐ Yes | ☐ No |
| | | ☐ Wet ☐ BM ☐ Dry | | ☐ Yes | ☐ BM ☐ Pee | ☐ No | ☐ Yes | ☐ No |
| | | ☐ Wet ☐ BM ☐ Dry | | ☐ Yes | ☐ BM ☐ Pee | ☐ No | ☐ Yes | ☐ No |
| | | ☐ Wet ☐ BM ☐ Dry | | ☐ Yes | ☐ BM ☐ Pee | ☐ No | ☐ Yes | ☐ No |
| | | ☐ Wet ☐ BM ☐ Dry | | ☐ Yes | ☐ BM ☐ Pee | ☐ No | ☐ Yes | ☐ No |
| | | ☐ Wet ☐ BM ☐ Dry | | ☐ Yes | ☐ BM ☐ Pee | ☐ No | ☐ Yes | ☐ No |
| | | ☐ Wet ☐ BM ☐ Dry | | ☐ Yes | ☐ BM ☐ Pee | ☐ No | ☐ Yes | ☐ No |
| | | ☐ Wet ☐ BM ☐ Dry | | ☐ Yes | ☐ BM ☐ Pee | ☐ No | ☐ Yes | ☐ No |
| | | ☐ Wet ☐ BM ☐ Dry | | ☐ Yes | ☐ BM ☐ Pee | ☐ No | ☐ Yes | ☐ No |
| | | ☐ Wet ☐ BM ☐ Dry | | ☐ Yes | ☐ BM ☐ Pee | ☐ No | ☐ Yes | ☐ No |
| | | ☐ Wet ☐ BM ☐ Dry | | ☐ Yes | ☐ BM ☐ Pee | ☐ No | ☐ Yes | ☐ No |
| | | ☐ Wet ☐ BM ☐ Dry | | ☐ Yes | ☐ BM ☐ Pee | ☐ No | ☐ Yes | ☐ No |
| | | ☐ Wet ☐ BM ☐ Dry | | ☐ Yes | ☐ BM ☐ Pee | ☐ No | ☐ Yes | ☐ No |
| | | ☐ Wet ☐ BM ☐ Dry | | ☐ Yes | ☐ BM ☐ Pee | ☐ No | ☐ Yes | ☐ No |
| | | ☐ Wet ☐ BM ☐ Dry | | ☐ Yes | ☐ BM ☐ Pee | ☐ No | ☐ Yes | ☐ No |
| | | ☐ Wet ☐ BM ☐ Dry | | ☐ Yes | ☐ BM ☐ Pee | ☐ No | ☐ Yes | ☐ No |

# Speech-Language Record Form

Name:                                          Date:

| New Word or Phrase | Tally | New Word or Phrase | Tally | New Word or Phrase | Tally |
|---|---|---|---|---|---|
| | | | | | |
| | | | | | |
| | | | | | |
| | | | | | |
| | | | | | |
| | | | | | |
| | | | | | |

# Incentives to Motivate:

# Sensory Diet Items

To help regulate and calm down the child

| Item: | Successful? | Item: | Successful? |
|---|---|---|---|
| | ☐ Yes ☐ No | | ☐ Yes ☐ No |
| | ☐ Yes ☐ No | | ☐ Yes ☐ No |
| | ☐ Yes ☐ No | | ☐ Yes ☐ No |
| | ☐ Yes ☐ No | | ☐ Yes ☐ No |
| | ☐ Yes ☐ No | | ☐ Yes ☐ No |
| | ☐ Yes ☐ No | | ☐ Yes ☐ No |
| | ☐ Yes ☐ No | | ☐ Yes ☐ No |
| | ☐ Yes ☐ No | | ☐ Yes ☐ No |
| | ☐ Yes ☐ No | | ☐ Yes ☐ No |
| | ☐ Yes ☐ No | | ☐ Yes ☐ No |
| | ☐ Yes ☐ No | | ☐ Yes ☐ No |
| | ☐ Yes ☐ No | | ☐ Yes ☐ No |
| | ☐ Yes ☐ No | | ☐ Yes ☐ No |
| | ☐ Yes ☐ No | | ☐ Yes ☐ No |
| | ☐ Yes ☐ No | | ☐ Yes ☐ No |
| | ☐ Yes ☐ No | | ☐ Yes ☐ No |
| | ☐ Yes ☐ No | | ☐ Yes ☐ No |
| | ☐ Yes ☐ No | | ☐ Yes ☐ No |
| | ☐ Yes ☐ No | | ☐ Yes ☐ No |
| | ☐ Yes ☐ No | | ☐ Yes ☐ No |
| | ☐ Yes ☐ No | | ☐ Yes ☐ No |
| | ☐ Yes ☐ No | | ☐ Yes ☐ No |
| | ☐ Yes ☐ No | | ☐ Yes ☐ No |
| | ☐ Yes ☐ No | | ☐ Yes ☐ No |
| | ☐ Yes ☐ No | | ☐ Yes ☐ No |

# Daily Exercise: Personal Information Recitation

| Questions to ask child daily: | Answers: (child memorizes it) |
|---|---|
| What is your name? | |
| What is your middle name? | |
| What is your last name? | |
| What is your phone number? | |
| Where do you live? (say complete address) | |
| How old are you? | |
| When is your birthday? | |
| What do you like to do? | |
| What's your favorite color? | |
| How are you doing? | |
| What's your mom's name? | |
| What's your dad's name? | |
| Do you have any brothers or sisters? What's their names? | |
| Where do you go to school? | |
| What grade are you in? | |

# Daily Exercise: Personal Information Recitation-Create Your Own

| Questions to ask child daily: | Answers: (child memorizes it) |
| --- | --- |
| | |
| | |
| | |
| | |
| | |
| | |
| | |
| | |
| | |
| | |
| | |
| | |
| | |

# Daily Exercise: Finish the Sentence

**Instructions:** List titles of songs to sing to your child daily. Once you child memorizes them, only sing part of the songs. Then pause to see if the child will fill in the blanks where you had paused.
**Note:** Teach one song at a time until mastered then move on to the next song.

1.)

2.)

3.)

4.)

5.)

6.)

7.)

8.)

9.)

10.)

11.)

12.)

13.)

14.)

## Toileting Task Analysis

| | |
|---|---|
| 1.) | Walk down hallway |
| 2.) | Enter bathroom |
| 3.) | Turn light on |
| 4.) | Pull down pants |
| 5.) | Pull down undergarment(s) |
| 6.) | Sit on toilet |
| 7.) | Urinate/bowel movement |
| 8.) | Get toilet paper |
| 9.) | Wipe |
| 10.) | Standing, pull up undergarment(s) |
| 11.) | Pull up pants |
| 12.) | Flush toilet |
| 13.) | Walk towards sink to wash hands |

## Washing Hands Task Analysis Following Toileting

| | |
|---|---|
| 1.) | At sink |
| 2.) | Turn on water |
| 3.) | Wet hands |
| 4.) | Get soap |
| 5.) | Lather soap (palms together) |
| 6.) | Start singing ABC's (optional) |
| 7.) | Rub right palm on top of left hand |
| 8.) | Rub left palm on top of right hand |
| 9.) | Rinse hands thoroughly |
| 10.) | Turn off water |
| 11.) | Dry hands with towel |
| 12.) | Turn off light |
| 13.) | Exit bathroom |

Made in the USA
Las Vegas, NV
29 October 2023